TRES PUNTOS DE VISTA SOBRE LA CREACIÓN Y LA EVOLUCIÓN

TRES PUNTOS DE VISTA SOBRE LA CREACIÓN Y LA EVOLUCIÓN

· Paul Nelson
· Robert C. Newman
· Howard J. Van Till

· Stanley N. Gundry *editor de la serie*
· J. P. Moreland *editor general*
· John Mark Reynolds *editor general*

PUNTOS DE VISTA TEOLÓGICOS

La misión de Editorial Vida es ser la compañía líder en comunicación cristiana que satisfaga las necesidades de las personas, con recursos cuyo contenido glorifique a Jesucristo y promueva principios bíblicos.

TRES PUNTOS DE VISTA SOBRE LA CREACIÓN Y LA EVOLUCIÓN
Edición en español publicada por
Editorial Vida – 2009
Miami, Florida

Originally published in the USA under the title:
Three Views on Creation and Evolution
Copyright © 1999 by J. P. Moreland y John Mark Reynolds
Published by permission of Zondervan,
Grand Rapid, Michigan.

Traducción: *Dr. Omar Díaz de Arce*
Edición: *Rojas & Rojas Editores, Inc.*
Diseño interior: *Rojas & Rojas Editores, Inc*
Diseño de cubierta: *Angela Eberlein*
Foto de cubierta: *Corbis*

ISBN: 978-0-8297-5183-3

CATEGORÍA: Teología cristiana / Apologética

IMPRESO EN ESTADOS UNIDOS DE AMÉRICA
PRINTED IN THE UNITED STATES OF AMERICA

09 10 11 12 ❖ 6 5 4 3 2 1

CONTENIDO

INTRODUCCIÓN

J. P. Moreland y John Mark Reynolds

Una de las influencias más importantes que dan forma al mundo moderno es la ciencia. La gente que vivió durante la Guerra Civil tenía más en común con Abraham que nosotros. Desde la investigación sobre el ADN y los viajes espaciales hasta la ciencia de la computación y la neurofisiología, el nuestro es un mundo de ciencia.

Para los cristianos, esto no constituye una sorpresa. Creemos en un Dios racional que creó al mundo. También creemos que él creó nuestras facultades intelectuales humanas de tal manera que podamos obtener conocimientos de nuestra exploración del mundo en el que él nos ha situado. Pero para muchas personas, independientemente de si tienen razón o no, la relación entre la ciencia y la teología cristiana no es así de simple. Además, muchas personas están ampliamente en desacuerdo en cuanto a la integración de la ciencia y la teología, en especial sobre cómo los cristianos deben ver la evolución. Para algunas de ellas, la ciencia y la teología cristiana no tienen nada en común. Otras afirman que algunos descubrimientos científicos recientes han provisto apoyo intelectual a ciertos reclamos teológicos, incluyendo, por ejemplo, que el universo tuvo un comienzo; que está bien sincronizado; que el grado y tipo de complejidad hallados en los sistemas biológicos no pueden evolucionar, o con mucha probabilidad no evolucionaron a partir de un proceso inconsciente en el cual la materia se reorganizó de acuerdo con la ley natural y la casualidad; o que la investigación sicológica nos obliga a tratar a los seres humanos como personalidades únicas con la facultad de libre elección.

Otro grupo grande de personas, sin embargo, acepta un tercer punto de vista de la ciencia y la teología; de una u otra manera, la ciencia ha falsificado al cristianismo en general o a varias profesiones doctrinales en particular, o por lo menos la ciencia ha mostrado que las enseñanzas cristianas son, hablando desde el punto de vista intelectual, muy inferiores a la ciencia y por lo tanto tienen que ser aceptadas por medio de la fe ciega de aquellos que tienen ciertas inclinaciones. Como el naturalista filosófico Wilfred Sellars lo define: «En la dimensión de describir y explicar el mundo, la ciencia es la medida de todas las cosas, de qué es lo que es, y de qué no es lo que no es.»[1] En ningún lugar prevalece más esta actitud que en el tópico de la creación y la evolución. Como dijera un ateo: «La evolución ha hecho el mundo seguro para los ateos».

Como los cristianos están interesados en la verdad y como se les llama a proclamar y defender sus puntos de vista a un mundo incrédulo, es importante que la comunidad creyente piense con cuidado cómo integrar sus creencias teológicas bien formadas con un evaluación detallada de los «descubrimientos» de la ciencia, en especial en el área de la creación y la evolución. Como señaló San Agustín hace mucho tiempo: «Debemos mostrar que nuestras Escrituras no están en conflicto con nada que puedan demostrar [nuestros críticos] sobre la naturaleza de las cosas a partir de fuentes confiables».[2] De la misma manera, los que están fuera de la Iglesia tienen el deber intelectual de mostrar que sus puntos de vista sobre varios tópicos no están en conflicto con una teología formada y justificada racionalmente cuando sea relevante hacerlo.

A la luz de esta necesidad de integración, el propósito de este libro es informar al lector las cuestiones relacionadas con el diálogo acerca de la creación y la evolución entre tres diferentes escuelas de pensamiento: (1) la Tierra joven o creación reciente; (2) la Tierra vieja o creación progresiva; y (3) la evolución teística o creación evolutiva.[3] En la introducción que sigue esperamos orientarlo hacia los tópicos de importancia en este diálogo mediante la discusión de los diferentes modelos para integrar ciencia y teología, de un importante reto para la teología por parte de lo que se llama cientificismo, los principales temas que forman parte del triple diálogo sobre la creación y la evolución, y un panorama histórico del debate, así como la forma en que procederemos en el resto del libro.

[1]Wilfred Sellars, *Science, Perception, and Reality* (Routledge & Kegan Paul, Londres, 1963), 173.

[2]Augustine, *De genesi ad litteram* 1.21. Citado en Ernan McMullin, «How Should Cosmology Relate to Theology?» en *The Sciences and Theology in the Twentieth Century*, ed. Arthur R. Peacocke (University of Notre Dame Press, Notre Dame, Ind., 1981), 20.

[3]Vea también Del Ratzch, *The Battle of Beginnings* InterVarsity Press, Downers Grove, Ill., 1996).

LA INTEGRACIÓN DE LA TEOLOGÍA Y OTRAS DISCIPLINAS

Se han propuesto diferentes modelos para la integración de la teología y otras disciplinas, entre los cuales están los siguientes cinco puntos de vista.[4]

1. El punto de vista de los dos ámbitos

Las proposiciones, teorías, o metodologías de la teología y otras disciplinas pueden comprender dos áreas de investigación distintas, que no se superponen. Por ejemplo, los debates sobre los ángeles o el alcance de la expiación tienen poco que ver con la química orgánica. De manera parecida, es de poco interés para la teología si la molécula de gas metano contiene tres o cuatro átomos de hidrógeno.

2. El punto de vista de la complementación

Las proposiciones, teorías, o metodologías de la ciencia y la teología son aproximaciones complementarias a la misma realidad que no interactúan, que adoptan diferentes puntos de vista, formulan y responden tipos muy diferentes de preguntas (p.ej., la ciencia evolucionista nos dice qué sucedió y cómo, mientras que la teología nos dice quién guió el proceso y por qué), involucran diferentes niveles de descripción, emplean actitudes cognitivas muy diferentes (p.ej., la objetividad y la neutralidad lógica en la ciencia, la participación y el compromiso personal en la teología), y están constituidas por juegos de palabras muy diferentes. Estas perspectivas auténticas y diferentes son parciales e incompletas y, por lo tanto, tienen que integrarse en un todo coherente. No obstante, cada nivel de descripción está completo a su propio nivel sin que haya fisuras que la otra perspectiva deba llenar en ese nivel y sin que tengan la posibilidad de entrar en competencia o un conflicto directo. Puede haber implicaciones para la teología en la ciencia o viceversa, pero son raras y deben permitir a la teología y la ciencia permanecer en sus ámbitos propios sin intrusiones ilícitas de una en la otra. Cierta forma de la evolución teística es el modelo favorito de la integración creación-evolución para los partidarios de la complementación.

[4]Vea A. R. Peacocke, «Introduction», en *The Sciences and Theology in the Twentieth Century*, ed. Arthur Peacocke (University of Notre Dame Press, Notre Dame, Ind., 1981), xiii-xv.

3. El punto de vista de interacción directa

Las proposiciones, teorías, o metodologías de la teología y otras disciplinas pueden interactuar directo, de tal manera que un área de estudio ofrezca cualquier sostén racional directo para la otra o plantee dificultades racionales para la otra. Por ejemplo, ciertas enseñanzas teológicas sobre la existencia del alma plantean problemas racionales para los reclamos filosóficos o científicos que niegan la existencia del alma. La teoría general de la evolución plantea varias dificultades para ciertas maneras de interpretar el libro de Génesis. Algunos han argumentado que la teoría del *Big Bang* tiende a apoyar la proposición teológica de que el universo tuvo un comienzo.

4. El punto de vista presuposicional

La teología tiende a sostener las presuposiciones de otras disciplinas y viceversa. Algunos han argumentado que muchas de las asunciones de la ciencia (p.ej., la existencia de la verdad, la naturaleza racional y ordenada de la realidad, y lo apropiado de nuestras facultades sensoriales y cognitivas como herramientas adecuadas para el conocimiento del mundo exterior) tienen sentido y son fáciles de justificar con el teísmo cristiano, pero son extraños y no tienen apropiada justificación en la cosmovisión naturalista. De manera parecida, algunos han argumentado que las críticas filosóficas del escepticismo epistemológico y las defensas de la existencia de una teoría independiente del mundo real y de una teoría de correspondencia de la verdad ofrecen justificación para algunas de las proposiciones de la teología.

5. El punto de vista de la aplicación práctica

La teología completa y añade detalles a los principios generales de otras disciplinas y viceversa, y la teología ayuda a aplicar en la práctica los principios de otras disciplinas y viceversa. Por ejemplo, los padres no deben provocar la ira de sus hijos y la psicología puede añadir importantes detalles sobre lo que esto significa al ofrecer información sobre los sistemas familiares y la naturaleza y causas de la ira. La psicología puede diseñar distintas pruebas para evaluar si uno es una persona madura y la teología puede ofrecer una definición normativa a la psicología sobre lo que es una persona madura.

Por la vía de la aplicación al diálogo creación-evolución, los cristianos están divididos sobre la aproximación adecuada a esta controversia, o sea, los evolucionistas teístas invocan el punto de vista complementario, mientras los creacionistas de la Tierra joven y vieja emplean la posición de la interacción directa. Para apreciar mejor esta división, es importante captar la distinción entre actos causales primarios y secundarios por parte de Dios. Por ejemplo, lo que Dios hizo al dividir el Mar Rojo fue un acto primario causal; una intervención extraordinaria, directa y discontinua por parte de Dios. Lo que Dios hizo al guiar y sostener ese mar antes y después de su división implica actos causales secundarios de Dios. En otras palabras, los actos causales secundarios son la forma normal del obrar de Dios por medio de los cuales Él mantiene la existencia de los procesos naturales y los emplea como agentes intermediarios para cumplir algún propósito.

El punto de vista de la complementación es muy útil cuando Dios actúa por medio de causas secundarias, por ejemplo, al hacer el agua de la unión de hidrógeno y oxigeno. La cuestión real es esta: En la historia «natural» del cosmos; desde el principio a través del origen de la vida, hasta el desarrollo de diversas formas de vida, incluyendo a los seres humanos, ¿hay adecuadas razones teológicas, filosóficas y científicas para pensar que Dios ejerció la causalidad primaria de tal manera que la ciencia puede detectar pruebas de un diseño inteligente y de una actividad causal primaria divina en episodios clave (p.ej., el origen de la vida) o en importantes aspectos de los seres vivos (p.e., información en el ADN o la complejidad biológica)? Los partidarios del punto de vista de la complementación dicen que no y abogan por la evolución teística. Los defensores de la Tierra vieja y la joven dicen que sí y adoptan lo que se llama «creación especial» para expresar su cometido.

¿ES EL CRISTIANISMO UNA TRADICIÓN DE CONOCIMIENTO?

En el trasfondo del diálogo creación-evolución hay un hecho cultural de suma importancia que puede ser más relevante que los aspectos específicos de esa discusión: No existe un cuerpo de conocimientos éticos o religiosos establecido en las instituciones de enseñanza de nuestra cultura (p. ej.: las universidades). De hecho, las propuestas éticas y religiosas se ubican con frecuencia en cierto ámbito especial de fe ciega o irrealidad, en especial cuando se las compara con la autoridad dada a la ciencia para definir los límites del conocimiento y la realidad en esas mismas instituciones.

Algunos han argumentado que el auge de la ciencia moderna ha contribuido a la pérdida de autoridad intelectual en campos tales como la ética y la religión que no están supuestamente sujetos a los tipos de prueba y experimentación empleados en la ciencia. Acertado o no, se ha percibido la ciencia como una amenaza a la credibilidad intelectual del cristianismo por lo menos de tres maneras:

1. Algunas proposiciones científicas cuestionan ciertas interpretaciones de textos bíblicos (p. ej.: Génesis 1—2) o ciertas creencias teológicas (p. ej.: que los seres humanos tienen almas o están hechos a la imagen de Dios).
2. Algunas proposiciones científicas, de ser correctas, degradan ciertos argumentos para la existencia de Dios (p. ej.: si es natural, el proceso evolutivo puede explicar el origen o desarrollo de la vida, luego no «necesitamos» postular un Creador/Diseñador para explicar estas cosas). Puede que haya otras razones para creer en Dios, pero los avances de la ciencia han robado a los cristianos un número de argumentos que solían ser efectivos.
3. El progreso de la ciencia frente a otras disciplinas como la filosofía y la teología justifica el cientificismo. En otras palabras, cualquier ciencia y solo la ciencia ofrece creencias verdaderas y justificadas (cientificismo fuerte), o el grado de certidumbre en la ciencia supera en mucho lo que estos otros campos ofrecen (cientificismo débil), pese al hecho que los otros campos pueden ofrecer creencias verdaderas y justificadas.

Como el naturalista evolucionista George Gaylord lo definió:

> No hay necesidad ni excusa para postular una intervención no material en el origen de la vida, el surgimiento del hombre, ni en ninguna otra parte de la larga historia del cosmos material. Pero el origen de ese cosmos y los principios causales de su historia permanecen sin explicar e inaccesibles para la ciencia. Aquí está escondida la Primera Causa buscada por la teología y la filosofía. La Primera Causa no se conoce y sospecho que nunca el hombre

> viviente la conocerá. Podemos, si esa es nuestra inclinación, adorarla a nuestra manera, pero ciertamente no la comprendemos.[5]

Ahora los cristianos tienen que responder a esas tres áreas de problemas, especialmente la tercera, y el diálogo creación-evolución debe ser visto a la luz de este trasfondo. Aunque las generalizaciones pueden ser inexactas, hay tendencias discernibles que caracterizan diferentes respuestas a la teoría evolutiva. Muchos evolucionistas teístas tienden a sospechar de la teología natural (el conocimiento de la existencia de Dios a partir de las características del mundo creado), especialmente el argumento del diseño para la existencia de Dios. Por otra parte, para muchos (aunque no todos) los evolucionistas teístas, la ciencia parece acarrear más autoridad epistemológica que la teología. Por ejemplo, en su libro de teología y ciencia, Arthur Peacocke dice: «El propósito de este libro es repensar nuestros conceptos "religiosos" a la luz de las perspectivas sobre el mundo aportadas por las ciencias…»[6]

En otro sitio, Peacocke añade:

> Hay un sólido caso de prueba suficiente a primera vista para volver a examinar el pretendido contenido cognitivo de la teología cristiana a la luz del nuevo conocimiento derivado de las ciencias… Si no se lleva a cabo de continuo un ejercicio como ese, la teología se moverá en un ghetto cultural aislado por completo de todos aquellos en las culturas occidentales que tienen buenos motivos para pensar que la ciencia describe lo que ocurre en los procesos del mundo a todos los niveles. La turbulenta historia de la relación entre ciencia y teología da testimonio de la imposibilidad de que la teología busque un remanso de paz, protegido de la ciencia de sus tiempos, si es que va a ser creíble.[7]

En la misma tónica Kart Giberson reclama que «la ciencia, después de todo, no es sino una perspectiva limitada del mundo, aunque yo diría que es la perspectiva epistemológica más segura que tenemos»[8]. Los

[5]George Gaylord Simpson, *The Meaning of Evolution* (Bantam Books, Nueva York, 1971), 252.

[6]Arthur Peacocke, *Theology for a Scientific Age* Fortress, Minneapolis, 1993), 3.

[7]Ibid., 6-7.

[8]Karl Giberson, «Intelligent Design on Trial»—A Review Essay», *Christian Scholar's Review* 24 (May 1995): 469; vea también *Worlds Apart* (Beacon Hill, Kansas City, 1993); J.P.

evolucionistas teístas con este punto de vista corren el riesgo de hacer marginal la creencia en Dios u otras proposiciones teológicas convirtiéndolas en asuntos confesionales que se deben aceptar por un mero acto de fe sin una justificación racional significativa. De acuerdo con este punto de vista, las metas del diálogo ciencia-religión son prevenir que la iglesia evangélica sea avergonzada por la ciencia y permitir a los científicos la libertad de aceptar lo que la mayoría de sus colegas cree y de todas formas aceptar las proposiciones del cristianismo.

Es evidente que estas metas son importantes, pero los evolucionistas teístas corren cierto riesgo al adoptar esta aproximación a los diálogos ciencia-teología y creación-evolución. Se arriesgan a revisar las enseñanzas bíblicas más allá de lo permisible y levantan la sospecha de que las creencias teológicas son opiniones privadas subjetivas sin justificación racional objetiva. Los creacionistas especiales de ambas formas están preocupados por lo que perciben como una constante revisión de la teología más allá de lo permisible por la Biblia o de lo requerido desde el punto de vista intelectual. Quieren ver más casos en que los teólogos puedan pedirle a los científicos que revisen sus proposiciones a la luz de asertos teológicos bien establecidos. Están cansados que el «diálogo» sea siempre un monólogo en que los teólogos deban ajustarse siempre a lo que reclaman los científicos y, al final, darle una tácita aprobación al cientificismo débil por medio del empleo constante de esta aproximación complementaria.

Por suerte, no todos los evolucionistas teístas están de acuerdo con esta aproximación global a la autoridad epistemológica de la teología. Algunos evolucionistas teístas ofrecen varios diferentes puntos de vista sobre cómo justificamos creer en Dios y las Escrituras. A saber, tenemos solo que presuponer la existencia de Dios, que creer en Dios de veras es básico (esto es, está racionalmente justificado sin necesidad de prueba), el testimonio del Espíritu Santo y algún papel limitado para la teología natural. Si los evolucionistas teístas van a conseguir una mayor audiencia, deben explicar con más cuidado lo siguiente: (1) por qué piensan que es racional creer en Dios y en la autoridad de las Escrituras; (2) si la ciencia necesita reajustar sus proposiciones a la luz de las aserciones teológicas para evitar la sospecha que son solo los teólogos que necesitan acomodarse y no los científicos; y (3) las razones bíblicas, teológicas y filosóficas positivas por las que se debe adoptar la evolución teísta para prevenir que esta sea vista como un mero retroceso por aquellos con un

Moreland, «Theistic Science and the Christian Scholar: A Response to Giberson», *Christian Scholar's Review 24 (May 1995): 472-78.*

punto de vista disminuido de la autoridad epistemológica de la teología cara a cara a la ciencia. En su ensayo, Howard J. Van Till hace una buena labor al abordar estas preocupaciones y ofrece una línea de aproximación prometedora para los evolucionistas teístas que quieren aumentar su audiencia en el proceso del diálogo.

En resumen, la cuestión fundamental en la controversia creación-evolución es esta: ¿Qué parte de la aceptación de la evolución, teísta o naturalista, es solo el resultado de la aceptación del cientificismo y el materialismo, y los presupuestos filosóficos naturalistas, y qué parte está en realidad justificada por la evidencia empírica y por argumentos relevantes? ¿Si las reglas de la ciencia (p. ej., el naturalismo metodológico) y la prueba científica van en diferentes direcciones, al requerir las reglas la macroevolución y explicarse mejor la prueba por formas de la creación especial del diseño inteligente, cuál debemos seguir? Para muchos creacionistas de la Tierra joven y vieja, la evolución es la aplicación básica de filosofía materialista y evolución teísta, lo cual constituye un compromiso desafortunado que la evidencia no requiere. Este compromiso le permite a Dios desempeñar un papel en el desarrollo de la vida en tanto la contribución de Dios permanezca enteramente invisible, indetectable por la ciencia, e indistinguible del argumento de que Dios es solo una idea en las mentes de las personas. Como los temas del origen de la vida no son religiosos ni metodológicamente neutrales (debido a que los puntos de vista propios sobre estas cuestiones tienen profundas implicaciones para toda la cosmovisión de uno), el compromiso evolucionista teísta es peligroso desde el punto de vista religioso, o así dicen muchos creacionistas especiales.

Por contraste, los creacionistas especiales de ambos tipos tienden a conceder un papel central a la teología natural y al argumento del diseño en la justificación de la creencia teísta. Tienden a estar más preocupados por refutar ciertas creencias evolucionistas muy aceptadas que en evitar la vergüenza de creer lo que se juzga anticuado por muchos. Con todo y lo positivo que es este acercamiento, el creacionismo especial tiene sus propios problemas también. Algunos creacionistas especiales parecen adoptar un acercamiento inconsistente hacia la autoridad de la ciencia, y aceptan a menudo proposiciones científicas en el área de la ciencia médica pero rechazan lo que la mayoría de los científicos competentes creen sobre la evolución. Ellos también tienen la tendencia a ser demasiado desconfiados de que haya otras maneras plausibles de interpretar los textos bíblicos relevantes aparte de la suya propia y a veces comunican que ven un papel demasiado limitado para el conocimiento científico frente a la teología en la formación de una cosmovisión cristiana.

A fin de conseguir una audiencia más amplia, los creacionistas especiales tienen que hacer tres cosas: (1) deben involucrarse más en sociedades científicas profesionales estándares y publicar más en periódicos científicos estándares; (2) tienen que explicar casos o principios en que los asertos científicos les harían revisar su comprensión de las Escrituras; y (3) tienen que desarrollar los méritos positivos del creacionismo como un programa de investigación científica en lugar de dedicar tanto tiempo a ofrecer críticas negativas de la evolución. En sus ensayos, los creacionistas especiales Robert Newman (la Tierra vieja) y Paul Nelson y John Mark Reynolds (la Tierra joven) hablan de algunas de estas preocupaciones. Es interesante notar que muchos creacionistas especiales de ambos campos alternan el tema de la creación versus evolución con el del diseño inteligente versus la tesis del «relojero ciego» (el punto de vista de que los mecanismos ciegos e inconscientes de Darwin son adecuados para explicar el origen y desarrollo de las cosas vivas y sus partes). En cuanto a este punto de vista, aunque el tema de la edad de la Tierra es importante, el problema mucho más apremiante es escoger la mejor explicación para el origen de los seres vivientes dadas estas dos alternativas no complementarias; ya sean los mecanismos naturalistas (con la adición de un papel invisible para la ciencia con un Creador de acuerdo con muchos evolucionistas teístas) o por medio de la acción de un diseñador que no siempre emplea mecanismos naturales en su obra como creador y diseñador. Estos creacionistas especiales dicen que podemos hablar más adelante de la cuestión de la edad [de la Tierra] y tener una buena discusión sobre esto una vez que se haya resuelto este tema más apremiante, o sea, el tema de abrir las mentes al legitimar la cuestión del diseño inteligente y mostrar que la cuestión no ha sido resuelta a favor de la evolución teísta o naturalista como muchos piensan.

CUESTIONES CENTRALES EN EL DIÁLOGO CREACIÓN-EVOLUCIÓN

Las cuestiones centrales en el diálogo creación-evolución son filosóficas, bíblico-teológicas, y científicas, y las analizaremos ahora en las páginas que siguen.

1. Cuestiones filosóficas

Quizás la principal cuestión filosófica en el diálogo creación-evolución involucre la relación entre la ciencia y la teología, en especial el debate entre los que abogan por lo que se ha llegado a llamar ciencia teística y naturalismo metodológico.[9] Ha habido alguna controversia sobre a qué campo se debe acudir para buscar pericia profesional al resolver este debate. Tampoco es el tema de la pericia profesional una mera cuestión académica que sirva de manto protector, porque los científicos actuales y los profesores de ciencia son los guardianes claves de las escuelas públicas en esta área.[10] Que existe una controversia se puede constatar en las siguientes declaraciones de J. W. Haas, Jr., editor de la influyente *Perspectives on Science and Christian Faith*: «El lugar del filósofo en la práctica de la ciencia ha sido muy controvertido. Si los filósofos deben (¿pueden?) ser árbitros en lo que constituye ciencia sigue siendo problemático para el científico en activo».[11] En la misma tónica, el científico Karl Giberson rechaza «el punto de vista tradicional que los científicos practicantes encuentran tan incómodo, a saber, que los filósofos son las autoridades competentes, relevantes y supremas para determinar las reglas de la ciencia».[12]

En realidad, el tema aquí no es en lo absoluto controversial, pues los tópicos centrales no implican cómo *practicar* la ciencia (la cual requiere familiaridad con los instrumentos, los procedimientos, etc.), sino cómo *definir* la ciencia y *distinguirla* de lo que no es ciencia o la pseudociencia. Para comprender este debate y el campo apropiado de estudio para resolverlo, debemos primero hacer una distinción entre un asunto de primer y de segundo orden. Un asunto de primer orden

[9]Vea Howard J. Van Till, Robert E. Snow, John H. Stek, y Davis A. Young, *Portraits of Creation* (Eerdmans, Grand Rapids, 1990); Paul de Vries, «Naturalism in the Natural Sciences: A Christian Perspective», Christian Scholar' Review 15 (1986): 388-96; Howard J. Van Till, Davis Young, y Clarence Menninga, *Science Held Hostage* (InterVarsity Press, Downers Grove, Ill., 1988); J. P. Moreland, ed., *The Creation Hyphotesis* (InterVarsity Press, Downers Grove, Ill., 1994) caps. 1,2; *Christianity and the Nature of Science* (Baker, Grand Rapids, 1989), caps. 1, 6; «Scientific Creationism , Science, and Conceptual Problems», *Perspectives on Science and Christian Faith* 46 (March 1994): 2-13; «Complementary, Agency Theory, and the God of the Gaps», *Perspectives of Science and Christian Faith* 49 (Marzo 1997): 2-14; Bob O'Conner, «Science on Trial: Exploring Rationality of Methodological Naturalism», *Perspectives of Science and Christian Faith* 49 (Marzo 1997) 15-30. Para un animado debate entre Alvin Plantinga, Howard Van Till, Pattle Pun, y Ernan McMullin sobre el estatus científico de las teorías creacionistas, vez William Hasker, ed., *Christian Scholar's Review 21 (Septiembre 1991).*

[10]Vea a Mark Hartwig y P. A. Nelson, *Invitation to Conflict* (Access Research Network, Colorado Springs, 1992).

[11]J. W. Hass, Jr., «Putting Things Into Perspectiva», *Perspectives on Science and Christian Faith* 46 (Marzo 1994): 1.

[12]Karl Giberson, «Intelligent Design on Trial»—A Review Essay», *Christian Scholar's Review* 24 (Mayo 1995): 460.

es un tópico de ciencia sobre algún fenómeno, por ejemplo, como predecir los terremotos o manipular la velocidad de las reacciones químicas. Un asunto de segundo orden es un tópico filosófico sobre la propia ciencia, por ejemplo, sus métodos, su naturaleza, sus diferencias con respecto a otros campos. Ahora la cuestión de cómo definir la ciencia es a las claras un tópico para filósofos e historiadores de la ciencia. Esto no significa que los científicos y otros no puedan participar de esta discusión; esto es solo afirmar que cuando ellos participen, estarán tratando en gran medida con cuestiones filosóficas para las cuales no están preparados como profesionales.

El hecho que estas cuestiones sean filosóficas y no ante todo científicas se puede ver en lo que sigue. Lea los debates y discusiones relevantes y pregunte qué experimento científico, qué procedimiento científico se podría utilizar para resolver la disputa. O tome cualquier catálogo universitario y vea las descripciones de los cursos de las diferentes ramas de la ciencia. Descubrirá que es difícil que ninguno toque los tópicos relevantes, excepto quizás durante la primera semana del primer año de química. En comparación, todos los programas de estudio para graduados de historia o filosofía de la ciencia están dedicados a definiciones de la ciencia y a trazar líneas de demarcación entre la ciencia y otros campos.

¿Cuál es exactamente el debate sobre la legitimidad de la ciencia teística? Los defensores de la ciencia teística sostienen estas creencias:

1. Dios, concebido como un ser personal, agente trascendente de gran poder e inteligencia, por medio de una gestión directa, inmediata y primaria y una causalidad indirecta, mediata y secundaria, ha creado y diseñado el mundo para un propósito y ha actuado directo a través de una gestión inmediata y primaria en el curso de los acontecimientos en tiempos diversos, incluyendo la prehistoria (o sea, la historia anterior al arribo de los seres humanos).
2. El compromiso expresado en la proposición #1 arriba puede imbricarse con propiedad en la misma trama de la práctica científica y la utilización de la metodología científica.
3. Una manera en que este compromiso puede imbricarse de forma adecuada en la práctica de la ciencia es por medio de los varios usos en la metodología científica de las brechas en el mundo natural, que son elementos esenciales de la gestión divina directa, primaria, e inmediata, entendidas de forma apropiada. Cuando Dios actúa como causa primaria, estará

> presente una brecha en el mundo natural porque el efecto de su acción es un resultado de su poder causal directo y no solo el resultado de su conducción de los procesos naturales.

En su sentido más amplio, la ciencia teística está arraigada en la idea de que los cristianos deben consultar todo lo que sepan o tengan razones para creer cuando den forma o prueben hipótesis, cuando expliquen cosas de la ciencia, y cuando evalúen la credibilidad de las distintas hipótesis científicas. Entre las cosas que deben consultar están las proposiciones de la teología. La ciencia teística puede considerarse un programa de investigación (a saber, una serie de teorías que existen a través del tiempo y están de alguna forma unidas) que, entre otras cosas, expresa un compromiso con varias ideas; a saber, las proposiciones 1 y 2 mencionadas en la página 18.

Ciertos eruditos cristianos rechazan la ciencia teística y abogan por lo que en ocasiones llaman naturalismo metodológico, que en lo fundamental es la idea de que los conceptos teológicos, como Dios o los actos directos de Dios, no forman parte en sí de la ciencia natural. De esa manera, la ciencia teística está en lo fundamental mal orientada, porque tiene una filosofía de la ciencia equivocada y un punto de vista impropio de cómo se deben integrar la ciencia y la teología. Según este punto de vista, la meta de la ciencia es explicar los fenómenos naturales contingentes de manera estricta, en términos de otros fenómenos naturales contingentes. Las explicaciones científicas se refieren solo a objetos y eventos naturales y no a decisiones ni acciones personales de seres humanos o agentes divinos. Las cuestiones sobre temas trascendentes (p. ej.: el origen último, que requiere una consideración de seres o agentes que trascienden el universo físico, y el gobierno del universo) caen fuera del dominio de la ciencia natural. Los que abogan por esta perspectiva distinguen el naturalismo metodológico (la metodología científica requiere explicación en términos de los fenómenos naturales sin referencia alguna a una acción o intención divina) del naturalismo metafísico (el punto de vista de que todo lo que existe es el mundo natural) y acepta el primero pero rechaza el segundo.

¿Una definición apropiada de la ciencia *requiere* la adopción del naturalismo metodológico y el rechazo de la ciencia teística como seudociencia? Recuerde que este asunto es de segundo orden y no de primer orden. La cuestión es si la ciencia teística puede considerarse un programa de investigación científica en primer lugar, y no si las teorías específicas de la ciencia teísta ofrecen en la actualidad los mejores modelos científicos frente a los alternativos. Se ha intentado mostrar que la ciencia teística es una seudociencia. Toman la forma de trazar una línea de demarcación entre ciencia y no ciencia (p.ej., la literatura) o seudociencia (p. ej.: la astrología), un conjunto de condiciones necesarias y suficientes para que una teoría, explicación o actividad de investigación deba incorporar para contarse como ciencia, y a continuación muestran que la ciencia teística cae en el lado equivocado de la línea de demarcación.

Los criterios sugeridos de lo que cuenta como parte de las condiciones necesarias y suficientes para la ciencia varían, pero normalmente incluyen cosas como esta: el punto en cuestión tiene que ser susceptible de ser falsificado, estar guiado o explicado por una referencia a la ley natural, ser propuesto de manera tentativa, ser comprobable en el mundo empírico, emplear factores que se puedan medir, capaz de hacer predicciones, ser repetible, ser fecundo en la conducción de futuras investigaciones, y así sucesivamente.

Por cuestiones de espacio no podemos investigar con más amplitud estos temas, excepto para proponer algo. Los historiadores y filósofos de la ciencia están de acuerdo de forma casi universal en que la ciencia teística es ciencia y no puede desecharse como tal por criterios de demarcación. ¿Por qué? La ciencia teística ha sido considerada ciencia a lo largo de casi toda la historia de la ciencia, y no hay motivos de peso para pensar que esto era una equivocación. Cada línea de demarcación utilizada para mostrar que la ciencia teística es una seudociencia ha mostrado ser, o innecesaria (algunos ejemplos de ciencia fallan a la hora de estar a la altura del criterio), o insuficiente (hay ejemplos de no ciencia que sí están a la altura del criterio). De modo que si aun modelos específicos de ciencia teística son falsos, empíricamente inadecuados, o de otras maneras inferiores a modelos rivales sobre el origen y el desarrollo de la vida, estos modelos son por lo menos científicos pese a las opiniones populares en contrario. O así dicen la mayoría de los expertos en la historia y la filosofía de la ciencia.[13]

[13]Vea Larry Laudan, «Commentary: Science at the Bar—Causes for Concern», *Science, Technology, and Human Values* 7 (Otoño de 1982): 16-19; Michael Ruse, «Response to the Commentary: Pro Judice», *Science, Technology, and Human Values* 8 (Invierno de 1983); 19-23; Larry Laudan, «More on Creationism», *Science, Technology, and Human Values* 8 (Invierno de 1983): 36-38; «The Demise of the Demarcation Problem», en *Physics, Philosophy, and Psychoanalysis,* ed. R. S. Cohen y L. Laudan (D. Reidel, Dordrecht, Holland, 1982), 111-28; Philip Quinn, «The Philosopher of Science as Expert Witness», en *Science and Reality,* ed., James T. Cushing, C. F. Delaney, y Gary Gutting (University of Notre Dame Press, Notre Dame, Ind., 1984), 32-53.

2. Asuntos teológico-bíblicos

Todos los autores de este volumen son cristianos tradicionales, muy preocupados por las cuestiones de la teología y la Biblia. ¡Todo el mundo quiere tener a Dios de su lado en el debate! Todos concuerdan en que Dios es el Creador, que Él desempeña un papel activo en la Creación y que, por lo tanto, el naturalismo filosófico es falso. Ahí termina con frecuencia el acuerdo.

Para muchas personas la cuestión teológica central del debate es la bíblica. ¿Qué es lo que más requiere del creyente una lectura honesta de la Biblia? Más importante aún, ¿cómo se deben leer los pasajes claves de la Biblia que tratan de la creación? El estatus del registro bíblico y las inquietudes hermenéuticas son fundamentales en el debate.

Algunos cristianos piensan que la Biblia provee poca o ninguna evidencia científica en relación con el origen de la vida o el universo. Los relatos de Génesis 1—11 no son históricos. Están escritos en una forma literaria que no demanda exactitud en los detalles históricos. Esta posición es compatible con una Escritura libre de errores, porque nadie demanda que la Biblia muestre exactitud más allá de sus objetivos. Por ejemplo, ningún lector exige una verdad «literal» en las afirmaciones científicas de un poema.

Por contraste, algunos cristianos piensan que los relatos bíblicos de Génesis 1—11 son de naturaleza histórica, por lo menos en parte. Por ejemplo, argumentan que negar un Adán y una Eva «literales» tiene importantes consecuencias teológicas. Además, como la mayoría de los lectores tradicionales de los acontecimientos, el propio Jesús parece haber considerado a Noé como histórico. Estos lectores pueden no concordar, como hacen los creacionistas de la Tierra joven y la vieja, sobre la naturaleza de los acontecimientos, pero son unánimes en la visión de su importancia histórica. Los creacionistas de la «Tierra vieja» pueden permitir grandes brechas [saltos] en los registros genealógicos no aceptables para los creacionistas de la «Tierra joven», pero los consideran como que tienen mérito histórico. Por contraste, algunos evolucionistas teístas niegan un Adán y Eva históricos y reales, mientras otros no lo hacen.

Los creacionistas de la joven y la vieja Tierra concuerdan en gran medida. Pero están divididos en las implicaciones teológicas de una segunda cuestión: la muerte animal antes de la caída de Adán. Los creacionistas de la Tierra joven ven esto como teológicamente devastador. ¿Cómo podían morir los animales antes del pecado de Adán? ¿Cómo podría un Dios bueno permitir con toda intención el desperdicio y las horribles muertes de miles de millones de animales durante miles de millones de años antes del pecado del hombre (mucho menos emplear esta lucha como su medio primordial de creación)? Los creacionistas de la Tierra vieja responden de varias maneras (p. ej., la muerte animal antes de la caída de Adán y Eva fue el resultado de una caída angélica anterior; la muerte espiritual resultó de la caída humana), pero esto presenta una dificultad para su punto de vista.

A otro problema teológico se le llama a menudo el «Dios de las brechas». Los proponentes del argumento de las brechas dicen que los anteriores intentos de hallar la «mano» de Dios en la naturaleza han conducido a un desastre apologético. Colocar las acciones de Dios en las actuales brechas del conocimiento científico restringe Sus acciones a aquellos sitios en que la ciencia no tiene explicación para un objeto o evento. Esta falta de conocimiento es la brecha dentro de la cual el pensador cristiano trata de meter a Dios. Al colocar a Dios en la brecha, esta clase de teísta obtiene una ventaja apologética a corto plazo. Pero la crítica del enfoque de la brecha argumenta que a largo plazo tal política está mal orientada. Eventualmente la ciencia halla una explicación natural para el fenómeno en cuestión, la brecha putativa desaparece y se daña el teísmo. Lo que es más importante, las brechas en la comprensión humana del mundo se hacen cada vez más pequeñas y más pequeñas. Si los cristianos persiguen el argumento de la brecha, el lugar de Dios en el orden natural de las cosas pronto desaparecerá. Muchos autores cristianos contemporáneos, particularmente los científicos cristianos, toman muy seriamente este problema del «Dios de las brechas».

Al examinarlo más de cerca, el argumento de las brechas no resulta ser un verdadero argumento. Es más bien una pizca de consejo apologético. Pocos filósofos contemporáneos se han levantado para defender esta preocupación como algo legítimo. Pese a los reclamos de científicos cristianos preocupados, la estrategia del Dios-de-las-brechas ha tenido poca aplicabilidad histórica, al menos en el escenario contemporáneo. Hay pocos casos, si acaso hay alguno, de pensadores cristianos serios que caen en la actualidad en la idea de la brecha. Postular solo la acción de un agente no es apelar a una brecha. De otro modo, ¡todo detective criminalista que cree que un agente haya cometido un crimen sería culpable de «renunciar» a una explicación más «naturalista»!

El argumento de las brechas ha resultado ser un mal consejo por tres motivos: (1) hace la suposición equivocada de que las teorías sobre las acciones de Dios se vuelven falsas por la mera existencia de (a veces poco plausible) de relatos naturalistas que tratan de los mismos eventos; (2) falla a la hora de definir cualquiera de sus términos. Por lo tanto, es demasiado vago para tener algún valor práctico. Por ejemplo, ¿qué se considera una brecha en el conocimiento humano? ¿Qué pasa si la propia ciencia descubre un límite a la investigación científica? Esto no sería una brecha a la espera de que la llenaran, sino más bien una frontera. ¿Cuál es la diferencia entre una brecha y una frontera en la ciencia? Y (3) este argumento no representa adecuadamente teorías como el diseño inteligente, que no están motivadas por una brecha en la comprensión humana. La mayoría de los creacionistas de la Tierra vieja y la joven que apelan a las acciones milagrosas divinas para explicar la creación de alguna entidad lo hacen porque piensan que hay razones científicas, filosóficas o teológicas definitivas para justificar esta movida. Ellos no «apelan a Dios» meramente para cubrir la ignorancia de un supuesto mecanismo naturalista, ni tampoco limitan la actividad de Dios en la naturaleza a los casos de causas primarias. Piensan que con regularidad nos confrontan artefactos humanos que resultan del diseño humano inteligente y que tenemos pruebas observables para pretender que varios elementos del mundo biológico albergan las características de un diseño inteligente y, por lo tanto, la mejor explicación de la prueba definitiva es la hipótesis del diseño.

En un último análisis, muchos piensan que lo que está detrás de la queja del Dios-de-las-brechas es el empleo rígido y hermético del naturalismo metodológico. Estos contradictores del argumento de las brechas alegan que el naturalismo metodológico en las llamadas reglas de la ciencia está en oposición con la evidencia científica que, en ciertos casos, sostiene la afirmación de que la actividad causal primordial de Dios como Creador/Diseñador es la mejor explicación de la evidencia científica pertinente. De esa manera, el argumento de las brechas tiene el efecto de cerrar las mentes a la evidencia en aras de seguir un conjunto de reglas que sin querer expresan y, a su vez, sostienen el cientificismo y el naturalismo filosófico, con independencia de cuánto deseen otorgar a Dios los teístas que apoyan el argumento de la brecha un papel indetectable para la ciencia en la creación.

3. Cuestiones científicas

Tenemos poco espacio para bosquejar todas las cuestiones científicas que están sujetas a debate en esta controversia. Un hecho importante a tener en mente es que las personas en todos los ángulos de la controversia concuerdan con frecuencia en la evidencia bruta. Sin embargo, no concuerdan en cómo interpretar esa evidencia. Esto se palpa en todos los artículos principales de este libro. Todos los autores enfocan sus artículos en cómo ver la evidencia pero emplean poco o ningún tiempo para argumentar sobre la evidencia misma. Se debe esperar esto. Salvo los pocos irresponsables que se dedican a popularizar y que a menudo falsean el estado de la evidencia, hay poco cuestionamiento de los «hechos». Por ejemplo, casi todos los pensadores responsables concuerdan en que ciertos elementos químicos menguan ahora en porcentajes conocidos. Hay poco desacuerdo sobre esto. Así que cuál debe ser la utilización de estos hechos y cómo se les debe interpretar. ¡Sobre eso hay un *extendido* desacuerdo entre los cristianos!

La principal división científica está entre aquellos que piensan que la evidencia científica para la evolución darwinista es conclusiva y aquellos que piensan que no lo es. Dejando a un lado los argumentos filosóficos a favor del darwinismo (p.ej., un Dios, bueno y sabio no diseñaría un mundo con imperfecciones o con animales que contaran con medios tan efectivos para infligir dolor y muerte a otros organismos), los creacionistas de la Tierra joven y vieja piensan que es razonable dudar de la verdad del darwinismo. Algunos irían aún más lejos y sugerirían que creer en el darwinismo no es en lo absoluto razonable sin el apoyo del naturalismo filosófico. Por otro lado, los evolucionistas teístas niegan que ellos sean naturalistas pero todavía están satisfechos de que la presente evidencia favorezca vigorosamente la evolución. Algunos de ellos argumentarían que negar la verdad de la evolución es en sí mismo evidencia de un compromiso religioso irracional.

Mucho depende de a qué se alude con *evolución biológica*, que puede ser comprendida al menos de cuatro diferentes maneras. Primero, a veces se hace referencia a la evolución como un «hecho». Por ejemplo, es un hecho que las especies y otras formas de vida han cambiado con el tiempo. Los picos del pinzón se acortan y se alargan. Se pueden criar perros para que sean más pequeños o más grandes. Si la evolución simplemente significa «cambiar con el tiempo», entonces todos los autores de este libro creen en la evolución. Tal suerte de «microevolución», que cualquier ser humano observa fácilmente, es aceptada hasta por los más duros críticos de Darwin.

Segundo: también se puede usar evolución para referirse al «cambio macroevolutivo». Este sentido de evolución permite el cambio de forma natural hasta el nivel de phyllum y de reino en la organización biológica. Por lo común, los proponentes argumentan que observaciones tales como las relacionadas con el registro fósil y los estudios de similitudes bioquímicas favorecen mucho esta posibilidad. De acuerdo con este punto de vista, dado el tiempo y el mecanismo correcto, el cambio biológico puede ser de hecho radical. Este punto de vista se asocia por lo general, aunque no tiene que ser así, con la idea de un ascendiente común. Todos los organismos comparten un ancestro biológico común, esto es, hay un «árbol» de la vida al cual está conectada toda criatura viviente. Casi todos los creacionistas de la Tierra joven y la vieja rechazan estas ideas. Las aceptan tanto los evolucionistas teístas como la corriente científica principal.

Una tercera manera de comprender la evolución es una referencia abreviada al mecanismo neo-darwiniano para producir el «cambio en el tiempo». La selección natural, las mutaciones casuales, el tiempo, la oportunidad, y otros mecanismos producen todas las formas de vida que ahora existen. No hay necesidad de apelar a la actividad divina directa. Las cosas que rodean a la Humanidad pueden parecer diseñadas, pero no lo fueron. Son el producto de un «relojero ciego» naturalista. Parecen diseñadas, pero solo se adaptan a su entorno. Esto es lo que la mayoría de los científicos de la corriente principal consideran evolución.

Muchos evolucionistas teístas palidecerían ante las implicaciones naturalistas de la hipótesis del relojero ciego. Ellos permitirían alguna forma de providencia divina a fin de proveer propósito y diseño al proceso de evolución, y admitirían incluso la verdad y la efectividad del mecanismo neo-darwiniano. La dificultad es que mientras alguna acción y propósito divino pueden ser por lógica compatibles con el relojero ciego, muchos intelectuales contemporáneos no ven la necesidad de apelar en lo absoluto a una acción o propósito divino, dado lo inadecuado de los mecanismos naturalistas para explicar el origen de las cosas vivientes y sus partes. Como ha dicho Phillip E. Johnson:

> Los científicos naturalistas políticamente astutos no sienten hostilidad hacia los líderes religiosos que aceptan de manera implícita la doctrina naturalista fundamental de que los poderes sobrenaturales no afectan de hecho el curso de la naturaleza... Los naturalistas más sofisticados se dan cuenta de que es mejor limitarse a decir que las afirmaciones sobre Dios son «religiosas» y por lo tanto incapaces de constituir algo más que expresiones de sentimientos subjetivos. Después de todo, sería bien ridículo darle mucha importancia a la prueba de que Zeus y Apolo en realidad no existen.[14]

[14]Phillip E. Jonson, *Defeating Darwinism* (InterVarsity Press, Downers Grove, Ill., 1997), 100-101.

En algún otro sitio, Johnson observa:

> El conflicto entre el punto de vista naturalista y la cosmovisión sobrenatural cristiana se mantiene todo el tiempo. No se la puede encubrir con compromisos superficiales...No puede mitigarse leyendo la Biblia de manera figurativa y no de forma literal...No hay una vía satisfactoria para hacer coincidir dos historias tan diferentes en esencia como esas, aunque algunos sistemas intelectuales fraudulentos ofrezcan un compromiso superficial a aquellos que desean pasar por alto una o dos contradicciones lógicas. Un pensador esclarecido tiene simplemente que tomar un camino o el otro.[15]

Los comentarios de Johnson sirven como un recordatorio de que los evolucionistas teístas tienen que ofrecer razones del por qué, en primer lugar, creen en la teología cristiana, a fin de evitar que se produzca una «reconciliación» entre el darwinismo y el teísmo cristiano al precio de situar la autoridad epistemológica del cristianismo en algún nivel privado superior.

Por último, muchos científicos destacados como Richard Dawkins y Carl Sagan han empleado la evolución de una manera filosófica. La utilizan como una forma abreviada de referirse al naturalismo científico. Este es un uso ilegítimo de un término científico.

¿Cuál es el estatus de la evidencia? ¿Qué segura es la hipótesis del relojero ciego sobre la base de los «hechos» de la ciencia? Esa es la porción científica de este debate.

VISIÓN HISTÓRICA GENERAL DEL ASUNTO

Todas las opiniones dogmáticas sobre el origen y la formación de la vida son demasiado comunes en las discusiones contemporáneas de filosofía, ciencia y teología. Este infortunado estado de las cosas se comprende a la luz de la importancia de las cuestiones involucradas. Toda cultura se aferra a su particular mito de la creación. La cuestión de la relación entre un creador y su creación tiene una prolongada y compleja historia. Para la mayoría de la historia del pensamiento occidental, la idea de «diseño» o de un creador que actúa en el espacio y el tiempo era perfectamente aceptable en el discurso racional. En los últimos doscientos años, esta noción ha llegado a estar bajo un creciente ataque.

[15] Ibid., 111.

Como veremos, existe una convicción en la comunidad académica contemporánea de que las críticas del diseño en el mundo moderno, comenzando con Hume y culminando con Darwin, se han apoderado de hecho del campo. El argumento del diseño está muerto. El diseño en el propio mundo natural se explica mejor sobre bases darwinianas como «diseño aparente», el cual se comprende mejor en términos naturalistas.

En el espacio de esta breve introducción, apenas tenemos tiempo para trazar algo más que bosquejos en bruto de la situación. Así y todo, podemos trazar una visión «a vuelo de pájaro» del ascenso y la caída de la idea del diseño y la creación en el pensamiento occidental.

Como es por lo regular el caso, la discusión comienza con los antiguos griegos. Platón puso bien en claro la importancia del diseño y la creación en su último y más extenso diálogo, *Las Leyes* (Libro X). Él dijo:

> *Ateniense:* Muy cierto, Megilo y Cleinias, pero me temo que de manera inconsciente hayamos arrojado luz sobre una extraña doctrina.
> *Cleinias:* ¿A qué doctrina te refieres?
> *At.* En opinión de muchos, la más sabia de todas la doctrinas.
> *Cle.* Quisiera que te explicaras mejor.
> *At.* La doctrina de que todas las cosas vienen, han venido y vendrán, algunas por la naturaleza, algunas por el arte, y algunas por la casualidad.
> *Cle.* ¿No es eso verdad?
> *At.* Bien, es probable que los filósofos tengan razón; de cualquier forma sigamos sus pasos, y examinemos qué pretenden ellos y sus discípulos.
> *Cle.* Hagamos eso por todos los medios.
> *At.* Ellos dicen que las mayores y más maravillosas cosas son obra de la naturaleza, las menores del arte, que al recibir de la naturaleza las mayores y autóctonas creaciones, plasma y amolda todas esas obras menores que por lo general llamamos artificiales.
> *Cle.* ¿Cómo es eso?
> *At.* Lo explicaré con mayor claridad. Ellos dicen que el fuego y el agua, y la tierra y el aire, todos existen por causa de la naturaleza y la casualidad, y ninguno de ellos por el arte, y en cuanto a los cuerpos que les siguen en orden (la tierra, y el Sol, y la Luna, y las estrellas), han sido creados por medio de estas existencias en lo absoluto inanimadas. Los elementos se mueven de forma individual por la casualidad y algunas fuerzas inherentes de acuerdo con

> ciertas afinidades entre ellos; lo caliente con lo frío, o lo seco con lo húmedo, o lo suave con lo duro, y de acuerdo con todas las otras mezclas accidentales de los opuestos que se han formado por necesidad. De esta forma y manera ha sido creado todo el cielo, y todo lo que está en el cielo, así como los animales y las plantas, y todas las estaciones vienen de estos elementos, no por la acción de la mente, como dicen ellos, ni de ningún Dios, ni del arte, sino como yo decía, solo por la naturaleza y la casualidad. Como un producto tardío de estas, el arte se levantó de repente después y, mortal en sí mismo y de nacimiento mortal, engendró en broma ciertas imágenes e imitaciones muy parciales de la verdad, que tienen afinidad entre sí, como las que se crean entre la música y la pintura y las artes que las acompañan. Y hay otras artes que tienen un propósito serio, y estas cooperan con la naturaleza, como por ejemplo la medicina, y la agricultura, y la gimnástica. Y ellos dicen que la política coopera con la naturaleza, pero en un grado menor, y tiene más de arte; también la legislación es por entero una obra de arte, y está basada sobre conjeturas que no son ciertas.
>
> *Cle.* ¿Qué quieres decir?
>
> *At.* En primer lugar, mi querido amigo, esta gente diría que los dioses no existen a causa de la naturaleza, sino del arte, y por las leyes de los Estados, que son diferentes en diferentes lugares, según el acuerdo de aquellos que las hacen; y que los principios de la justicia no tienen en absoluto existencia en la naturaleza, sino que la humanidad siempre disputa sobre ellos y los altera, y que las alteraciones que se hacen por medio del arte y por medio de la ley no tienen fundamento en la naturaleza, sino tienen autoridad por el momento y el tiempo en que ellas se hacen. Estas, mis amigos, son las máximas de los hombres sabios, los poetas y los prosistas, que se abren paso en las mentes de la juventud.

Platón describió la filosofía de sus días que atribuía la creación y el diseño del universo a la casualidad. Sugirió que esta teoría colocaba los orígenes de las normas morales y divinas en un «arte», que en sí mismo era un producto de la casualidad. No hay diseño ni arte detrás del cosmos. En pocas palabras, lo racional y lo ordenado surgió de lo irracional y lo desordenado por obra de la casualidad y algún progreso científico. Platón, o por lo menos los atenienses del diálogo, se oponían vigorosamente a la enseñanza de este punto de vista en su mítica ciudad estado de Magnesia. Él temía que dañaría las mentes y la moral de la juventud de la ciudad. Muchos argumentos contemporáneos aparecen prefigurados en esta temprana discusión.

Platón presentó las dos opciones básicas en sus diálogos. Puede que el universo haya sido creado bajo el control de un artesano, el Demiurgo del Timeo. En este caso, la Mente antecedió al cosmos. Como es natural, no necesitaba ser en el caso de que la Mente fuera suprema, como en la concepción cristiana. El artesano de Platón tenía que trabajar con una materia recalcitrante. Este dios solo pudo hacer su mejor esfuerzo en la creación. No obstante, todavía era el caso de que el cosmos tenía una base fundamental en la obra racional de una Mente divina. Por otro lado, existe la posición que acabamos de examinar en las *Leyes*. Para parafrasear a Alfred North Whitehead, la mayoría de los debates sobre diseño o creación del cosmos son una nota al pie de esta discusión de Platón.

Tanto Platón como Aristóteles vieron el conocimiento de la Mente como fundamental para adquirir conocimientos sobre el cosmos físico. Por otro lado, las filosofías de los epicúreos y de Lucrecio no requerían de ningún dios para sus explicaciones cosmológicas. Los períodos helenista y romano fueron una época de vivas discusiones en esta área. Resulta seguro decir, sin embargo, que algunas formas del neo-platonismo y del estoicismo (ambos teístas) llegaron a dominar los períodos posteriores de pensamiento intelectual. El orden aparente del universo, y quizás la necesidad de orden en el Estado romano, hicieron que predominara la posición más deísta del diseño.

La expansión del teísmo cristiano en el Imperio Romano alentó este proceso. Los apologistas de la joven fe fueron capaces de apoyarse en sus obras sobre la amplia aceptación de la necesidad de un Creador. Por ejemplo, el apologista del siglo II, Teófilo de Antioquia, fue capaz de apoyarse en esas creencias en sus escritos. En el crepúsculo del Imperio Romano occidental, San Agustín fue capaz de apropiarse de la misma suerte de inclinación hacia la realidad del diseño en su *Ciudad de Dios* y su discusión de la creación en las últimas porciones de sus *Confesiones*.

En el occidente medieval, el diseño y la intervención de una inteligencia sobrenatural fueron muy aceptados, y ayudaron a justificar la idea de que vivimos en una creación que puede ser estudiada y cuyas verdades pueden captarse más allá de las apariencias superficiales de las cosas. Contrario al estereotipo del período como un tiempo de estancamiento intelectual y dogmatismo, la filosofía de la ciencia continuó desarrollándose durante la Edad Media. Hombres como Roger Bacon, Duns Scoto, y Guillermo de Occam hicieron importantes progresos en la comprensión greco-romana del mundo natural y la filosofía

Estas inclinaciones generales vigorosas a favor del diseño no cambiaron con el advenimiento de la era moderna. Ver la obra de un diseñador inteligente era un lugar común para los científicos tempranos. Isaac Newton, que se guió por nuevos métodos en la comprensión del mundo natural, fue un estudiante de la Biblia toda la vida y no tuvo dificultad en ver una sólida prueba a favor del diseño del universo. Hasta los más severos críticos de la religión cristiana en el período de la Ilustración, que contribuyeron al nacimiento del mundo moderno, no rechazaban la existencia de un creador o una providencia detrás del cosmos. Tomás Paine, el arquitecto del cristianismo tradicional, al hablar de la *Edad de la Razón* sobre la muerte de la Iglesia establecida dijo: «Los inventos humanos y las maquinaciones sacerdotales serán detectados; y el hombre volverá a la pura, no mezclada, ni adulterada creencia en un Dios, y no más». La razón demostró el orden providencial de las cosas a esos hombres. Los autoproclamados «infieles» de la Ilustración no eran en su mayor parte ateístas en el sentido moderno, y el orden de la naturaleza fue una poderosa razón de su teísmo.

Dos ataques cambiaron este cuadro, probablemente para siempre. Primero, David Hume lanzó un asalto filosófico sobre el «argumento del diseño». Él dijo:

> Entonces ustedes, que son mis acusadores, han reconocido que el principal o único argumento para una existencia divina (la cual nunca he cuestionado) se deriva del orden de la naturaleza; adonde aparecen esas marcas de inteligencia y diseño, que ustedes piensan extravagante asignar como su causa, ya sea a la casualidad, o a la ciega y espontánea fuerza de la materia. Ustedes conceden que este es un argumento sacado de los efectos de causas. Del orden de la obra, ustedes infieren que tiene que haber habido un proyecto y una previsión en el artesano. Si no pueden representar este punto, ustedes conceden que falla su conclusión; y pretenden no establecer la conclusión en una latitud mayor de la que los fenómenos de la naturaleza justificarían. Estas son sus concesiones. Yo deseo que ustedes señalen las consecuencias.
>
> Cuando inferimos cualquier causa particular de un efecto, debemos adecuar el uno a la otra, y nunca se nos puede permitir adscribir a la causa cualidad alguna, sino las que son exactamente suficientes para producir el efecto. Un cuerpo de diez onzas levantado en cualquier balanza debe

> servir de prueba que el peso que sirve de contrabalanza excede las diez onzas; pero nunca puede admitir un motivo para que éste exceda las cien. Si la causa, asignada a cualquier efecto, no es suficiente para producirlo, tenemos que rechazar esa causa, o en su lugar añadirle las cualidades que le den una justa proporción con el efecto.[16]

Hume siguió argumentando que nunca se podía derivar un conocimiento de un Dios personal e inteligente del cosmos impersonal. Cualquier argumento del diseño o de diseñar no era lo suficiente robusto para cumplir la tarea que muchos teístas tradicionales le habían asignado, esto es, el establecimiento de la existencia del hecho y derecho Dios del teísmo cristiano. La complejidad es tan evidente en el mundo natural, sin embargo, que todavía lleva a muchos pensadores a favorecer una posición creacionista.

El darwinismo cambió el cuadro de manera sustancial. Antes de Darwin, los teístas podían señalar objetos naturales como el ojo y entonces retar a sus críticos con inclinaciones filosóficas a proveer una mejor explicación que el teísmo. Darwin ofreció una explicación del todo naturalista al aparente diseño en el mundo natural. En el *Origen de las Especies* reta a sus críticos: «Es tan fácil esconder la ignorancia de ustedes bajo expresiones como "el plan de la creación" o "la unidad de diseño", etc., y pensar que damos una explicación cuando solo replanteamos un hecho».[17]Darwin no tendría ningún tipo de «torpes opiniones» como esas. En su lugar, propuso un mecanismo; la selección natural, que cumpliría la tarea de proveer los patrones naturales que otros solo habían descrito de manera pasiva.

Los resultados del debate sobre el diseño en la naturaleza fueron muy grandes para el teísmo . En palabras del defensor contemporáneo del neo-darwinismo, Richard Dawkins: «Darwin hizo posible ser un ateo completamente realizado». Se puede ver el impacto de Darwin sobre el argumento del diseño en los escritos del filósofo William James. Escribiendo en *Varieties of Religious Experience* a comienzos del siglo XX, él dijo: «En cuanto al argumento del diseño, vea cómo las ideas darwinianas lo han revolucionado. Concebidas como ahora las concebimos, mientras tantos afortunados escapan de los procesos de una

[16]David Hume, *An Enquiry Concerning Human Undestanding* (Hackett, Indianapolis, 1993), 93.

[17]Charles Darwin, *Origin of Species* (Signet Books, Nueva York, 1958), 444.

destrucción casi ilimitada, las benevolentes adaptaciones que encontramos en la naturaleza sugieren una deidad muy diferente de la que imaginábamos en las versiones anteriores del argumento».[18] Dios está, en el mejor de los casos, desempleado en la nueva cosmología. A la luz del supuesto fracaso del argumento del diseño, muchos científicos y filósofos están dispensados junto con él.

La reacción a Darwin y el darwinismo dentro de la comunidad cristiana ha sido variada. Los primeros y más elocuentes críticos de Darwin en Inglaterra fueron sus colegas científicos. La mayoría de los teólogos habían estado preparados para la idea de algún tipo de creación progresiva durante mucho tiempo. El darwinismo estaba en el aire en la forma de apologías del progreso poéticas y culturales. Descubrimientos anteriores en la geología habían desafiado una lectura literal de la cronología del Génesis y de un diluvio único y global en los días de Noé. Muchos cristianos, en especial en las universidades, estaban deseosos de considerar menos a Génesis 1—11 como una historia real. Por consiguiente, al principio, la mayoría de teólogos ingleses reaccionaron con cuidado y de una manera precavida ante el darwinismo. De hecho, nunca se desarrolló en Inglaterra una respuesta creacionista en gran escala a Darwin, pese a bien conocidos y elocuentes críticos tales como el Primer Ministro Gladstone y el notable científico Lord Kelvin.

Los Estados Unidos fueron, no obstante, una historia diferente. Allí existía una población mucho mayor de cristianos más conservadores. Ellos estaban menos inclinados a considerar a Darwin y al darwinismo con ecuanimidad. Repito, muchos cristianos, aun los más conservadores, ya habían aceptado la edad de la Tierra y la extensión del diluvio como una cuestión abierta. Teólogos conservadores como Charles Hodge y B. B. Warfield eran receptivos a estas ideas, pero reaccionaron con más vigor al darwinismo. Al menos, Darwin parecía limitar mucho cualquier papel activo del Creador en el proceso de la creación. Hodge resumió los sentimientos de muchos cuando de mala manera hizo equivalente al darwinismo con el ateísmo.

La lucha contra el darwinismo y el modernismo en los círculos académicos, aun en Estados Unidos, fue una batalla perdida. Hacia mediados del siglo XX, la oposición al darwinismo se limitó a las

[18]William James, *Varieties of Religious Experience*. Library of the Future Series, screen 711.

comunidades religiosas más fundamentalistas. Grupos como los Adventistas del Séptimo Día llevaron a cabo enérgicos ataques contra el pensamiento revolucionario, a veces con más bríos y ruido que exactitud o rigor científicos. Gran número de científicos puede que hayan sido «evolucionistas teístas», y reservaran para Dios algún papel casi invisible en el proceso de la evolución, pero su voz era muy queda en la cultura general. La percepción del público era que el darwinismo, y alguna forma de naturalismo, habían triunfado.

Muy sorpresivamente, sin embargo, dos importantes grupos reforzaron a mediados de siglo las críticas del darwinismo. Primero, muchos cristianos conservadores comenzaron a recibir un número mayor de grados académicos en ciencia. En la década de 1940 la *American Scientific Affiliation* (ASA) reunió un pequeño pero creciente número de evangélicos que tenían instrucción en ciencias. Al menos, este grupo tendió a mostrarse cauteloso ante el darwinismo. Permitió dialogar tanto a evolucionistas teístas como a críticos de una manera sostenida y responsable. La ASA creó un foro respetable y cierta revisión por pares para los críticos del pensamiento evolutivo.

Un grupo más pequeño y conservador de científicos, que con rapidez se convirtió en el más influyente entre los laicos de los círculos cristianos tradicionalistas, desarrolló una crítica más radical del paradigma prevaleciente. Eran los «creacionistas de la Tierra joven». Con la publicación de *The Genesis Flood*[19] («El Diluvio del Génesis») por Henry Morris y John Whitcomb, el movimiento alcanzó su máximo desarrollo. Insistían que tanto la evidencia científica como la bíblica favorecían una Tierra, y por lo regular un universo, de menos de diez mil años. Los creacionistas de la Tierra joven también explicaron muchos de los elementos del mundo moderno recurriendo al diluvio de Noé. Organizaciones como la Creation Research Society, la Bible-Science Association, y el propio Institute for Creation Research de Morris difundieron estos puntos de vista alternativos. A menudo plagado de defensores irresponsables y una torpe metodología científica, el movimiento fue muy ridiculizado y atacado por los medios de información seculares y los círculos académicos. Su influencia tendió a quedar bien limitada aun en la principal corriente académica evangélica y fundamentalista.

[19](Presbyterian and Reformed, Philadelphia, 1961).

Hacia fines del siglo XX, cinco desarrollos importantes cambiaron el panorama del diálogo. En primer lugar, el ascenso del postmodernismo en el mundo secular embistió contra la confianza de los defensores del darwinismo desde dentro de la principal corriente de los círculos académicos. Las feministas y otros críticos de la modernidad cuestionaron la «verdad» de las teorías científicas. Esta embestida desde la izquierda agotó parte de la fuerza del estamento científico.

En segundo lugar, los creacionistas de la Tierra joven comenzaron a desarrollar una línea de razonamiento más amplia y sofisticada. Bajo la dirección de Morris y otros científicos bien entrenados, el movimiento vio un creciente rigor en sus publicaciones. A fines de las décadas del 80 y el 90, reuniones como la Conferencia Internacional cuatrienal sobre Creacionismo atraían a cientos de científicos, teólogos y filósofos. Un número cada vez mayor de artículos periodísticos y conferencias eran revisados por pares y eran de mucha mayor calidad que los trabajos anteriores. Los esfuerzos actuales se hacen a fin de presentar un modelo teórico definitivo y no solo para atacar las ideas evolucionistas. Mientras que el éxito en este último aspecto permanece elusivo, la calidad del esfuerzo ha mostrado una mejoría geométrica.

El tercer cambio importante en el debate darwiniano llegó con una forma de la evolución teísta más pensada y de teología conservadora. Los científicos, a menudo dentro de la ASA, desarrollaron una nueva vía para integrar los descubrimientos de la ciencia moderna y la teología que parecía permitir la acción de Dios en la Creación sin limitar el alcance de la investigación científica.

En cuarto lugar, se ha hecho evidente un interés renovado por el creacionismo de la Tierra vieja en los círculos académicos y de evangélicos laicos. Estos cristianos aceptan la evidencia a favor de una Tierra y un universo viejos, mientras rechazan la evolución darwiniana. Por lo regular están a favor de un Adán y Eva literales y de un diluvio local. Atrapados a menudo en el medio; acomodados en demasía a los temas bíblicos para los creacionistas de la Tierra joven, y demasiado conservadores para los teístas evolucionistas, su penetración en la comunidad cristiana ha sido bastante limitada. El ministerio de populares escritores y oradores como Hugh Ross le dio a sus ideas un nuevo relieve a fines de la década del 90.

Por último, la obra de Phillip E. Johnson, profesor de leyes de la Universidad de California en Berkeley, dio inicio a un nuevo movimiento de diseño inteligente. Este desafió al darwinismo en su obra

Darwin on Trial and Reason in the Balance.[20] El movimiento del diseño inteligente vio que la evidencia científica contemporánea apuntaba hacia una «hipótesis de diseño». Al mismo tiempo, los filósofos William Dembski, Paul Nelson, y Stephen Meyer desarrollaron una nueva aproximación al diseño y los argumentos del diseño que no parecía vulnerable al criticismo tradicional. Este movimiento ha sido neutral en cuestiones bíblicas y acepta tanto a teístas como no teístas. Incluye a creacionistas activos de la Tierra joven y la vieja.

El presente libro hace posible un debate activo de los cristianos tradicionales que representan estos puntos de vista. Paul Nelson y John Mark Reynolds están entre los individuos más responsables de una nueva generación de creacionistas de la Tierra joven que también participan del movimiento del diseño inteligente. Robert Newman representa un creacionismo de la Tierra vieja que resurge. También es un importante partidario del diseño inteligente. La obra de Howard Van Till representa el intento teórico y científico más responsable para acomodar la evolución a la teología cristiana conservadora. Los comentaristas recorren todo el espectro ideológico.

CUESTIONES DE ENFOQUE

A fin de tocar las cuestiones más importantes que están en la médula del diálogo creación-evolución, hemos pedido a representantes calificados de cada una de las tres posiciones, que respondan a los cinco grupos de preguntas relacionadas abajo.

Grupo 1—*Posición general.* ¿Cuál es su posición sobre la controversia creación-evolución? ¿Cuál es su visión general de la integración de la ciencia y la teología? ¿Qué papel desempeña su visión de la integración en la determinación de su posición sobre la creación y la evolución?

Grupo 2—*Importancia del tópico.* ¿Por qué es importante esta controversia? ¿Cuáles considera que son las implicaciones culturales e intelectuales más generales que están relacionadas con este debate? Describa su propio periplo en relación con la controversia creación-evolución? Cuando era un creyente más joven, ¿cuál era su

[20] *Darwin on Trial* (Downers Grove, Ill: InterVarsity Press, 1991); *Reason in the Balance* (InterVarsity Press, Downers Grove, Ill., 1995).

posición, y qué factores clave contribuyeron a que mantuviera o cambiara su punto de vista?

Grupo 3—*Filosofía de la ciencia.* ¿Cómo influyen su comprensión de la naturaleza de la ciencia, el «método científico», y la naturaleza de la evidencia científica sobre su aproximación a la Biblia y cómo han moldeado sus creencias teológicas? Dicho de otra manera, describa su filosofía de la ciencia (p.e., la metodología científica) y explique cómo su filosofía de la ciencia documenta su aproximación a la Biblia y sus creencias teológicas.

Grupo 4—*Teología y Escritura.* ¿Cómo afectan su comprensión de las Escrituras, hermenéutica, y teología sus puntos de vista sobre la naturaleza de la ciencia, los datos científicos relevantes, y su posición sobre la controversia creación-evolución?

Grupo 5—*Epistemología.* ¿Qué papel desempeñan las evidencias y argumentos extrabíblicos de la teología natural en confirmar o refutar sus creencias teológicas? Cuando hace falta resolver una tensión aparente entre la ciencia y la teología, ¿cuál de ellas tiene el mayor peso epistemológico? Como parte de la respuesta a estas preguntas, diga algo sobre su propia epistemología y como esta informa su punto de vista de las relaciones entre fe y razón en general, y ciencia y teología en particular.

En adición a estas interrogantes, le hemos preguntado a cada uno de nuestros tres defensores que terminen este capítulo ofreciéndole una recomendación a Susana, una hipotética estudiante que ha acudido a esa persona en busca de consejo. Susana, una cristiana evangélica criada en un hogar que le enseñó a aceptar una posición creacionista de la Tierra vieja, no ha desarrollado cuidadosamente sus puntos de vista, hasta que ahora en la facultad universitaria ha llegado a saber que la gran mayoría de los científicos aceptan ya sea la evolución naturalista o la teísta y ha escuchado algunos buenos argumentos a favor de la evolución. Si estos argumentos son tan convincentes, se pregunta ella, ¿entonces quién querría ser en primer lugar un teísta cristiano? Recientemente, Susana se ha enterado de un nuevo movimiento que aboga por el diseño teísta, y ha leído algunos de los libros que defienden ese enfoque. Esto la ha inclinado a reforzar su compromiso hacia el creacionismo progresivo. No obstante, el pasado fin de semana ella asistió a una conferencia donde escuchó un argumento a favor del punto de vista de la Tierra joven que la hizo receptiva a este también. Le hemos pedido a nuestros tres defensores que le ofrezcan orientación a Susana del por qué debe aceptar el punto de vista de esa persona sobre el diálogo creación-evolución.

Este libro reúne cierto número de respetados pensadores cristianos con diferentes perspectivas y una amplia diversidad de trasfondos académicos. El área en que se especializa Paul Nelson es la biología y la historia de la ciencia, y ha recibido instrucción en estos campos en la Universidad de Chicago. John Mark Reynolds, profesor de filosofía en la Universidad Biola y director del *Biola's Torrey Honors Institute*, se especializa en filosofía griega y filosofía de la ciencia. Robert C. Newman tiene un doctorado en astrofísica teórica y es profesor de Nuevo Testamento en el Seminario Teológico Bíblico. Por último, J. Howard Van Till es profesor de física en el *Calvin College*.

Como los creacionistas de la Tierra joven y la vieja tienen más en común entre sí que lo que comparten con la evolución teísta (p.ej., los creacionistas de la Tierra joven y la vieja defienden el reciente movimiento del diseño inteligente y los evolucionistas teístas no), le hemos dado, con el ánimo de ser equitativos, un límite de palabras igual a Van Till que el total de palabras combinado asignado a Nelson y Reynolds y Newman. Asimismo, en las reflexiones finales, hemos seleccionado a un representante del movimiento del diseño inteligente (Johnson), que habla tanto por los creacionistas de la Tierra joven como de la vieja a este respecto, y a un representante de la evolución teísta (Bube) para que provea balance y equidad.

1

EL CREACIONISMO DE LA TIERRA JOVEN

Paul Nelson y John Mark Reynolds

EL CREACIONISMO DE LA TIERRA JOVEN

Paul Nelson y John Mark Reynolds

1. POSICIÓN GENERAL

Nosotros sustentamos el punto de vista de la creación *reciente* o llamada *de la Tierra joven.* Es desafortunado, pero ni «reciente» ni «Tierra joven» son expresiones descriptivas satisfactorias. Si se le pide que escriba su edad en un formulario legal, usted no escribe «viejo», «joven», «reciente», ni ningún otro vocablo relativo; antes bien, usted da un número exacto. Precisamente el mundo es tan viejo o tan joven como lo sea en realidad. El creacionismo de la Tierra joven es por tanto un nombre inapropiado y confuso, que parece implicar que la Tierra y el universo con jóvenes en relación con algún punto de referencia («viejo») no especificado. (Los *virtuosos* de la revolución científica temprana pensaron que Dios había creado el mundo dentro del intervalo de tiempo bíblico, pero ellos no hubieran descrito por tanto su cosmología como joven ni reciente. Ellos habrían preguntado: ¿Joven o reciente con referencia a qué?) Esta advertencia debe tenerse siempre en mente cuando se utilicen términos como «Tierra joven» o «reciente», los que de hecho describen, y además de manera imperfecta, diferencias entre varias teorías sobre el tiempo de la creación.

La posición del creacionismo de la Tierra joven es la que con más frecuencia identifica como «creacionismo» la mayoría de los científicos, educadores, y la prensa, porque en gran medida (al menos hasta fecha reciente) aquellas personas que con mayor probabilidad atraían la atención pública en la controversia creación-evolución como partidarias de cambios en la educación de las ciencias, urgían legislación, o debatían el tema en las universidades y predios universitarios, eran también las que con más probabilidad sostenían los puntos de vista de la Tierra joven.

Mientras que ni «reciente» ni «Tierra joven» son por entero satisfactorios como términos descriptivos, ambos términos pueden ser razonablemente aplicados a la posición general que ahora describiremos.

Las principales características distintivas de la posición de la creación reciente son:

1. Una filosofía de la ciencia abierta. (Definimos en detalle «abierta» bajo el acápite «3. Filosofía de la Ciencia» más adelante.)
2. Todos los tipos de organismos básicos fueron creados directamente por Dios durante la semana de la creación de Génesis 1—2.
3. La maldición de Génesis 3:14—19 afectó a profundidad cada aspecto de la economía natural.
4. El diluvio de Noé fue un evento histórico, global en extensión y efectos.

Ampliamos cada uno de estos puntos al final de esta sección. Otros aspectos distintivos de la posición de la creación reciente (p. ej.: un Adán y Eva históricos, creados directo por Dios como los progenitores originales de la Humanidad) se desprenden de estas afirmaciones cardinales.

Las mayores organizaciones que abogan por la creación reciente incluyen:

The Creation Research Society [Sociedad de Investigaciones de la Creación] (CRS) establecida en 1963, con el genetista Walter E Lammerts como su primer presidente. Una sociedad erudita establecida solo para la investigación y las publicaciones, la CRS incluye seiscientos miembros con voto (definidos como tales por poseer el grado de diplomados en ciencias) y mil cien miembros sin voto, y publica el *Creation Research Society Quarterly*, una revista técnica de investigaciones que ya está en su volumen treinta y cuatro.

The Geoscience Research Institute [Instituto de Investigaciones de la Geociencia] (GRI), afiliado a la Universidad de Loma Linda, California, y la Universidad Andrews de Berrien Springs, Michigan. Establecido en 1958, el GRI, dotado de científicos de la Iglesia Adventista del Séptimo Día, publica el periódico bianual especializado *Origins*, ahora en su volumen veinticuatro.

The Institute for Creation Research [Instituto de Investigaciones de la Creación] (ICR), de Santee, California, establecido en 1972 por Henry Morris, como una rama del *Christian Heritage College* in San Diego, California. El ICR publica libros, monografías técnicas, y la revista mensual *Acts and Facts*, y trasmite un programa de radio. La mayoría de los proponentes más conocidos de la posición de la Tierra joven (p.ej.: Henry Morris, Duane Gish, Ken Ham) están o han estado asociados al ICR.

Organizaciones y sociedades que abogan por el creacionismo reciente existen en otros países también (p.ej.: Canadá, Australia, Alemania, Inglaterra, y Corea), y docenas de grupos locales operan a nivel estatal y regional, tales como la *Creation Science Fellowship* en Pittsburgh, que auspicia la Conferencia Internacional sobre Creacionismo (ICC) que se celebra cada 4 años. Los científicos que trabajan en la actualidad dentro de la perspectiva de la creación reciente incluyen al paleontólogo Kart Wise del Bryan College, el geofísico John Baumgardner de Laboratorio Nacional de Los Álamos, el físico Russell Humphreys de Laboratorio Nacional de Sandia, el biólogo Wayne Frair del CRS, el microbiólogo Siegfred Scherer de la Universidad Técnica de Munich, la paleontóloga Sigrid Hertwig-Sherer de la Universidad de Munich.

Retornemos un momento ahora a las características claves de la posición del creacionismo reciente. Puede que sea útil considerar cada una en una tabla comparativa:

	Reciente	**Progresiva**	**Evolución Teísta**
Filosofía abierta de la ciencia	+	+	-
Discontinuidad biológica y diseño	+	+	-
Que la maldición afecta la economía natural	+	-	-
Diluvio universal	+	-	-

En general sería verdad que los creacionistas recientes y progresivos concuerdan en que se debe inferir que Dios ha actuado directo a partir de patrones de evidencia física (es decir, ambas escuelas de pensamiento sostienen lo que llamamos una filosofía «abierta» de la ciencia). Y, de hecho, tanto los creacionistas recientes como los progresivos ven que la evidencia señala a la acción directa de Dios como causa primaria en la historia de la vida. Dios creó las divisiones mayores de animales y plantas de forma directa. Además de esto, ambas posiciones sostienen que el estado vivo, la vida en sí misma, es un fenómeno que no se puede reducir ni derivar de entidades o causas químicas y físicas de menor nivel. Los organismos fueron diseñados de forma directa por Dios como sistemas que, aunque es cierto que se apoyan en leyes físicas y químicas, nunca llegarían a existir solo por la vía de esas leyes.

Sin embargo, por su parte los evolucionistas teístas, casi siempre abogan por una filosofía de la ciencia más restrictiva (como explicamos abajo en el acápite «3. Filosofía de la Ciencia»). Los objetos físicos, incluyendo los organismos, se pueden explicar solo por causas físicas. Los evolucionistas teístas también sostienen que todos los organismos comparten un ancestro común, y muchos (si no la mayoría) también sostienen que los primeros organismos eran en sí mismos sistemas auto-replicantes que surgieron de las cosas inanimadas por la vía de las causas físicas.

No obstante, los creacionistas recientes y progresivos difieren sobre el alcance y la naturaleza de la maldición de Génesis 3:14-19. Los creacionistas progresivos tienden a ver los días de la Creación como largos períodos de tiempos, y por lo tanto consideran que la muerte y el sufrimiento animal existían mucho antes del pecado de Adán. Pero los creacionistas recientes y progresivos difieren de una manera mucho más aguda sobre la extensión del diluvio de Noé y los detalles de la historia astronómica y de la Tierra. Si se quiere un motivo para no sostener la posición creacionista reciente, sería típico comenzar aquí, sobre la base de la tabla mostrada arriba; con la geología.

No por coincidencia hemos enumerado estos puntos en relación con nuestra confianza para discutirlos, y nuestra sensación de su fuerza e importancia relativa . Paul Nelson tiene preparación como filósofo y biólogo. John Mark Reynolds tiene preparación como filósofo. De esa manera, frente a cualquier audiencia profesional, comenzaríamos a presentar nuestro caso a favor de la creación con las pruebas y los argumentos que conocemos mejor, a saber, la filosofía de la ciencia y la biología. Sin embargo, en este libro escribimos de una manera más amplia, como cristianos a cristianos. Dicho de otra manera, como cristianos argumentaríamos sobre bases bíblicas a favor de una filosofía de la ciencia absolutamente abierta, aun si dudáramos o no estuviéramos convencidos por entero de cualquiera de los otros puntos. Dios actúa en la historia de manera directa, como le place, y deja pruebas inequívocas de Su existencia. Ninguna otra filosofía de la naturaleza, y por consiguiente, ninguna otra filosofía de la ciencia, se puede reconciliar con la cosmovisión de la Biblia. A nadie debe sorprender que el meollo de la controversia pública haya llegado a centrarse sobre la filosofía de la ciencia.

Si partimos de una filosofía abierta de la ciencia, pensamos que la evidencia para la discontinuidad biológica y el diseño es inequívoca; de hecho, abrumadora. No se pueden comprender los organismos excepto como productos de una inteligencia que actúa directa con un propósito. Por su propia naturaleza, las leyes físicas y las regularidades son insuficientes para generar la información y la complejidad necesarias para la vida, y dentro de las próximas décadas esto puede que se demuestre de manera experimental.

Por otra parte, nuestra mejor comprensión de los principales patrones de la evidencia fósil y la biología evolucionista apuntan a las claras hacia discontinuidades profundas y originales en las relaciones entre organismos. La geometría total de la historia de la vida en realidad no describe un solo árbol de la vida, como pensó Darwin, sino un bosque de árboles, cada uno con su propia raíz independiente. Si esta conclusión no fuera desagradable para los biólogos desde el punto de vista filosófico, esto es, si no apuntara tan a las claras hacia el diseño inteligente, creemos que sería adoptada sin vacilaciones por la comunidad científica.

El caso de una discontinuidad primaria está muy sellado por nuestra creciente comprensión sobre los límites naturales de las variaciones biológicas. En cierto sentido, lo último que un organismo multicelular quiere hacer es evolucionar, esto es, variar en lo fundamental su forma y funciones, como requiere la evolución. Tanto los organismos unicelulares como los pluricelulares están restringidos por demandas funcionales, y, en el caso de los organismos que evolucionan (es decir, los animales), esos requisitos limitan mucho qué variaciones se toleran. Darwin no sabía esto. Los pensadores contemporáneos sí lo saben. Por lo tanto, muchos pensadores modernos no buscan ya justificación para la evolución en la evidencia biológica, porque ella ya no reside allí. Van directo a la filosofía de la ciencia. La ascendencia común de los organismos por medio de la selección natural discurre como una teoría científica, no de lo que sabemos sobre la vida, sino de la filosofía del naturalismo, que compromete lo que lo científicos pueden inferir sobre la naturaleza.

Algunos cristianos creen que la evolución fue el medio utilizado por Dios para crear el cosmos. Esto es bien posible desde el punto de vista lógico. Dios es libre para hacer lo que quiera. Pero la pregunta se mantiene: «¿Qué fue lo que Él hizo?» Hay dos líneas de evidencia disponibles para los cristianos: la religiosa (las enseñanzas de la Iglesia y las Escrituras) y la natural (los descubrimientos de las ciencias). En nuestra opinión, ambos tipos de evidencia apuntan en dirección opuesta a la evolución.

¿Por qué alguna gente buena y sincera religiosa acepta la evolución? Por supuesto, es imposible meterse dentro de la mente de persona alguna. No se niega la sincera fe religiosa de muchas de estas personas. Rara vez son líderes de la principal corriente científica, pero se les permite convivir dentro de sus disciplinas. La evolución teísta no es el resultado de ninguna estupidez, sino de una falla creativa. Tales personas, por la razón que sea, no pueden ver más allá de los límites de su formación o de sus propios compromisos teológicos y filosóficos para considerar con seriedad otras posibilidades.

Los cristianos que son evolucionistas teístas están en una atadura cruel. Su teología demanda un Dios que actúa en el espacio y el tiempo. Sin embargo, se hallan atrapados por un naturalismo metodológico en la ciencia que no les permite considerar de manera científica la evidencia definitoria a favor de un Creador. También están temerosos de equivocarse al proclamar la actividad de Dios en el mundo natural, pues han decidido que esta actividad es invisible para la ciencia humana. Como veremos, esta limitación de la ciencia obstaculiza la capacidad de los evolucionistas teístas para considerar todas las posibilidades. También motiva una preocupación teológica. ¿Cómo pueden los evolucionistas teístas evitar la adoración de un Dios desempleado?

Al menos, el poder de Dios hace que cada porción del cosmos continúe existiendo. No obstante, la existencia está abierta al estudio científico. La física, por ejemplo, puede investigar de manera legítima por qué un objeto o una partícula existen o continúan existiendo. Si Dios está en la base de todo ello, y la ciencia acepta solo una respuesta naturalista, entonces la ciencia natural se quedará al final con una brecha en su conocimiento. Sin la capacidad de volverse a lo sobrenatural, la ciencia se quedará con desesperanzadoras especulaciones naturalistas falsas sobre el motivo por el que existen los objetos naturales. Todavía peor, un compromiso anterior con el naturalismo metodológico conducirá a estos mismos científicos a continuar buscando una base naturalista para la existencia, cuando no hay ninguna. La posición entera está destinada a una investigación inútil.

Este problema se puede traer más cerca de casa. En este momento, usted está involucrado en un acontecimiento no naturalista. El cristianismo tradicional enseña que su alma inmaterial toma parte con su cuerpo en la tarea de leer. Usted está, si la ciencia tiene que ser naturalista, involucrado en una actividad que la ciencia nunca comprenderá. La ciencia atada al naturalismo nunca será capaz de reconocer un alma inmaterial. La lectura no es explicable desde el punto de vista científico. Esto es válido para cualquier actividad en la que se involucren los seres humanos, o cualesquiera otros seres con alma. Lo peor de todo es que la misma inutilidad investigativa que infectó a los físicos regresará a vengarse de los psicólogos. La psicología humana, si solo puede reconocer causas naturales en los eventos, siempre estará envuelta en la aciaga tarea de tratar de explicar las acciones del alma sin incluir al alma en su teoría.

El evolucionista teísta no puede ir lo suficiente lejos como para hacer persuasiva su propia posición. Podría desterrar del todo la acción divina y terminar con un Dios funcionalmente inútil. Esto es inaceptable. La única alternativa, sin embargo, es permitirle a Dios y a lo sobrenatural intervenir en el mundo natural en puntos teológicos críticos. Pero una vez que se admite la acción divina en un lugar, ¿por qué no buscarla en alguna otra parte? ¿Qué daño puede haber de tener la mente abierta sobre esta cuestión? La evolución teísta no es imposible para un teísta, solo que es algo improbable.

Los creacionistas recientes tienen importantes consideraciones religiosas y bíblicas para reforzar sus sospechas de la evolución, teísta o la que sea. Ellos creen en la Caída histórica con profundas consecuencias para la economía natural entera. Mientras pueden diferir sobre el carácter físico de la maldición, los creacionistas recientes tienden de manera abrumadora a comprender la maldición de Génesis 3:14-19 como un cambio radical que marcó el orden natural, afectando no solo a los seres humanos sino a todos los organismos. La muerte vino al mundo con Adán.

El relato secular de la historia natural es un relato sangriento. Está lleno de desechos y especies que llegan a su final. La evolución, en sentido moderno, consume vida sobre vida para permitir al más apto sobrevivir y adaptarse. Es un desperdicio. Es ineficiente. Está teñida de rojo «de la cabeza a los pies».

Con una hábil argumentación esta sangrienta historia quizás se podría hacer consistente con el propósito de un Creador amante y sabio. Cuesta trabajo ver cómo puede esa historia alguna vez conmover a alguien que ya no esté comprometido con el teísmo cristiano. El problema del mal en el mundo es bastante difícil de explicar sin que se le añadan millones de años de sufrimiento animal para redondearlo. ¿Cuál es la justificación de todo ese sufrimiento animal? Después de la Caída, se le puede echar la culpa en parte a los seres humanos. Nuestro pecado ocasionó el dolor en el mundo y sus criaturas. El científico naturalista, teísta o cualquier otro, no tiene tal salida. Si la muerte y la extinción vinieron antes del pecado humano, ¡no podemos cargar la culpa por los millones de años de brutal sufrimiento de incontables seres! Si la cronología científica estándar es cierta, entonces Dios lo quiso de esa manera en un mundo que no había caído.

Después de todo esto no es lo que se espera cuando se lee la descripción bíblica de Dios. De nuevo, Dios pudo haber hecho las cosas de este modo. Sus propósitos no siempre están claros para nosotros. ¿Pero por qué creeríamos tal cosa de él? Sin embargo, el problema bíblico no termina aquí.

La Biblia parece enseñar que hubo un diluvio universal en los días de Noé. Esta era la enseñanza general de los Padres de la Iglesia. Aunque no esté vinculada directo con el tema de la edad de la Tierra, la posición que se adopte sobre la naturaleza histórica del Diluvio y su extensión es aún importante. La respuesta que se le dé a esta cuestión indicará un importante núcleo de ideas religiosas.

El tipo de temas que surgen de la idea de un diluvio universal son críticas para un creyente religioso. ¿Qué controlará la exégesis bíblica del cristiano? ¿Estarán ellos envueltos para siempre en una exégesis del momento? Más adelante en este ensayo sugeriremos una respuesta para estas preguntas. Por ahora, es suficiente decir simplemente algo. Todos los cristianos desde la fundación de la Iglesia hasta el advenimiento de la ciencia moderna creyeron que Noé era una persona real. Las iglesias ortodoxas y la católica veneran a Noé como un santo con los otros patriarcas.

La ciencia naturalista moderna no le ha dado cabida a un diluvio, universal ni local. Muchos cristianos, aun aquellos que por otra parte son bastante conservadores, sugieren que la historia de Noé es un mito. Este contiene importantes verdades teológicas, pero no historia. La Iglesia estaba equivocada. Noé nunca existió.

Esta es una jugada seria que debe hacer la Iglesia. ¿Tienen ahora las opiniones científicas consideradas la última palabra en importantes cuestiones religiosas que tocan la historia? Para una persona secular, la desaparición de Noé parece muy conveniente. Si una historia de la Biblia contiene detalles contrarios a la ciencia, entonces la historia de la Biblia es un «mito». Si la historia bíblica es lo suficientemente afortunada como para no ser comprobable, como la de Abraham, se le permite funcionar como Historia.

Henri Blocher y algunos otros eruditos bíblicos evangélicos tratan de argumentar que este desvío de la historia está justificado por una lectura apropiada del texto. Tal jugada también es peligrosa. Deja a la Biblia como un enigma que por siglos sus lectores no podrían haber entendido hasta ahora. De hecho, Dios se comunicó tan mal que cada lector pensó que ella decía algo completamente opuesto de lo que Dios trataba de decir. Dios no quería que nosotros creyéramos en Noé. Sólo que escribió muy mal, o en un idioma tan oscuro que en una de cada dos culturas, en casi todos los lugares, se pensó que Noé era un hombre real.

Sobre la cuestión de la edad de la Tierra, la evidencia es mucho menos clara. Este siempre ha sido el caso. La Biblia no enuncia una edad para el cosmos. Este número solo se puede derivar por extrapolación del texto. Esa interpretación siempre abre posibilidades más amplias para el error o la incomprensión del texto. Aunque la mayoría de los Padres creyeron en una creación reciente, no concordaban en la forma en que comprendían la revelación divina sobre este punto.

En este momento la ciencia natural parece apuntar de manera abrumadora hacia un cosmos viejo. Aunque los científicos creacionistas han sugerido algunas evidencias a favor de un cosmos reciente, ninguna se acepta como verdadera. Se puede decir con seguridad que la mayoría de los creacionistas recientes están motivados por preocupaciones religiosas.

Estas no necesitan ser una fe religiosa ciega. Puede tratarse de una decisión racional. Dada la veracidad de otras afirmaciones de las Escrituras; al parecer inverosímiles, el creacionista reciente está deseoso de dar a otras doctrinas menos vitales el beneficio de la duda. Para tomar prestado el lenguaje del filósofo W. V. Quine, cada uno de nosotros tiene una red de creencias con la que estamos comprometidos. Sostenemos firmemente las ideas centrales. Algunas de ellas están establecidas de manera tan firme y racional en nuestro pensamiento, que cambiar nuestra opinión sobre ellas es (casi) impensable. Nuestras otras nociones se basan en estos conceptos más importantes. Puede que ellas tengan poca o ninguna justificación exterior. Extraen su fuerza de su asociación con el círculo interior. Creemos que la historia de Noé en Génesis extrae la mayor parte de su credibilidad de la verdadera historia de Jesús en los Evangelios.

La historia de un hombre que regresa de la muerte es, después de todo, mucho menos creíble que la de un diluvio universal. Los diluvios, aun los muy grandes, ocurren, después de todo. Un naturalista hecho y derecho podría, en principio, aceptar la idea de un *diluvio universal natural.* Pero si el naturalismo es cierto, un hombre que esté muerto de verdad no podría vivir de nuevo. Cualquier dios capaz de levantar a los muertos está en condiciones de hacer muchas cosas. Si se puede mostrar que Jesús resucitó, y creemos que se puede, entonces muchas cosas que una vez parecieron imposibles se hacen interesantes. El creacionista reciente tiene el derecho de ver lo que se puede hacer con la historia del diluvio. Rastrear esas potenciales acciones divinas en el mundo y desarrollar las teorías para describirlas será un arduo trabajo científico. Como veremos cuando tratemos de la filosofía de la ciencia, éste es un trabajo científico legítimo. Los creacionistas recientes pueden fallar, pero el esfuerzo en sí mismo será interesante desde el punto de vista intelectual.

¿Por qué debemos adoptar el creacionismo reciente en vez de un modelo de la Tierra vieja? Pensamos que esta cuestión es mucho menos importante. Por el momento, con los dos sistemas educacionales, el cristiano y el secular, asediados por el naturalismo, se impone una tregua. El creacionista de la Tierra vieja es un aliado tanto contra el naturalismo teísta que coarta el libre flujo de ideas dentro de la Iglesia como contra el naturalismo secular que limita el nuevo pensamiento en las universidades. No obstante, hay dos muy buenos motivos para mantener la posición de la Tierra joven durante la contienda.

Primero: el creacionismo reciente es interesante desde el punto de vista intelectual. Durante los últimos veinte años, ha aumentado en sofisticación y rigor. Sólo se necesita leer las contribuciones de las tres últimas reuniones de la Conferencia Internacional sobre el Creacionismo para ver la mejoría. Ha alterado algunas de sus propias ideas (p.ej.: la disminución de la velocidad de la luz). Está prestando oído con más y más frecuencia a las críticas. Los creacionistas recientes hasta muestran señales de volverse autocríticos. Kurt Wise, el paleontólogo líder del movimiento, es a menudo un crítico brutal de las ideas de los creacionistas recientes. Si se trata de una seudociencia, es la primera en la Historia que evoluciona en esta dirección. Será emocionante ver en qué termina la cosa. En un mundo posmoderno, no vemos motivo para que los cristianos tradicionales renuncien a una idea que los intriga. Como argumentaremos más adelante, si estamos equivocados, el universo corregirá nuestros errores tarde o temprano.

Segundo: un creacionista reciente coherente sería un gran presente para la creencia religiosa. Es ciertamente posible ser un creacionista de la Tierra vieja y un buen cristiano. El creacionismo reciente, sin embargo, es más interesante desde el punto de vista intelectual y religioso porque sus proyectos tienen un alcance más radical y ambicioso. Si se atreve, imagine que Wise y sus colegas desarrollan una «geología del diluvio» empírica y satisfactoria. Vaya más allá y especule sobre el impacto de una cosmología exitosa de la Tierra reciente que explique los datos que ahora indican una gran edad. No hay duda que un día como ese marcaría un triunfo importante para la fe.

¿Significa esto que denigramos la ciencia y la investigación científica? ¿Queremos «mantener a la ciencia como rehén» de alguna lectura anticuada de la Biblia? Por supuesto que no. No queremos que el pensamiento libre quede como rehén en manos de científicos o teólogos. Como explicaremos más adelante, el creacionismo reciente es un intento de reinterpretar los datos, no de negar su existencia o importancia. Como se les interpreta ahora, la mayoría de los datos están contra nosotros. Santo y bueno. Tomamos esto en serio. Al final, la falla al manejar esos datos en una teoría científica creacionista reciente constituiría un motivo suficiente para renunciar al proyecto. Pensamos, no obstante, que se hacen progresos. Las recompensas potenciales superan los riesgos. Los naturalistas teístas y los creacionistas de la Tierra vieja están en libertad para desarrollar las ideas. Los creacionistas recientes harán lo mismo. Al final, estamos confiados que el mundo, y el Creador, revelarán la verdad de la cuestión. Entre tanto, los pronunciamientos dogmáticos provenientes de cualquier campo son contraproducentes. Los creacionistas recientes deben aceptar con humildad que su punto de vista es, por el momento, poco convincente sobre una base científica pura. Ellos pueden hacer causa común con los que rechazan el naturalismo, como los creacionistas de la Tierra vieja, para establecer sus creencias fundamentales. Cuando se aclare la polvareda de esa revolución intelectual, podrán ver qué aspecto tiene el panorama. No sería sorprendente que muchas cosas que alguna vez se creyeron del todo «conocidas» son mucho menos seguras. Esto, por supuesto, puede que incluya la edad del cosmos.

Vale la pena mencionar en este punto otro de los cargos que a menudo se imputa al creacionismo reciente. Este es el problema *omphalos* (la palabra griega que se traduce «ombligo»). ¿Tenía Adán ombligo? Esta pregunta aparentemente trivial esconde una importante crítica que con frecuencia es demoledora para los creacionistas recientes.

Si Adán fue creado con un ombligo, entonces tuvo la apariencia de una historia que en realidad no sucedió. Parecía como si alguna vez hubiera tenido un cordón umbilical y hubiera estado en el vientre de una mujer. Pero al ser creado por la mano de Dios, no tenía tal historia. Por consiguiente, en apariencia Adán tiene una historia diferente a su historia real.

Los creacionistas recientes se mueven a veces del ombligo de Adán a la historia cósmica. Los creacionistas recientes tienen un problema con la luz de las estrellas y el tamaño del universo. Se requieren millones de años para que la luz viaje de ciertas partes de nuestra galaxia hasta la Tierra. Si el cosmos tiene solo unos cuantos miles de años de edad, entonces esa luz no podría haber llegado a nosotros todavía. Pero cada noche se ve esa luz sobre la Tierra (excepto en Los Ángeles y el Chicago, donde vivimos cubiertos de smog). ¿Cómo maneja este problema un creacionista reciente?

Algunos sugieren que Dios pudo haber creado la luz de las estrellas en tránsito hacia la Tierra. Quizás la mayor parte de la historia cósmica sea más aparente que real. Así como Adán tenía un ombligo y ninguna madre, la luz de las estrellas pudo existir sin que realmente tuviera que viajar miles de años luz. (Russell Humphreys y muchos otros creacionistas no están contentos con este tipo de argumento. Ellos desarrollan modelos cosmológicos que obvian la necesidad de apelar a la apariencia de historia para explicar cosas como la distante luz estelar.).

Dos cargos son normalmente demoledores para cualquier uso de la apariencia de historia. Primero: algunos alegan que esto hace de Dios un mentiroso. Segundo: los críticos afirman que es impropio considerar que la mayor parte de la historia cósmica es aparente y no real.

La primera crítica no es muy convincente. Una de nuestras madres amaba pulir la superficie y «dar una apariencia antigua:» a los muebles. Hacía que una silla nueva pareciera como una silla vieja. ¿Engañaba ella a sus huéspedes cuando colocaba una de esas sillas en la sala? Por supuesto, primero sus huéspedes tenían que fijarse en la silla. Después necesitarían tener el conocimiento necesario sobre antigüedades para sacar la conclusión equivocada. Si la madre notaba el error y lo pasaba por alto, sería culpable de un engaño. No sería culpable, sin embargo, si rotulaba la silla o señalaba el error a sus huéspedes. Los creacionistas recientes creen que la Biblia y ciertos pequeños indicios del mundo natural funcionan como ese rótulo.

La respuesta usual a esta defensa nos retrotrae a la segunda crítica. «Ah», dice el crítico a sabiendas; «podemos ver por qué su madre convertiría en antigua una silla, ¿pero porqué crearía Dios un universo que pareciera viejo? El creacionista reciente podría responder de dos formas.

Una forma es sugerir que Dios necesitaba una creación como esa para sostener la vida sobre la Tierra. Podría ser necesario tener el universo con el tamaño y la forma que tiene a fin de que sobreviviera la vida sobre este planeta. Alguna vigorosa forma del principio antropomórfico podría demandar un universo «grande». Este universo «grande» necesitaría ser creado a fin de sostener la vida una vez que concluyera la primera semana de la creación. Si Dios quería también que la luz de las estrellas llegara a la Tierra, tendría que haberla creado en el camino. En otras palabras, las estrellas muy lejanas, que demandaban la necesidad de tener un universo grande, combinada con el deseo de tener un cielo nocturno lleno de «actividad», llevaría a la creación de una historia aparente.

La segunda aproximación a este problema sería señalar que Dios no tendría un motivo real para «actualizar» la mayor parte de la historia cósmica. Antes de la creación de seres dotados de «libre albedrío», la historia cósmica estaría (de acuerdo con un entendimiento cristiano tradicional del poder y el conocimiento de Dios) absolutamente predeterminada. La historia «aparente» en la mente de Dios podría no ser muy diferente que la historia «real». Allá no había, aún, pecado ni un hombre caído con el que Dios tuviera que tratar. Por ejemplo, cuando se observa un video, con frecuencia se da un salto hacia delante a una parte que todavía no se ha visto. De la misma manera, Dios podría crear el cosmos saltando partes que carecieran de interés (desde su perspectiva divina). Esto sería algo prudente y eficaz de su parte. Obtendría un universo completamente funcional, pero sin la «pérdida de tiempo» necesaria para actualizar las partes menos interesantes. Esta especulación es solo para sugerir que se podrían concebir buenas razones para que Dios creara con la apariencia de una historia.

2. POR QUÉ ESTO ES IMPORTANTE

Paul Nelson comenzará a contestar esta pregunta al describir una conversación que tuvo lugar en Pittsburgh hace alrededor de veinte años. Él había regresado a casa en un receso vacacional de su primer año en el colegio universitario. Una noche se reunió con unos cuantos de sus amigos más cercanos de la escuela secundaria para comparar aventuras universitarias. Tras las usuales anécdotas de profesores y compañeros de cuarto, la discusión derivó de manera inesperada hacia el tópico de la religión.

Paul era el único cristiano en la habitación. Cuando llegó su turno, presentó lo que le parecía un sólido caso a favor del cristianismo, incluyendo vívidos relatos de sus experiencias espirituales como adolescente, eventos que eran tan reales para él como su propia respiración. Entonces se reclinó confiado a recibir las inevitables preguntas.

La primera pregunta lo dejó asombrado. Vino de «Melissa», una joven con la que había actuado en obras de teatro escolar y con la que había compartido muchas clases. Ella era atractiva, brillante, alta, y privilegiada. Sentada sobre el suelo, con sus piernas de bailarina recogidas sobre el pecho, miró con calma a Paul y, sin trazas de insinceridad ni escepticismo preguntó: «Pero ¿por qué necesito ser salvada?»

Paul no podía recordar su respuesta. Ni siguiera recordaba si había intentado dar una respuesta. Pero en las dos décadas transcurridas desde esa noche, la pregunta de Melissa volvía a él con frecuencia.

Ella era por completo franca y estaba del todo confundida. Aunque Paul había descrito acontecimientos de obvio significado para su propia vida, ella no podía comprender por qué esto no le importaba en lo absoluto. Su respuesta, note con cuidado, no era la confusa indiferencia del postmodernismo, en la que no habría importado lo que Pablo dijera, al ser la «verdad» una ficción en cualquier evento.

Más bien, su historia había sido simplemente opaca de principio a fin. ¿Pecado? ¿Gracia? ¿Salvación? Estas palabras no se cruzaban con nada que Melissa reconociera como real. Los términos de su apasionado testimonio a favor del cristianismo estaban vacíos. En la jerga de los filósofos, «no tenían sentido». Lo que Paul dijo bien puede que haya sido interesante, aun convincente desde su punto de vista, pero examinado a la luz de la noción de Melissa del mundo, nada de ello importaba.

Lo que había dejado atónito a Paul debía ser obvio ahora. Suponga que él hubiera dicho: «Acabo de saber por la radio que una nube de gas tóxico viene hacia nosotros», o «He descubierto que las paredes del escenario que compartimos para todos esos ensayos nos exponen a los asbestos». Tales afirmaciones habrían comunicado, con urgencia, que Paul sabía algo que importaba a todos en la habitación. Melissa habría hecho algo. Habría actuado de acuerdo con lo que él le había dicho.

Sin embargo, «¿pero por qué necesito ser salvada?» no la impulsó a actuar. Compare la pregunta de Melissa con la que formuló el joven rico, el personaje bíblico estrictamente similar a ella en dones y posición social. El joven rico comprendió. «¿Qué de bueno tengo que hacer para obtener la vida eterna?» (Mateo 19:16), le preguntó a Jesús. Pero no hay motivo para hacer la pregunta cuando no se puede ver el objetivo, o aun captar del todo el significado de ser salvado. ¿Por qué? ¿De qué habla Jesús cuando dice: «Sígueme»?

Así, ¿por qué debe alguien seguir a Jesús? Hay una poderosa imagen del universo, una que la mayoría de los científicos y eruditos del mundo sostienen, de acuerdo con la cual esta pregunta, la de Melissa, tiene perfecto sentido. Se debe seguir a Jesús solo si lo que dijo Jesús era verdad. Pero ahora, en la plenitud de nuestro conocimiento científico, sabemos más que eso. Sabemos que las galaxias, las estrellas, los planetas se formaron como el resultado inevitable de leyes físicas y eventos casuales. Sabemos que la vida surgió primero, cuando quiera y donde quiera que lo haya hecho, al combinarse y recombinarse los elementos químicos para cruzar el umbral de lo complejo y llegar a la auto-replicación, y que cada organismo sobre la tierra es el producto naturalmente seleccionado de variaciones sin dirección entre los descendientes de esos primeros sistemas que se auto-replicaban. Y sabemos que en algún lugar del África oriental, hace unos cuantos millones de años, surgieron los seres humanos por el mismo proceso sin dirección de variaciones y selección.

Por supuesto, usted no escuchará un alegato de nosotros dos de que realmente sabemos algo de esto. Pero suponga que sí sabemos. Suponga que esta historia fuera realmente cierta. Entonces, cuando Jesús dijo: «En el principio, Dios los creó varón y hembra», para dar un ejemplo cercano, parecería que Jesús estaba equivocado. O, si supiéramos más que eso, que él estaba fingiendo, «acomodándose a sus oyentes» con un lenguaje más moderado. O, en última instancia, que la relación entre las palabras de Jesús y la realidad ordinaria es más bien un asunto complicado en el que una explicación, la científica, satisface la evidencia actual disponible, y la otra explicación, la teológica, se refiere a algún otro modo de ser y de dar explicaciones.

Melissa comprendió y aceptó la explicación científica. Su perplejidad brotó del intento de descubrir qué significado exacto atribuir a la teología. Como Paul, que trataba de persuadirla a que fuera cristiana, quizás no podía haber rechazado la explicación científica, y puesto que no pensaba que Jesús estaba equivocado ni mentía, debía haber sostenido el último punto de vista, a saber, que la relación entre las palabras de Jesús y la realidad era un asunto más bien complicado.

Y aquí el sentido común de Melissa se impuso, como lo ha hecho con millones de personas que descubren que carecen de la sutileza para seguir hasta el final un asunto complicado. Si sabemos que los seres humanos evolucionan por medio de un proceso al azar, entonces el pecado, por ejemplo, se convierte en una idea en extremo difícil de metérsela en la cabeza. De acuerdo con este punto de vista, la conducta humana es, en el fondo, el producto de la selección natural. Sentimos la culpa porque, como dice el filósofo darwiniano Michael Ruse, nuestros genes nos han jugado una mala pasada. Pero, al final, hay muy poco más que decir que eso. En particular, agregar «pero Dios nos creó a nosotros también» como una añadidura teológica a la explicación naturalista invita a la réplica de que una historia hace todo el trabajo, mientras la otra está de acompañante ociosa.

Pero Paul podría haber dicho algo más esa noche. Podría haber dicho que sentimos la culpabilidad cuando hacemos algo malo porque Dios nos hizo de esa manera, por diseño, nos creó y modeló directo a su imagen. Podría haber argüido que la selección natural nunca pudo haber generado nuestro sentido moral de animales precursores algunos, que no existe ni remotamente ninguna explicación evolucionista plausible para el origen de la moralidad, y que cualquier cosa que nos haga criaturas morales apunta a la obra de un Creador, ante el cual somos responsables.

Entonces, justo como hace la Biblia, Paul habría aventurado un reclamo sobre la excusa de Melissa: su razón. Quizás ella se hubiera ofendido, y eso hubiera puesto fin a la discusión. Pero él habría desafiado enseguida el muro de su autosuficiencia intelectual, lo que, en su caso, hubiera sido el primer paso para llegar al núcleo de su ser.

He aquí por qué esto es importante. La narración de la Biblia está imbricada en la Historia; en la realidad, en última instancia la misma realidad de la que habla la ciencia natural. Hubo de veras un hombre llamado Jesús que murió y resucitó de los muertos. Pero la vida y las palabras de Jesús están, a su vez, insertadas en una historia mayor, que se derrama sobre cada punto que está dentro de lo que por lo común se entiende como que es del domino de la ciencia. La distinción entre «asuntos de fe» y «asuntos de historia y ciencia» desaparece cuando se llega a comprender que la fe toma como su objeto un hombre que habló sobre la historia; la historia del pueblo de Israel, la historia de la Humanidad, la historia del universo. Cuando Jesús habló del diluvio (Mateo 24:37-39) o de Adán y Eva, respaldó la autoridad del Antiguo Testamento, y sus aseveraciones sobre sí mismo solo tienen sentido a la luz de lo anterior. Se pueden imaginar líneas de autoridad que salen de Jesús hacia el resto de la Biblia, y, a su vez, el resto de la Biblia, comenzando con Génesis, en relación con la vida y el ministerio de Jesús como registran los Evangelios.

3. LA FILOSOFÍA DE LA CIENCIA

Paul Nelson tiene una confesión. Aunque tiene preparación en la filosofía de la ciencia, no le gusta mucho el tema, o en todo caso, grandes porciones del mismo. (Un famoso filósofo de la ciencia le dijo una vez a Paul que la revista que menos le interesaba leer era *Philosophy of Science*, la revista oficial de la *Philosophy of Science Association*, la mayor organización profesional de la disciplina. «Me pone a dormir», dijo). Este desafecto no surge de la idea de que la filosofía de la ciencia sea una pérdida de tiempo. Muchos científicos alegan eso: todo el asunto es una pérdida de tiempo, dicen, pero por lo general lo hacen, por extraño que parezca, en libros o artículos que ofrecen su propia filosofía de la ciencia. «Este tema carece de valor», por lo tanto podríamos pensar que sus condenas significan: «...excepto cuando lo abordo yo».

No, la filosofía de la ciencia, en un sentido que explicaremos, es del todo vital para conocer la verdad sobre el mundo. Aquí, entonces, hay un camino expedito para captar lo que no obstante nos mortifica sobre la disciplina, y por qué nuestra respuesta a esta cuestión toma la forma tan escéptica que asume.

Suponga que usted disfruta al armar rompecabezas, en especial los más difíciles, con miles de pequeñas piezas. Como una regla para seleccionarlas, usted adopta la práctica de separar las piezas de los bordes de las demás y armarlas primero. Un día, mientras comienza un nuevo rompecabezas, dos de sus amigos se detienen a observar. «¿Que haces con esas piezas?» preguntan. Después que usted explica su práctica acostumbrada de armar primero las piezas de los bordes, el interés de ellos aumenta; sin embargo, no en el propio rompecabezas, sino en la regla de su selección. «¿Qué es en realidad una pieza del borde?» pregunta uno de ellos, sosteniendo una pieza en alto. Pronto ellos se han olvidado por completo del rompecabezas y escriben un tratado erudito sobre «Lo convencional de la ontología del rompecabezas» y «La necesidad metodológica del establecimiento inicial de los bordes en la construcción de un rompecabezas», con un montón de afanosas disputas sobre definiciones y principios formales. («Una pieza del borde se puede definir como tal si, y solo si, ella posee no menos de una dimensión rectilínea mayor que cada una de sus otras dimensiones».) Pero, cuando usted plantea con modestia que no se necesita comenzar con las piezas de los bordes, pues los colores y las formas son también a veces útiles, ellos le dan un trastazo en la cabeza con sus eruditos tratados. «De seguro tienes que saber», dicen ellos, con toda la dignidad ofendida que pueden acumular los académicos, «que la Pieza del Borde y los Principios Primarios del Ensamblado son racionalmente incontrovertibles en esta comunidad de investigadores. ¿Qué te pasa, estás loco?»

Por supuesto, preguntarse qué hace de una pieza una pieza del borde, antes que alguna otra cosa, puede ser que fascine a alguien con los rompecabezas. Pero si esa persona piensa o trabaja nada más que sobre eso, no le quedará tiempo para resolver ningún rompecabezas real. Digamos por ahora que la ciencia es una búsqueda de la verdad sobre el mundo natural, lo cual parece una cosa razonable de creer. Podríamos entonces ver la verdad en gran medida como un vasto rompecabezas (llámelo «La Gran Verdad») hecho de miles de pequeñas verdades parciales unidas con cuidado. Si resolver ese gran rompecabezas, o alguna porción de él, es lo que de verdad lo motiva, entonces hacer formulaciones y discutir sobre la definición de la Pieza del Borde y los Principios Primarios del Ensamblaje será muy perturbador. Su atención puede llegar a agotarse por completo en la elaboración de definiciones y reglas: «disputas vociferantes y contenciosas», en palabras de Francis Bacon, mientras el propio rompecabezas permanece desatendido.

Pero la elaboración de reglas filosóficas de este tipo puede ser más que una distracción. Puede convertirse en un obstáculo impenetrable para descubrir la verdad. La elaboración de reglas puede llegar a ser una excusa para no pensar sobre los temas que desafían el status quo. Puede convertirse en un mal hábito intelectual.

Los malos hábitos intelectuales, como los malos hábitos en general, son difíciles de eliminar. Como han polemizado los filósofos Larry Laudan y David Hull, la elaboración de reglas filosóficas en la ciencia (que ellos anotan tiene una prolongada si no enteramente distinguida historia) tiende a favorecer a quien hace las reglas. De hecho, los propios creacionistas no han sido capaces de resistir la tentación de tratar de ganar disputas sobre cuestiones de hecho por medio de la manipulación de distinciones verbales y la distorsión de definiciones. Muchos creacionistas han promovido filosofías de la ciencia que, de modo nada sorprendente, hacen no científica por definición la teoría evolucionista. Note: no *falsa* por definición. Eso sería un magnífico (pero imposible) truco. *Saber que algo es falso requiere trabajo*. (¿La dirección electrónica de Paul es pnelson2@ix.netcom.com o pnelson3@ix.netcom.com? Le deseamos la mejor de las suertes al utilizar cualquier definición para responder esta pregunta, que es mucho más sencilla de contestar que la mayoría de los rompecabezas científicos. Para encontrar su dirección electrónica correcta, tendrá usted que dejar su butaca e invertir algún esfuerzo.) El conocimiento de la verdad y la falsedad en cuestiones empíricas, como las que hemos estado enfatizando, se obtiene solo por medio del trabajo, no por medio de manipulaciones verbales.

«Pero sin algunas reglas», se preocupan los que las elaboran, «nos enfrentaríamos a la anarquía. La ciencia tiene que estar gobernada por un conjunto de presunciones filosóficas comunes, o la gente invocará cualesquiera causas o principios que se acomoden a su fantasía, y el cuerpo del conocimiento ganado a duras penas que llamamos 'ciencia' caerá en un caos de opiniones y prejuicios sin fundamento».

No es así del todo. El mundo es un lugar maravillosamente testarudo. Ninguna cantidad de intentos recompondrá un huevo. Los argumentos y debates entre los creacionistas de la Tierra joven sobre cuestiones como la disminución de la velocidad de la luz o la existencia de huellas humanas en los estratos del período cretáceo de la cuenca del Río Paluxy, demuestran que aun sin la compulsión del naturalismo metodológico, la investigación empírica se *gobernaría a sí misma*, si así fuera. Sólo necesitamos confiar en que la Naturaleza nos responderá cuando tratemos de hacerle decir algo que no es verdad. La propia Naturaleza, en un sentido profundo, provee todos los apremios que la ciencia necesita para generar nuevo conocimiento y dejar de lado lo que es falso.

Para ver hacia dónde vamos, considere otro ejemplo de la vida de Paul. «Hace unos cuantos años, mi esposa y yo preparábamos la cena para unos amigos en un apartamento de Cambridge, Inglaterra, con una pequeña chimenea en desuso. De pronto hubo una ruidosa conmoción, y una paloma, cubierta de hollín, irrumpió del tubo de la chimenea atacada de pánico y voló alocadamente alrededor de la habitación, golpeando el techo hasta que alcanzamos a abrir una ventana y dejarla libre. Unos minutos más tarde, llegaron nuestros huéspedes. Sin decir lo que había ocurrido, les preguntamos que trataran de descubrir la causa de las recientes plantillas de marcas inusuales en el techo».

Ahora suponga que ellos hayan insistido, antes de mirar la evidencia, que la causa tenía que haber sido la broma de un artista, o pelotas sucias de tenis que alguien había hecho rebotar de forma inadvertida sobre el techo, o un salidero en la habitación de arriba, o cualquier otra causa particular; y justificaran esta limitación por medio de una regla filosófica. Esto disiparía el misterio, de cierta manera: nadie investiga nada que cree que ya ha comprendido, sino solo al costo intolerable de sacrificar la verdad. Improbable como pueda parecer, una paloma cayó en realidad de la chimenea y salió volando del fogón. Toda regla que nos impida descubrir eso sería solo un obstáculo.

«Está bien», dicen los filósofos que elaboran reglas. «No hay que poner restricciones a priori al razonamiento científico. Debemos mantener abierto nuestro pensamiento a toda posibilidad. ¿Entonces qué me dice del hada del hollín? Usted sabe, una diminuta criatura con alas cubierta con restos de carbón y que vuela dando vueltas por el interior de los apartamentos. ¿Por qué no podemos inferir eso como una causa?

Bien, ¿qué pasa con el hada del hollín? Tener una regla filosófica como la de «no podemos inferir la acción de un hada del hollín» no haría ninguna diferencia respecto a los propios hechos, si las hadas del hollín realmente existieran. Tampoco lo haría el admitir la posibilidad de que no existieran las hadas de hollín. Y de hecho, no hay pruebas de que tales criaturas existan. Pero no es algo que podamos saber ni conocer a partir de una regla filosófica. Tenemos que salir y mirar. No ganamos nada con el descubrimiento de la verdadera explicación, que una paloma cayó por la chimenea, excluyendo otras causas posibles antes de investigar, aun causas tan fantásticas y absurdas como las hadas del hollín. En breve, cualesquiera reglas filosóficas que adoptemos antes que investiguemos la Naturaleza solo pueden limitar qué posibilidades podemos inferir, pero nunca las extenderán. Porque no puede haber nada más sorprendente, más maravilloso e inesperado, que la propia realidad.

El lector no tiene que preocuparse; no decimos que estemos buscando hadas. Nuestro propósito nada más que es que al excluir las hadas, puede que excluyamos una paloma. La historia de la ciencia está marcada por muchos episodios en los que las reglas filosóficas o los principios a priori han impedido a los científicos (o filósofos naturales, como se habrían llamado a sí mismos antes de mediados del siglo XIX) descubrir nuevas verdades. Galileo, por ejemplo, defendió la teoría copernicana, que sostenía que el Sol, no la Tierra, estaba en el centro del universo. Esta fue una brusca ruptura en relación con la entonces dominante cosmología ptolomaico-aristotélica, en la cual la Tierra se mantenía estática mientras los cielos giraban alrededor de ella. Pero tanto Copérnico como Galileo, que en cambio sabían más que ellos, también fueron estudiantes de Aristóteles. Un principio del sistema mundial aristotélico era que los cuerpos celestiales se movían solo de una manera circular uniforme. «La mente se estremece», escribió Copérnico en su obra maestra *De Revolutionibus* (1543 [1990, 514]), ante cualquier teoría que postule un movimiento que no sea circular ni uniforme, «porque es muy inconveniente suponer que tal estado de cosas existe entre las cosas que están establecidas en el mejor sistema». El propio Galileo escribió, en su *Diálogo concerniente a los dos* principales sistemas mundiales (1632): «Por esto concluyo que sólo un movimiento circular puede convenir a cuerpos que son parte integral del universo constituido en la mejor configuración».[1]

Por lo tanto deben ser círculos, porque solo pueden ser círculos; excepto, por supuesto, que los planetas se muevan realmente en elipse, y se aceleren mientras se acercan al Sol. Para descubrir esto, Johannes Kepler, un contemporáneo de Galileo, tuvo que ignorar o rechazar el mismo principio filosófico que Copérnico y Galileo consideraban racional e indisputable. «No se deben utilizar los círculos», argumentó Kepler, «porque fueron construidos para establecer explicaciones físicas del movimiento ante la imaginación en lugar de la [evidencia] astronómica». Kepler ignoró las reglas para llegar a la verdad.

Esta clase de elaboración de reglas filosóficas ha sido ocasión de comportamientos de veras escandalosos en los medios académicos. Aquí, por ejemplo, está un consejo sobre la controversia creación-evolución que una gran organización científica, la *American Association of Physical Anthropologists* (AAPA), de hecho ofrece a sus miembros:

> En cualquier confrontación, usted debe estar preparado para mostrar que la evolución es científica, no que es correcta... No es necesario discutir los fósiles, las formas intermedias, ni las probabilidades de mutación. Estas son incidentales. La cuestión es qué es ciencia y qué es religión. Por lo tanto, si usted tiene que confrontar a los creacionistas, sugerimos que discuta la naturaleza de la ciencia, la clase de conocimiento que ella puede ofrecer, y la clase de conocimiento que no puede ofrecer.[2]

Fíjese en lo que ha ocurrido. Cualquiera que pregunte la verdad de la evolución será desviado, como una cuestión de definición filosófica, a un callejón sin salida. Allí se invitará a esa persona a contemplar, no la evidencia física, porque esta es en todo caso «incidental», sino «la naturaleza de la ciencia». Esto es el más refinado de los sofismas.

Las personas religiosas pueden sentirse tentadas a caer en esas cuestionables maniobras también. Si el investigador cristiano llega al área seguro de lo que Dios haría o no haría, entonces él o ella pueden perderse lo que Dios hizo en realidad. Esta enfermedad puede golpear

[1]Galileo Galilei, *Dialogue Concerning the Two Chief World Systems* (University of California Press, Berkeley, 1967), 32.

[2]»A Recommendation to the Association Concerning Creation», *American Journal of Physical Anthropology* 62 (1983), 457-58.

al creacionista de la Tierra joven, tentado a introducir datos contradictorios dentro de su «relato del diluvio». Puede que se ignoren como inconvenientes o irrelevantes algunos hechos que debían inducir a investigaciones posteriores o a un nuevo paradigma.

La discusión por definición puede inhibir de manera similar la ciencia de un evolucionista teísta. El evolucionista teísta sabe que Dios no «intervendría» en el mundo natural. Sabe que Dios crearía la materia con ciertas «capacidades». Una persona como esa puede que sea incapaz de ver la evidencia concluyente a favor de un diseño en el mundo natural. Su hábito de elaborar reglas le impide hacer buena ciencia.

4. LA TEOLOGÍA Y LAS ESCRITURAS

Creemos que las Escrituras y la tradición de la Iglesia nos dan una buena razón para creer por lo menos en cinco cosas importantes acerca de los seres humanos y el cosmos. Como señalaron Nancy Pearcey y Charles Thaxton en *The Soul of Science*,[3] estas ideas contribuyeron al nacimiento de la ciencia moderna en primer lugar. Estas ideas son:

1. *El mundo ha sido creado por una inteligencia o una mente a cuya imagen somos creados. Por lo tanto, es contingente.* Ambos hechos unidos nos hacen esperar como humanos que nuestras mentes puedan examinar de manera empírica y conocer el mundo, aunque sea de forma imperfecta.
2. *Nuestro conocimiento es incompleto.* Aun la idea humana que parezca estar mejor sustentada puede ser errónea.
3. *Dios es absolutamente libre.* Esto conduce a que estemos abiertos por nuestra parte a todos los modos posibles de causalidad. Dios pudo permitir que el universo funcionara sobre la base de sus «capacidades creativas» o pudo intervenir de manera activa. Esto significa que el diseño es una posibilidad empírica.
4. *La Biblia es verdadera.* Si ella describe un evento y afirma que ocurrió, entonces ocurrió. Nos parece muy poco verosímil que Dios haya utilizado numerosas historias falsas para trasmitir su mensaje. Las Escrituras no se lee como el *Timeo* ni la *Épica de Gilgamesh* u otras historias antiguas.
5. *Hay una dimensión moral en todo conocimiento: la ciencia no es metafisicamente neutral.* Existe algo así como el pecado intelectual.

[3]Nancy R. Pearcey y Charles B. Thaxton, *The Soul of Science: Christian Faith and Natural Philosophy* (Wheaton, Ill., Crossway, 1994).

Aquí podríamos hacer sonar una nota de realismo sobre el naturalismo filosófico. Como Dios creó un universo ordenado marcado por regularidades, la investigación científica puede ir de hecho bastante lejos, con éxito, y concentrar su atención sobre las «leyes naturales», los mecanismos y las regularidades. Pero es fácil elevar estas cosas a un status autónomo, esto es, convertir el orden creado por Dios en una entrega bruta, hacerlo la realidad última. De hecho, es posible utilizar el contundente e inconfundible lenguaje de los profetas y del apóstol Pablo, para hacer un ídolo de la Naturaleza.

Se puede concebir otra metáfora relacionada con esta. Recuerde que dijimos que la ciencia debía buscar la verdad acerca del mundo natural. Ahora, hay muchas verdades que son del todo consistentes tanto con el naturalismo metodológico como con el teísmo (p.ej.: que la sangre circula en los vertebrados, que la Luna gira alrededor de la Tierra, y así sucesivamente). Pero hay otras verdades que el naturalismo niega, las cuales, de hecho, éste es incapaz de expresar. Y aquí encontramos una asimetría tan profunda entre el naturalismo y el teísmo, que merece un nombre. Proponemos uno como el que sigue.

En la *Trágica historia del Doctor Fausto*, de Christopher Marlowe, el profesor Fausto hace un trato con Lucifer, que le manda al diablo Mefistófeles como criado. Revelando su poder sobre Mefistófeles, Fausto le hace preguntas sobre la causa de los eclipses y otros fenómenos naturales. («¿Por qué no tenemos conjunciones, oposiciones, facetas, eclipses, todo a un tiempo, sino en algunos años tenemos más y en otros menos?»). Entonces aumenta la osadía de Fausto:

Fausto: Dime quién hizo el mundo.
Mefistófeles: No te lo diré.
Fausto: Querido Mefistófeles, dímelo.
Mefistófeles: No me provoques, porque no te lo diré.
Fausto: Villano, ¿no te he comprometido a
decírmelo todo?
Mefistófeles: Ay, eso no está contra nuestro reino,
pero esto sí.

Hace años, en una primera lectura de este pasaje, ambos pensamos que Mefistófeles se había contradicho a sí mismo. ¿Cómo pudo aceptar decirle a Fausto «todo», y de todas formas rehusar contestar su pregunta de quién creó el mundo? Pero Mefistófeles no se contradecía. Antes bien, hay una ambigüedad en la palabra «eso» («eso no está contra nuestro reino»). Por supuesto, el «todo» que Mefistófeles había prometido decir no era en realidad todo, sino solo lo que no estuviera contra «nuestro reino»; esto es, el reino de Lucifer.

No obstante, si Dios creó el mundo (lo cual Fausto, que por el momento no está bajo similar coacción, exclama en la siguiente línea: «Piensa, Fausto, en Dios que hizo el mundo»), entonces el conocimiento prometido por Mefistófeles es una pequeña, deslucida, angustiosa, barata, e insignificante porción de un reino de verdades mucho mayor. Note el miserable trato que ha conseguido Fausto. La pregunta que le hace a Mefistófeles sobre eclipses y cosas parecidas todavía tendría las mismas respuestas si nunca hubiera hecho un pacto con Lucifer; esto es, las respuestas estarían contenidas en el más amplio mundo de verdades sobre el que Mefistófeles debe guardar silencio. Parece que Mefistófeles puede decirle a Fausto casi todo. De hecho, si Dios creó el mundo, él no puede decirle casi nada.

Llamemos esto la Asimetría de Mefistófeles. La asimetría alcanzada entre un teísmo que reconoce y utiliza cualquier mecanismo natural o regularidad de los cuales hay buena evidencia, *así como la hipótesis del diseño inteligente*, versus un ateísmo metodológico (o naturalismo) que está restringido, por sus propias reglas, solo a las leyes naturales y la casualidad. Colocarse del lado teísta de la asimetría lo sitúa a uno en una esfera de causas posibles mucho más rica.

Hay científicos, incluyendo algunos que son cristianos, que piensan que una negociación como esa es necesaria. Se necesita hacer el trato a fin de evitar los terrores de un «Dios de las brechas». La falacia del Dios-de-las-brechas se ha hecho un monstruo tan aterrador que, a la sola mención de su nombre, los científicos y filósofos, por lo demás firmes, corren a toda prisa en busca de abrigo y seguridad ante esas doctrinas filosóficas y ese naturalismo metodológico. «¡No nos sorprenderá cometiendo el craso error de un Dios-de-las-brechas!», reclaman desde sus refugios. «Vemos solo leyes y regularidades naturales a nuestro alrededor. Y si no las vemos, bien, esas leyes y regularidades al final se descubrirán. Cualesquiera que sean las apariencias, nunca debemos suponer que hay brechas en el orden natural en el que se podría insertar un Dios. ¡Esa es la espantosa falacia! Sí, sí; la ¡espantosa falacia! Se oye el eco de los chillidos que salen de los escondites en campo abierto.

Puede que sea imposible conseguir sacar de sus refugios filosóficos a aquellos que para siempre han sido intimidados por el monstruo. No obstante, es posible llevar al Dios de las brechas por la mano, por decirlo así, a un lugar prominente en el campo, donde el monstruo, que de hecho es más bien apacible y poco agresivo, pueda ser desarmado pieza por pieza.

La primera pieza, y la más fácil de remover, es el término «brecha». ¿A qué se refiere esto?» Aquí debemos considerar una distinción vital. De un lado, tenemos el mundo y sus fenómenos (o sea, los datos que queremos explicar). Del otro, tenemos nuestras teorías sobre los fenómenos (p. ej.: el Big Bang, el neo-darwinismo, varios relatos de la creación). La «brecha» en la frase «el Dios de las brechas» no se refiere en primer lugar a los fenómenos, aunque albergue cierta relación. Más bien se refiere a una brecha en nuestra *comprensión*, es decir, en lo que nos han llevado a esperar nuestras teorías *sobre* los fenómenos.

Considere un ejemplo no científico. Suponga que usted visita una tienda en un vecindario distante en su camino a casa desde el trabajo. Es la primera vez que usted está en esta tienda en particular, y usted intenta comprar su monto usual de productos alimenticios. Sólo que esta tienda almacena unas pocas manzanas en su sección de productos, no oferta comida enlatada, y tiene una gran variedad de productos horneados. De manera que usted se queja con el gerente: «Oiga, ¿dónde está la lechuga y la sopa en lata? ¡Hay importantes *brechas* [Nota del traductor: «cosas que faltan»] en este supermercado! Todo este pan, ¿pero ninguna lechuga ni sopa?»

«Lo siento», dice el gerente y se encoge de hombros, «pero la brecha está en su cabeza. De vez en cuando tenemos un poco de fruta para vender. Pero esta es una panadería».

Como el cliente asumió que el negocio era un supermercado, esperaba que ofreciera ciertos artículos en su inventario. En aras del ejemplo, llamemos a esto las «expectativas teóricas» del cliente. No obstante, elimine esas expectativas particulares, y eliminará las brechas que se perciben. En otras palabras, la brecha de la que se quejó el cliente era irreal, porque ésta no existía en el mundo, sino en el propio entendimiento del cliente. De esa manera el cliente no tenía motivo para esperar encontrarse con ciertos productos alimenticios, pues una panadería ofrece productos horneados, no lechuga ni sopa enlatada.

En la ciencia, como en la vida en general, las teorías crean expectativas. Ellas crean brechas; pero las brechas existen ante todo en nuestro entendimiento del mundo. La brecha está dada por, o tiene relación con algunas teorías *sobre* los fenómenos. Cuando un científico se preocupa porque alguien pueda estar incurriendo en la falacia del Dios-de-las brechas, es porque una teoría científica que él acepta le ha dicho que espere encontrar una respuesta; por lo general es un mecanismo o regularidad natural, donde algún otro ha introducido la agencia de un diseñador inteligente o Dios.

Pero esa teoría científica puede estar equivocada. Si esta es la brecha en su entendimiento, la cual él espera llenar con una ley o mecanismo todavía-no conocida, puede que también sea aparente. Puede que esté buscando lechuga en una panadería.

Si usted considera el contraste entre lo que el mundo parece ser en realidad y cómo nuestras teorías defectuosas en potencia nos dicen que tiene que parecer, se ahorrará un conflicto intelectual sin sentido. Considere, por ejemplo, el problema naturalista del origen de la vida. La brecha surge de la evolución porque, de acuerdo con esa teoría, las partes deben preceder al todo, esto es, los constituyentes inanimados de los organismos deben ser temporal y causalmente anteriores a los organismos. En otras palabras, primero llegaron el metano, el dióxido de carbono, el amoníaco, y el agua; a partir de estos estos vinieron los aminoácidos; de estos vinieron las proteínas, y así sucesivamente. A grandes rasgos esa es la historia teórica. De esa manera la tarea que los investigadores enfrentan es llenar las brechas mecanicistas sin recurrir a un diseñador, una causa prohibida por la regla del naturalismo metodológico.

Pero nada en la pregunta «¿Cómo aparecieron por primera vez los organismos?» obliga a que las partes de los organismos precedan al todo. De hecho, puede que el caso sea todo lo contrario. En los organismos biológicos el todo debe preceder y regir de manera causal sus partes y, a falta de una justificación filosófica convincente, la prohibición de una causalidad inteligente es arbitraria y genera preguntas.

No obstante, si tomamos una teoría basada en el diseño como nuestra guía, la brecha creada por el rompecabezas evolucionista sobre cómo surgió la vida a través de un mecanismo natural no sería tan llenada por el diseño como disuelta por éste. Como escribe el filósofo Thomas Kuhn sobre el problema planteado por las teorías en general, la cuestión de cómo surgió la vida de manera naturalista es un rompecabezas «para cuya propia existencia debe asumirse la validez del paradigma. El fallo en alcanzar una solución desacredita solo al científico y no a la teoría… se aplica el proverbio: "Este es un pobre carpintero que culpa a sus herramientas"». Sin embargo, éste no es un pobre carpintero que culpa a su diseño cuando dictamina una estructura imposible. Es algo racional para un científico que reconoce el empecinamiento de no abandonar el diseño de su rompecabezas, si descubre que el rompecabezas presupone algo falso. (Sería irracional hacerlo de otra manera.) De la misma manera es algo racional para un científico dejar de intentar llenar una brecha que no existe.

Las brechas en nuestro entendimiento dependen de qué teorías aceptemos, y las teorías que aceptamos dependerán mucho de qué presuposiciones utilizamos. Considere, por ejemplo, una suposición clave de la cosmología estándar:

> La gran hipótesis que casi todo cosmólogo elabora es que el universo (a una gran escala cosmológica, mayor de 108 años luz) se ve de la misma manera, no importa dónde se esté situado; aunque no necesariamente de manera simultánea. Esto es, en cualquier punto del universo habrá un momento, o hay un momento, en el cual el universo se ve o se verá como vemos ahora el universo...
>
> La presunción que acabamos de mencionar implica una gran uniformidad del universo. Esta es una hipótesis por completo arbitraria, en la medida que la comprendo, y por supuesto no está en lo absoluto sujeta a ningún tipo de comprobación por medio de la observación, pues hemos estado y continuaremos estando confinados a una pequeña región de nuestra galaxia, y el tiempo de desarrollo del universo sigue una escala «cosmológica» un billón de veces superior que nuestro tiempo de vida. Sospecho que la suposición de la uniformidad del universo refleja un prejuicio nacido de una secuencia de derrotas de las ideas geocéntricas. Cuando los hombres admitieron que la Tierra no era el centro del universo, se aferraron durante un tiempo a un universo heliocéntrico, solo para encontrar que el Sol era una estrella ordinaria como cualquier otra estrella, que ocupaba un lugar ordinario (no central) dentro de la galaxia, que no es una galaxia extraordinaria sino una como muchas otras. De este modo, se asume que nuestro lugar en el universo debe ser como cualquier otro lugar del universo, como una extensión de la secuencia que acabo de describir. Sería embarazoso descubrir, después de afirmar que vivimos en un planeta ordinario situado en una estrella ordinaria en una galaxia ordinaria, que nuestro lugar en el universo es extraordinario, ya sea el centro o el lugar de menor densidad o el lugar de mayor densidad, y así sucesivamente. Para evitar este embarazo nos aferramos a la hipótesis de la uniformidad.

> Pero no tenemos que aceptar esa hipótesis sin reconocer lo que significa. Una analogía ilustraría mi punto de vista. Si nos lanzamos en paracaídas desde un avión que vuela sin rumbo sobre la tierra y aterrizamos en un bosque de abedules, de este sitio podríamos decir que aterrizamos *al azar* sobre ningún sitio en particular; al no haber nada único acerca de este sitio concluimos que la tierra ¡está cubierta de abedules *por todas partes!*. La conclusión sería falsa, pese al carácter aleatorio perfecto del lugar donde pudimos aterrizar. Pero quizás hacemos lo mismo al construir nuestro presupuesto cosmológico fundamental.[4]

El asunto es que se le debe permitir al creacionista reciente desafiar algunas de esas tesis básicas de la cosmología si esto le permite elaborar una concepción del mundo coherente que sea satisfactoria y abarque tanto los puntos de vista religiosos como científicos.

5. EPISTEMOLOGÍA[5]

Podemos contestar mejor la cuestión de la aparente tensión entre ciencia y teología mostrando primero un método que no se debe utilizar para resolver los conflictos de la ciencia y la Biblia. En su obra *La autoridad de las Escrituras*, Galileo Galilei escribió:

> Como las Santas Escrituras son verdad, y toda verdad concuerda con la verdad, la verdad de las Santas Escrituras no puede ser contraria a la verdad obtenida por la razón y el experimento. Si esto es verdad, la tarea del expositor juicioso es encontrar el verdadero significado de los pasajes de las Escrituras que deben concordar con las conclusiones de la observación y el experimento, y se debe tener cuidado que la obra de la exposición no caiga en manos de tontos e ignorantes.

Después Galileo procedió a armonizar el relato del Sol que se detiene, que se encuentra en el libro de Josué, con su visión heliocéntrica del cosmos.

[4]Richard P. Feynman, Fernando B. Morinigo, y William C. Wagner, *Feynman Lectures on Gravitation*, ed. Brian Hatfield (Addison-Wesley, Reading, Mass., 1995), 166-67.

[5]Esta sección refleja una versión anterior que apareció como conclusión de un trabajo mucho mayor. Vea John Mark Reynolds. «The Bible and Science Toward a Racional Harmonization», en *Proceedings of the International Conference on Creationism* de 1994 (Pittsburg, PA.)

Este método de armonizar las Escrituras con los datos empíricos hace que la interpretación de la Biblia dependa del dato científico. Hablando a grandes rasgos, según Galileo los cristianos tendrían que leer la Biblia a través de los lentes de los datos empíricos. Esto se ha convertido en un método común para la interpretación de la Biblia dentro de ciertos círculos cristianos.

Este punto de vista tiene una ventaja fundamental. Le da a la persona que se acerca a la Biblia un medio para resolver ciertos rompecabezas interpretativos. Los legendarios argumentos entre una tierra plana o esférica son un caso en cuestión. Ambas lecturas pueden encontrar apoyo bíblico. Por ejemplo, la Biblia habla de los «cuatro ángulos de la tierra» en Apocalipsis 7:1. Esto se podría interpretar de manera poética, como hacen ahora todos los comentarios evangélicos, o se puede interpretarse de manera literal. De interpretarse de forma literal se podría extrapolar de esta referencia una tierra rectangular. Por otro lado, Isaías 40:22 dice: «Él reina sobre la bóveda de la tierra…», lo cual algunos intérpretes podrían ver como un respaldo textual para una tierra esférica. Esto es especialmente cierto si se lee en el contexto de Job 26:7: «Dios extiende el cielo sobre el vacío; sobre la nada tiene suspendida la tierra»,

¿Cómo se puede decidir de qué manera leer el texto? Para Galileo, la solución era simple. La ciencia moderna ha determinando que la tierra es esférica. Como las Escrituras son verdad, deben enseñar de hecho una tierra esférica. Todas las referencias que parecen implicar otra cosa deben armonizarse con los datos científicos. Donde la ciencia guarda silencio, el exégeta está en libertad de escoger la interpretación más natural del texto.

No obstante, esta metodología tiene dos problemas esenciales. Primero, hace las Escrituras no falsificable. Segundo, falla con frecuencia a la hora de tomar en cuenta una distinción entre *observaciones* y las *conclusiones basadas en las observaciones*. Es demasiado simplista y demasiado confiada en cualquier cosa que los científicos lleguen a aceptar.

Hay algo preocupante en el hecho de que no haya un límite intrínseco al monto de acomodo posible. ¿Qué se quiere decir con la afirmación de que «La Biblia es verdadera» si el acomodo pasa de cierto punto? Las personas que sostienen este punto de vista, o cualquier punto de vista como este, necesitarían clarificar cuánto están dispuestas a estirar el lenguaje antes de renunciar a la premisa inicial. Como se halla ahora el argumento, se podría hacer decir en teoría a la Biblia lo opuesto de su «sentido llano» y todavía defenderla como «exacta desde el punto de vista científico». Esto es desconcertante.

Por supuesto, el mismo argumento se aplica a las personas que ven como un mito aquellas partes de la Biblia que la ciencia moderna refuta. A muchos evolucionistas teístas se les acredita creer en un Cristo físico, literal, que abandona la tumba. Convenientemente, este es un milagro que es difícil que esté al alcance del examen científico moderno. ¿Qué podemos hacer de un sistema de creencias que acepta ciertas partes de la historia de la salvación como literales (las partes que no podemos examinar físicamente) y hace míticas algunas partes (el tipo que podemos examinar)? Es difícil ver alguna gran fuerza evangelista en ello. Puede que salve a una generación atemorizada de cristianos, pero es poco probable que traiga muchas personas nuevas a la fe.

Galileo y sus similares dicen:

1. la Biblia es verdadera cuando describe el mundo.
2. ciertos hechos de la ciencia sobre el mundo son ciertos.
3. en todo caso, si dos cosas sobre el mundo son ciertas a la vez, entonces no se contradicen entre sí. por lo tanto,
4. los hechos de la ciencia y las descripciones de la Biblia no se contradicen entre sí.
5. cuando los hechos de la ciencia y las descripciones de la Biblia parecen contradecirse, entonces se deben reinterpretar las descripciones de las Escrituras a la luz del punto 4.

Hay un doble problema con este argumento. Primero, depende del presupuesto filosófico no explícito de que los datos empíricos que llegan a los sentidos son más confiables que la interpretación humana de las Escrituras. Esta es una presuposición discutible. Podemos admitirla, sin embargo, en aras del argumento.

El segundo problema con el argumento es la incapacidad de distinguir entre una observación de la ciencia y una conclusión o teoría de la ciencia basada en la observación. El argumento asume que todo desacuerdo científico tiene que decidirse cambiando la interpretación de las Escrituras. ¿Pero es esto plausible? Quizás algunas teorías de la ciencia sean lo suficiente tenues como para hacer que nos preguntemos si una exégesis bíblica elegante debe abandonarse cuando éstas entren en conflicto. Ciertos hechos de la experiencia (p.ej.: los objetos por lo general caen cuando se les suelta; el mundo es más o menos esférico) parecen ser más ciertos que otras interpretaciones humanas de los hechos (p.ej.: los presupuestos cosmológicos señalados con anterioridad).

Galileo parece haber olvidado que, así como la comprensión de las Escrituras depende de una hermenéutica, la inteligibilidad de la ciencia depende de un marco interpretativo. Todos los «hechos» o «teorías' de la ciencia no poseen la misma certeza epistemológica.

Una forma de la navaja de Occam [«ley de la simplicidad»] nos llevaría a preferir las teorías científicas sencillas a las complejas. No queremos complicar sin necesidad nuestra ciencia con entidades inútiles. La misma regla, sin embargo, se debe aplicar también a la lectura de las Escrituras. La exégesis más simple de las Escrituras también debe preferirse. Por la más simple queremos decir la más natural o aquella con el mayor respaldo lingüístico externo. Quizás al equilibrar las dos, una teoría científica algo menos elegante que preserve una lectura bíblica bien elegante es preferible a una teoría científica algo más elegante que produzca una exégesis atormentadora.

Para Galileo, la verdad de las Escrituras y los fenómenos de la ciencia poseen igual peso. Lo que se ha asumido es que «los hechos de la ciencia» son exactamente eso: hechos. En la mayoría de los casos, los hechos de la ciencia son interpretaciones, que son más o menos plausibles para la explicación de ciertos fenómenos. Los propios fenómenos tienen un alto grado de verosimilitud intuitiva, pero las teorías tienen mucho menos. Como sugiere W. V. Quine, quizás sea posible que se puedan postular dos teorías contradictorias entre sí para explicar los fenómenos.

Las teorías de la ciencia son similares desde el punto de vista epistemológico a las interpretaciones de las Escrituras. Ambas son buenas en la medida que expliquen los datos disponibles. *No siempre* es una cuestión de que algún dato en bruto entre en conflicto con una lectura particular de las Escrituras, sino de una estructura interpretativa que confronta a otra.

Nos gustaría sugerir que «el dato científico» y la «teoría» operan más en una continuidad. Hay ciertos datos brutos sobre el mundo. Estos son descripciones muy acertadas sobre el cosmos. Un ejemplo puede ser: «Allí hay un árbol». Esto debe tener prioridad sobre cualquier interpretación propuesta de las Escrituras. Si la Biblia parece decir que no hay un árbol allá, entonces (si la Biblia es verdad) la más simple de las exégesis debe modificarse. Un ejemplo bíblico real podría ser la descripción de Jesús de la semilla de mostaza. Él describe esta semilla como la «más pequeña» de todas las semillas (Mateo 13:32). De hecho, la interpretación más natural sería que allá no se conocían semillas más pequeñas que la semilla de mostaza. Por supuesto, la ciencia puede hallar una semilla más pequeña. En este caso, «la verdad» y la interpretación de las Escrituras entran en conflicto. Las Escrituras debe reinterpretarse si va a permanecer «verdadera».

Por otro lado, alguna interpretación natural de las Escrituras basada en el conjunto del texto puede entrar en conflicto con alguna teoría de la ciencia. *Si hay otra interpretación de los datos que preserve el significado natural del texto, esta debe preferirse.*

Estas ideas se podrían expresar en el siguiente modelo de interpretación que está basado en dos escalas:

A. Conocimiento Bíblico	B. *Conocimiento Científico*
III. Alegórico/Mitológico (posible)	III. Teoría Muy Compleja (posible)
II. Exégesis Más Compleja (plausible)	II. Teoría Bastante Compleja (plausible)
I. Exégesis Natural (probable)	I. Teoría más Simple (probable)
Datos Crudos del Texto	*Fenómenos del Cosmos*

La escala permitiría gradaciones entre los puntos. El propósito de la persona que armonice las Escrituras con la ciencia sería alcanzar la teoría científica más simple en combinación con la más natural de las exégesis posibles.

Si fuera del todo posible, los extremos de las escalas deben ser evitados (a saber, las interpretaciones Alegóricas/Mitológicas y las Teorías Sumamente Complejas). Una teoría que contenga un componente mayor de lo que sea apenas posible (pese al hecho de que el otro componente mayor sea una explicación probable) no es tan satisfactoria como una teoría que contenga dos componentes medianamente plausibles. Por lo tanto, sobre la base del supuesto de que tanto la revelación natural como la divina son iguales de válidas, sería deseable una visión tan equilibrada como fuera posible.

No decimos que esto resolvería todos los conflictos entre la ciencia y las Escrituras. La cuestión es que no está aún resuelto si una lectura probable de las Escrituras combinada con una teoría científica plausible sería preferible a una teoría científica probable combinada con una plausible lectura de las Escrituras. Por ejemplo, tomaríamos el argumento sobre la interpretación del día-era en la palabra hebrea *yom* de Génesis 1 como uno de esos casos.

Esto resolvería muchos tipos de conflictos entre la ciencia y las Escrituras. El caso en cuestión es la controversia histórica sobre el movimiento de la tierra. La mayor parte de la evidencia de la Biblia parece apoyar una tierra estática en la lectura más natural del texto. Tal lectura sería el resultado de una exégesis natural, una lectura «probable». Durante algún tiempo la teoría aristotélica del cosmos fue una teoría científica «probable». No existía conflicto alguno entre la ciencia y las Escrituras: tanto la revelación divina como las teorías científicas estaban en las «mejores» posiciones. A continuación de la introducción de la evidencia proporcionada por ciertos filósofos naturalistas tardíos de la Edad Media, la teoría aristotélica pasó de ser la teoría más probable a ser la más plausible. No obstante, creemos que la Iglesia tenía razón al mantener la clásica posición de la «tierra inmóvil» en esa etapa del diálogo. Sólo cuando esa posición se convirtió en una posición «desahuciada» desde el punto de vista matemático y la observación, debía la Iglesia haberla abandonado. Esto, de hecho, fue lo que hizo la iglesia.

El creacionismo de la Tierra joven, por consiguiente, no necesita abrazar una hermenéutica bíblica dogmática o estática. Debe estar dispuesto a cambiar y admitir el error. Al presente, podemos admitir que como los creacionistas recientes defendemos un relato bíblico muy natural, al precio de abandonar un cuadro científico muy plausible de un «viejo» cosmos. Pero esta no es una posición defendible a largo plazo. En nuestra opinión, el creacionismo de la Tierra vieja combina una lectura menos textual con una visión científica mucho más plausible. Ellos tienen muchos menos «problemas de ciencia». Por el momento, esta parece la posición más racional a adoptar.

El creacionismo reciente tiene que desarrollar mejores explicaciones científicas si quiere permanecer viable frente al creacionismo de la Tierra vieja. Por otro lado, la lectura de las Escrituras (p. ej.: un diluvio real, genealogías significativas, una real separación de las lenguas) es tan natural que parece que vale la pena preservarla. Como creemos que las cosmologías de la creación reciente están mejorando, nos sentimos animados a continuar con el esfuerzo.

UNA CARTA A SUSANA

Querida Susana:

Te enfrentas a algunas decisiones difíciles. Tómate tu tiempo. No tomes partido demasiado rápido. Tómate el tiempo de leer los libros principales en favor de cada posición. Date cuenta que cada grupo tiene sus puntos fuertes y sus debilidades. Sopesa qué argumentos son más persuasivos para ti.

Desde el principio, evita dos tentaciones. (¡Nuestras advertencias vienen de la experiencia personal!) Primero, evita la trampa de «lo seguro». No selecciones un punto de vista porque este haría que tus padres y tú se sintieran felices. También evita instalarte en un conjunto de ideas «que me ayudarían a graduarme de la escuela». ¿Cuál es la ganancia de obtener un diploma si tienes que desactivar tu cerebro para lograrlo?

No asumas que una posición es correcta solo porque la mayoría de los que se dedican a la ciencia creen en ella. Recuerda que las capacidades para el pensamiento crítico y el análisis lógico no son propiedad de ninguna disciplina. Los argumentos de cada disciplina tienen que someterse a estas reglas. Cuando Richard Dawkins formula un mal argumento utilizando ejemplos científicos, este es aún un mal argumento pese a su capacidad científica.

Uno de los autores de este ensayo (John Mark Reynolds) entró a la universidad como un evolucionista teísta. A él no lo criaron para que viera ninguna tensión particular entre religión y ciencia. Cuando sus cómodos puntos de vista cayeron bajo el fuego cruzado tanto de sus amigos cristianos como seculares, él descubrió que la evolución teísta a menudo consiste en agobiantes adjetivos y una jerga teológica que no iban a sitio alguno en particular. ¿Qué significa para Dios sostener el universo? ¿Cuán plausible es la evolución como un mecanismo creativo para Dios? ¿Por qué debemos ver «capacidades creativas» en la materia, en lugar de simples «capacidades»? Para su consternación, John Mark descubrió que en la evolución teísta, el teísmo no hacía mucho trabajo metafísico o físico fuera de la cabeza del creyente.

Los evolucionistas teístas pretenden a menudo que sus ideas no son nuevas. Ve y lee los Padres de la Iglesia tú misma. Lee a Agustín y a Basilio. Lee a Juan Crisóstomo y a los Padres Orientales. Ve lo que tiene que decir cada uno sobre el Diluvio y la Creación. Pregúntate si la evolución teísta se ajusta a la gran tradición de la fe cristiana. No es así.

Sería una vergüenza abandonar esa tradición sin ni siquiera conocerla o sin una gran razón.

Sin embargo, más importante es que pienses si la evolución *tuvo lugar en realidad.* Seguro, pudo tener lugar. Dios pudo hacer cualquier cosa. Ese no es el punto. ¿Cuál es el status de la evidencia? Creemos que una lectura equitativa de la evidencia, una que no se ponga anteojeras filosóficas ni religiosas, te dará un buen motivo para dudar de la verdad del darwinismo.

No obstante, eso no es suficiente. Verás enseguida que no tienes que ser una darwinista para ser racional. ¿Qué serás tú? Tómate tu tiempo con eso también. Justo como el darwinismo fue una poderosa modificación de algunas ideas muy antiguas (que se remontan tan temprano como al siglo V a.C.), así se desarrollan los nuevos argumentos del diseño. No son como los de Platón ni William Paley. Éstos evitan los viejos errores mientras mantienen la fuerza de la noción del diseño inteligente.

Creemos que el movimiento del diseño inteligente está en el filo de lo que ocurre en la religión y la ciencia. Siéntete libre de aplazar la cuestión de la edad de la tierra y del diluvio por ahora. Los creacionistas de la Tierra joven y la vieja concuerdan en mucho más de lo que discrepan. Evita a las personas de ambos campos que prodigan insultos. Sé receptiva a la idea de que cuando se aplaque la polvareda de la caída del darwinismo, los creacionistas de la Tierra joven puede que tengan algún atractivo para ti. Mantén una mente abierta.

Sócrates animaba siempre a los jóvenes que lo rodeaban a involucrarse en la vida de la mente. «¡Usted pregunte!» diría a sus discípulos. Adopta eso como tu lema. No dejes que un estamento científico o religioso te marque con una ortodoxia irreflexiva. Sé escéptica como es debido.

Nosotros dos hemos encontrado que cuando uno está dispuesto a asumir riesgos intelectuales la recompensa es muy grande. Ser parte del movimiento del diseño inteligente así como ser receptivo a posibilidades aún más radicales es liberador. Como Platón, creemos que esa búsqueda de la verdad termina en una visión del bien, lo auténtico y lo bello. Los sofistas del estamento académico tronarán contra ti. Un destello de la verdad vale la pena. ¿Por qué? Porque la verdad no solo es una buena idea: la verdad es un Hombre. Y cuando lo conocemos y permanecemos en su Palabra, entonces sabremos la verdad y él nos hará libres.

RESPUESTA A PAUL NELSON Y JOHN MARK REYNOLDS

Walter L. Bradley

Concentraré mi crítica a Nelson y Reynolds en los temas científicos planteados en su capítulo, y dejaré las críticas filosóficas y teológicas a mis colegas. Nelson y Reynolds resumen los temas distintivos del creacionismo de la Tierra joven como (1) una filosofía de la ciencia abierta; (2) la creación directa de tipos básicos de animales como se describe en Génesis 1 y 2; (3) la maldición de Génesis 3:14-19 y sus profundos efectos en todos los aspectos de la economía natural, pero en especial la introducción de la muerte física así como de la espiritual en el momento de la Caída; y (4) el histórico y universal diluvio de Noé. Implícita en estas características estaría una creación reciente con el amplio registro fósil atribuido al Diluvio.

Los puntos 1 y 2 serían comunes para los creacionistas de la Tierra joven y los creacionistas progresistas, el punto 3 y el requisito de una creación reciente que esto implica serían diferencias entre estos dos grupos, y todos los tres puntos son diferencias entre los creacionistas de la Tierra joven y los evolucionistas teístas (a los que también se hace referencia en este libro como partidarios de la «creación plenamente dotada» [fully gifted creation]). Un diluvio histórico sería probablemente un punto de acuerdo entre los creacionistas de la Tierra joven, los creacionistas progresistas y los evolucionistas teístas, pero la extensión del diluvio sería la cuestión en disputa. Estoy de acuerdo con los distintos comentarios de Reynolds y Nelson que abogan por los puntos 1 y 2, y por lo tanto no redundaré más en la discusión de estos puntos.

La cuestión de qué cambios tienen lugar en el mundo natural con el Diluvio (su punto 3) es una cuestión difícil. Si se introdujo la muerte por primera vez tras la Caída, entonces todas las aparentes pruebas de muerte en el registro fósil tienen que ser atribuidas al Diluvio. No obstante, Dan Wonderly[1] y otros han documentado con claridad que los fósiles en las rocas sedimentarias del Golfo de México se hallan hasta los 25 000 pies, con muchos tipos de rocas sedimentarias (p. ej.: de conchas, de depósitos de lodo, de precipitados, de la evaporación de mares poco profundos), cada una formada bajo condiciones geológicas muy diferentes y cada una con abundantes fósiles. Es difícil explicar este estupendo zoológico histórico a partir de un diluvio universal reciente. Esta situación se repite alrededor del mundo, haciendo en extremo difícil el registro fósil como la consecuencia de un diluvio universal. Tampoco tiene ningún valor que una actividad biológica necesaria en los seres humanos, tal como las bacterias en nuestros estómagos, pareciera ser imposible si no se admite la muerte de organismos vivos antes de la Caída.

En mi opinión, la interpretación de Génesis 2—3 como que se refiere a una caída física es problemática en sí misma. El texto de Génesis 2 indica que el día en que Adán y Eva comieran de la fruta del árbol «ciertamente morirían» (v. 17). Pero la muerte física le llegó mucho más tarde a Adán y Eva; solo la muerte espiritual llegó en el momento de la Caída. Esto parecería implicar que la muerte a que se alude en Génesis 2 era espiritual, no física. Aún más, como el mundo ha sido siempre temporal, es problemático que Adán y Eva hubieran vivido «para siempre», aun si no hubieran comido del fruto del árbol.

A veces los creacionistas de la Tierra joven (pero no Nelson y Reynolds) sugieren que la segunda ley de la termodinámica fue la maldición impuesta sobre la naturaleza a la Caída. No obstante, esta hipótesis deja de reconocer los numerosos procesos físicos necesarios, en especial los fenómenos de transferencia que dependen de la segunda ley de la termodinámica. En ausencia de la segunda ley de la termodinámica, nos sofocaríamos en el dióxido de carbono que exhalamos, pues este no se disiparía. La maldición sobre la naturaleza en el momento de la Caída descrito en la Biblia es real, pero tiene que ser algo distinto de la muerte física o la segunda ley de la termodinámica.

[1]Dan Wonderly, *God's Time-Records in Ancient Sediments* (Crystal Press, Flint, Mich., 1977).

Por último, los creacionistas de la Tierra joven como Reynolds y Nelson, con su modelo de una creación reciente y la ausencia de muerte antes de la Caída, tienen que atribuir la mayor parte del registro fósil alrededor del mundo al Diluvio, haciendo de esto una necesidad científica en adición a una necesidad bíblica para su punto de vista. Sin embargo, el propósito del Diluvio de Génesis parece haberse cumplido por la amplitud de un Diluvio que se extendió tanto como se había extendido la descendencia de Adán, la cual no debe haber sido universal en los tiempos del Diluvio. La evidencia científica a favor de un diluvio regional es bastante fuerte, mientras que a favor de un diluvio universal es menos evidente. Soy ambivalente en cuanto a esto.

El otro gran problema con el creacionismo de la Tierra joven es la abrumadora evidencia científica a favor de una Tierra vieja. Esto ha sido documentado en varios libros en tiempos recientes.[2] El tamaño del universo, los muchos relojes radiométricos diferentes, el desarrollo de las barreras de coral, y miles de pies de una amplia gama de sedimentos; todo aboga de manera convincente a favor de una tierra y un universo de gran antigüedad. Para su crédito, Reynolds y Nelson reconocen este estado actual de las cosas en cuanto a la evidencia científica, sin sacar a relucir algunos de los desacreditados argumentos científicos a favor de una tierra reciente.

Los acontecimientos de Génesis 2 que recapitulan una porción del sexto «día» no se ajustan ni de lejos a un escenario de la mañana a la noche. De esa manera, es cuestionable si es preferible la interpretación de la Tierra joven de Génesis 1—2. Aun el Concilio Internacional por la Infalibilidad Bíblica (*International Council for Biblical Inerrancy*) en su conferencia sobre hermenéutica rehusó afirmar la necesidad de interpretar Génesis 1 como un evento reciente de seis días solares.[3] En un trabajo para esta reunión presentado bajo invitación, yo sopesé la evidencia científica y bíblica y concluí que la posición de la Tierra joven era menos plausible que la posición creacionista progresiva.

[2]Davis A. Young, *Creation and the Flood* Baker, Grand Rapids, 1977); Hugh Ross, *Creation and Time: A Biblical and Scientific Perspective on the Creation –Date Controversy* (NavPress, Colorado Springs, 1994).

[3]Walter L. Bradley y Roger Olsen, «The Trustworthiness of Scripture in Areas Relating to Natural Science», y «Chicago Statement on Biblical Hermeneutics», en *Hermeneutics, Inerrancy and the Bible*, ed. Earl D. Radmacher y Robert D. Preus (Zondervan, Grand Rapids, 1984).

Reynolds y Nelson concluyen su discusión ofreciendo al lector optar entre una lectura probable de las Escrituras y una teoría científica más plausible (su visión del creacionismo progresivo) y una lectura plausible de las Escrituras con una teoría científica probable (el creacionismo de la Tierra joven). Yo diría que es dudosa su pretensión de que el creacionismo de la Tierra joven sea una interpretación más plausible de las Escrituras.[4] También añadiría que la credibilidad científica del creacionismo progresivo es abrumadoramente superior cuando se le compara con el creacionismo de la Tierra joven. Más adelante resumiré mis preferencias por el creacionismo progresivo sobre la evolución teísta en mi crítica al capítulo de Howard J. Van Till.

[4]Bradley y Olsen, «The Trustworthiness of Scripture».

RESPUESTA A PAUL NELSON Y JOHN MARK REYNOLDS

John Jefferson Davis

Siento que estoy de acuerdo con cierto número de propuestas significativas hechas por Nelson y Reynolds en su capítulo «El creacionismo de la Tierra joven». Comprendo sus reservas sobre esta terminología, pero sigo utilizándola como ellos mismos hacen, dada la amplitud de su uso en la literatura.

Claro que yo confirmaría lo que ellos designan como una «filosofía de la ciencia abierta», esto es, una filosofía de la ciencia que no excluye lo sobrenatural y reconoce la capacidad del Creador para intervenir de manera directa en el orden natural. Ni yo ni estos autores apoyamos un «naturalismo metodológico» en la filosofía de la ciencia que intentara definir como ilegítima cualquier referencia a Dios como explicación posible de aspectos observados en el mundo natural. Yo afirmaría la propuesta hecha por Alvin Plantinga al respecto, es decir, nuestra filosofía de la ciencia debe incorporar todo lo que creemos verdadero sobre el mundo , incluyendo la cuota de revelación divina así como la razón y el método científico como posibles fuentes de información.[1]

Los autores y yo también compartimos la común aseveración de un método de diseño inteligente hacia muchas de las cuestiones que rodean temas tales como los orígenes de la vida sobre la tierra y las explicaciones de la complejidad de los sistemas vivos. Compartimos la noción común de que un principio naturalista de la selección natural es en sí mismo

[1] Alvin Plantinga, «Methodological Naturalism?» *Perspectives on Science and Christian Faith* 49 (September 1997): 143-54).

inadecuado para explicar los orígenes de la primera célula viva y la irreducible complejidad que se observa en el mundo biológico.[2]

También saludo la franqueza intelectual de los autores, como, por ejemplo, cuando declaran que «por consiguiente, el creacionismo de la Tierra joven no necesita aceptar una hermenéutica bíblica dogmática o estática», sino que «debe estar dispuesto a cambiar y admitir el error». Esto parece consistente con una filosofía de la ciencia de verdad «abierta», una que esté abierta a nuevas informaciones, desde cualquier fuente que estas puedan proceder.

Tras señalar estas zonas de acuerdo, también debo declarar que encuentro sustanciales áreas en el tratamiento de los autores que son, a mi juicio, inadecuadas tanto en términos de la interpretación bíblica como en su comprensión de la evidencia científica.

Los autores declaran que creen que «todos los tipos básicos de organismos fueron creados directamente por Dios». Esta amplia generalización no parece estar sustentada de manera adecuada tanto por un detallado examen del registro fósil como por un examen específico del uso bíblico de los términos para «crear». Por ejemplo, no se aborda la extensa evidencia fósil relacionada con los reptiles parecidos a mamíferos, que exhiben muchas características intermedias entre los modernos reptiles y los mamíferos.[3] De manera similar, no hay un intento por tratar de resolver el problema del significado del registro homínido fósil; junto al extenso registro paleontológico de los *australopitecos*, el *Homo erectus*, los neandertales y así sucesivamente, lo que indica que el moderno *Homo sapiens* no apareció sobre la tierra sin precursores. En aspectos tales como andar sobre dos pies, el crecimiento de la capacidad cerebral, y los cambios en la dentición y la estructura del esqueleto, estas formas de homínidos extintas exhiben características intermedias entre el hombre moderno y los primates anteriores.

Los autores del trabajo parecen presuponer una cierta comprensión del concepto bíblico de creación, antes que basar tal concepto sobre un estudio inductivo cuidadoso de la variedad de usos bíblicos en esta área. El tratamiento de los autores se beneficiaría, por ejemplo, con una distinción más cuidadosa entre los conceptos de causas *primaria* y *secundaria* en la actividad creadora de Dios. Los autores bíblicos

[2] Michael J. Bebe ha expuesto con fuerza el concepto de «complejidad irreductible» en *Darwin's Black Box* (Free Press, Nueva York, 1996).

[3] Tal evidencia se discute, por ejemplo, en Robert L. Carroll, *Vertebrate Paleonthology and Evolution* (W. H. Freeman, Nueva York, 1988), y T. S. Kemp, *Mammal Like Reptiles and the Origin of Mammals* (Academic Press, London, 1982).

pueden describir a Dios como la causa *primaria* o última de un proceso natural, tal como el crecimiento de la hierba para el ganado (Salmo 104:14), y no hacer ninguna referencia a las causas *secundarias* (tales como la fotosíntesis), que están en el centro de atención de la ciencia moderna, pero que son de un interés más bien pequeño para los autores bíblicos. Los autores bíblicos están más interesados en los *resultados* de la obra creativa de Dios que con el *proceso material* que puede haber sido utilizado; su interés primario es *religioso* antes que «científico», al estar preocupados en lo fundamental con el *significado* de las formas naturales en relación con los propósitos *redentores* de Dios. Estas distinciones nos permiten reconocer que esas descripciones de la actividad creativa de Dios como *causa primaria* no son bíblica o teológicamente inconsistentes con las descripciones científicas de la «causa secundaria» de los orígenes biológicos que podrían, en un caso dado, implicar formas transitorias entre las clases mayores o los filums.

Los autores hablan de la «semana de la creación», pero no hacen una exégesis a favor de una concepción del día literal. Tampoco le dan una consideración seria a otras formas de comprender los días de Génesis 1, tales como la «hipótesis del marco» [framework hyphothesis] que ve los seis días como un marco literal para la actividad creadora de Dios.[4] El tratamiento de los autores se habría beneficiado de un examen más cuidadoso del contexto cultural y religioso del antiguo Cercano Oriente dentro del cual se comprende con mayor naturalidad el texto de Génesis. En este contexto se hace claro que el propósito primordial del texto de Génesis es comunicar las verdades *teológicas* sobre el Dios de Israel contra el telón de fondo de las deidades politeístas del antiguo Cercano Oriente, antes que responder a las preguntas específicas orientadas al proceso de la moderna era científica.[5]

Al hablar de la «semana de la creación» y de una «Tierra joven», los autores se refieren a organizaciones como el *Institute for Creation Research* («Instituto para la Investigación de la Creación»), pero no se discute en detalle la evidencia a favor de una Tierra joven. Tampoco los autores tratan de abarcar el cuerpo integral de la evidencia científica

[4] Para este punto de vista, vea Henri Blocher, *In the Beginning: the Opening Chapters of Genesis* (InterVarsity Press, Downers Grove, Ill., 1984), 39-59, y otros autores citados en el punto 5 de mi «Respuesta a Newman» más adelante en la página 138.

[5] Claus Westermann revisa de una manera muy útil el contexto del Antiguo Medio Oriente, *Genesis 1—11: Un Comentario*, trad. John Scullion (Londres: SPCK, 1984), esp. 19-46, «Creation in the History of Religions and in the Bible», y Gerhard F. Hasel, «The Polemic Nature of the Genesis Cosmology», *Evangelical Quarterly* 46 (1974): 81-102.

a favor de una Tierra vieja deducido de la astronomía, la física, y la geología sedimentaria por autores como Davis Young, Dan Wonderly, Alan Hayward, y Brent Dalrymple.[6] No obstante, hay que felicitar a los autores por admitir que el creacionismo reciente tiene «un problema con la luz de las estrellas y el tamaño del universo», y parecen abiertos a una discusión ulterior de estos temas.

Nelson y Reynolds declaran que «la maldición de Génesis 3:14-19 afectó a todos los aspectos de la economía natural». De acuerdo con su noción, no hubo muerte animal en el mundo antes del pecado de Adán. Este punto de vista se basa en cierta interpretación de textos tales como Romanos 5:12: «Por tanto, como el pecado entró en el mundo por un hombre [Adán], y por el pecado la muerte…». Sin embargo, no es necesario comprender el texto de esta manera. El resto del versículo deja en claro que el apóstol Pablo está preocupado con la *muerte humana* como castigo del pecado, no con la muerte biológica en general: «así la muerte pasó a todos los *hombres*, por cuanto todos pecaron [en Adán]» (Romanos 5:12b). Una comprensión adecuada de este versículo no requiere que neguemos la evidencia masiva de la muerte animal atestiguada por los restos fósiles en los estratos sedimentarios inferiores antes de la aparición del hombre. Aún más, como ha señalado Alan Hayward, la advertencia dada a Adán antes de la Caída: «El día que de él comieres, ciertamente morirás» (Génesis 2:17), pudo haber tenido poco o ningún significado si Adán nunca hubiera observado la muerte de algún animal o planta.[7]

Nelson y Reynolds sostienen el punto de vista del diluvio universal, el cual tiene por supuesto una larga y honorable historia en el pensamiento cristiano. Sin embargo, no prestan una atención exegética seria a textos como Génesis 41:57 («De todos los países llegaban a Egipto para comprarle alimento a José, porque el hambre cundía ya por todo el mundo»); Deuteronomio 2:25; 1 Reyes 18:10; 2 Crónicas 9:23 («Todos ellos [los demás reyes de la tierra] procuraban visitarlo [a Salomón] para oír la sabiduría que Dios le había dado»); Hechos 2:5 («procedentes de todas las naciones de la tierra [¿China?]»); Colosenses 1:23 («el evangelio… que ha sido proclamado en toda la creación debajo del cielo»); y así sucesivamente, lo que al parecer indica que el

[6] Se han ofrecido completas referencias de estos autores en el punto 4 de mi «Respuesta a Newman».

[7] Alan Hayward, *Creation and Evolution* (Bethany House, Minneapolis, 1985), 182. Note también sus comentarios sobre la Caída y la segunda ley de la termodinámica en las pp. 183-84.

lenguaje global en algunos contextos de la Escritura puede tener limitados puntos de referencia, o puede ser global *desde la perspectiva y los propósitos del autor*.[8] Los problemas de la distribución geográfica de especies que se relacionan con la extensión del Diluvio no se mencionan. Por ejemplo, llegaron los canguros y los ornitorrincos que viven en Australia al Medio Oriente para abordar el arca de Noé? En Génesis 6:20 el texto afirma que los animales en cuestión vendrían a Noé, pero no indica que los animales fueron *milagrosamente transportados* por Dios. Sobre este y otros temas, el tratamiento de los autores se habría beneficiado de una atención ulterior tanto de las cuestiones de interpretación bíblica como de una gama más amplia de datos empíricos.

[8] Para una discusión de este y otros argumentos bíblicos y científicos a fin de comprender la ubicación del relato del Diluvio, vea Donald Boardman, «Did Noah's Flood Cover the Entire World», en *The Genesis Debate*, ed. Ronald Youngblood (Thomas Nelson, Nashville, 1986), 210-29. En *The Biblical Flood* (Eerdmans, Grand Rapids, 1995), Davis A. Young demuestra a partir de la historia de la iglesia cómo los pensadores cristianos de generaciones anteriores han incorporado nueva información científica a su comprensión del relato bíblico del Diluvio.

RESPUESTA A PAUL NELSON Y JOHN MARK REYNOLDS

J. P. Moreland

Mientras que me inclino bastante hacia el punto de vista de un creacionismo de la Tierra vieja, no puedo librarme de la idea de que la gente de la Tierra joven puede tener razón. En respuesta a Nelson y Reynolds, quiero darles a los creacionistas de la Tierra joven un par de consejos y concluir con la pregunta de por qué se acepta tan ampliamente la evolución con una certidumbre que sobrepasa con mucho lo que la evidencia justifica.

Aquí va mi primer consejo: Todas las disciplinas tienen teorías para las cuales hay problemas conceptuales externos. Un problema conceptual externo es una dificultad intelectual en relación con una teoría de una disciplina que tiene su origen en un campo exterior a esa disciplina y que tiende a desconocer la teoría en cuestión. Por ejemplo, si hay argumentos filosóficos a favor del hecho que el pasado no pudo tener una duración infinita, este presenta problemas conceptuales externos para los modelos científicos que impliquen un pasado infinito. Al presente me parece que uno de nuestros deberes intelectuales como cristianos es interpretar las Escrituras con un ojo puesto en la resolución de los problemas conceptuales externos.

Suponga que interpretamos algún texto bíblico y tenemos una opción hermenéutica A y una opción B. Suponga algo más, que solo sobre bases exegéticas, comparamos el texto con otras porciones de las Escrituras y encontramos que (1) A y B son ambas plausibles, esto es, dentro de los límites de la razón, dicho en términos exegéticos; y (2) que A es superior a B. Ahora además suponga que B armoniza con las Escrituras, por lo cual tenemos muy buenos motivos para creer que es cierta fuera de la Biblia, pero A va en contra de estos factores extrabíblicos. En conclusión, B resuelve los problemas conceptuales externos. Entonces, desde mi punto de vista, es permisible desde el punto de vista hermenéutico adoptar B como la interpretación correcta de un texto.

No abogo porque hagamos depender nuestra interpretación de la Biblia de afirmaciones científicas ampliamente aceptadas. Nelson y Reynolds nos advierten de manera correcta contra esto. Solo planteo que necesitamos resolver los problemas conceptuales externos como una de las metas de la exégesis bíblica. Más claramente, se deben desarrollar criterios para decidir cuando se ha ido demasiado lejos al permitirle a datos extrabíblicos dar forma a una opción interpretativa, y Nelson y Reynolds sí ofrecen algunos criterios a este respecto. Cuando se desarrollen estos criterios, creo que incluirán la llamada de atención que trazamos en la línea del lugar donde B se sale de lo que puede justificarse como plausible o permisible desde el punto de vista intelectual solo sobre bases exegéticas aparte de la cuestión extrabíblica. También debemos requerir que el supuesto problema conceptual externo esté muy justificado desde un punto de vista racional. Cuando se llega a la cuestión de la edad [de la tierra], tomo A y B como si fueran la Tierra joven y la vieja, respectivamente. No acepto la evolución teísta como candidata para B por dos razones. Primero: no pienso que esta sea plausible solo sobre bases exegéticas; pienso que se trata de un intento ad hoc para sacar de apuros al Génesis a la luz de la teoría evolutiva. Segundo: no pienso que la justificación racional a favor de la teoría evolutiva esté en algún lugar próximo a donde debe estar para requerir que ajustemos nuestra interpretación de las Escrituras. Los creacionistas de la Tierra joven necesitan interactuar con esta aproximación al problema porque este tiene algún mérito.

Mi segundo consejo está dirigido hacia los intentos de la Tierra joven de refutar la evidencia a favor de un universo viejo sobre la base de que la Creación tendría una apariencia de edad. Simpatizo con este alegato, pero los que lo emplean podrían ayudarnos a algunos de nosotros a convencernos más de su legitimidad si abordan el siguiente problema. (Nelson y Reynolds sí abordan esta cuestión, pero quiero reiterar su importancia aquí y clarificar el problema.) Distingamos los factores de la Creación inicial que eran necesarios para tener un huerto del Edén de aquellos que no lo eran. Ejemplos de los primeros son la luz de los cielos, los árboles crecidos, y los ríos con cierta profundidad. Ejemplos de los últimos serían los anillos dentro de los árboles, las estrellas que parecen alejarse unas de otras, y ciertas proporciones de uranio, plomo y otros elementos utilizados para fijar la edad de las rocas. Ahora puedo ver con facilidad por qué creó Dios esas cosas funcionalmente necesarias para que Adán y Eva vivieran con una apariencia de edad (p.ej., los árboles crecidos), pero no entiendo por qué habrá creado los factores no funcionales que indican una avanzada edad. Una respuesta sería alegar que todos los factores que al parecer no son funcionales tienen de hecho una función, aun si no sabemos cuál es en este momento. En todo caso, esta es una cuestión que los creacionistas de la Tierra joven necesitan abordar.

Hasta aquí mi consejo. A veces se dice que los creacionistas de la Tierra joven adoptan su posición con un grado de compromiso que va bastante más allá de lo que la evidencia justifica. Dudo de esta afirmación, pero no soy un sociólogo ni hijo de ninguno, de manera que dejo este asunto a otros. Sin embargo, de lo que estoy seguro, es que esta afirmación se aplica a la mayoría de los defensores de la evolución. Mi punto aquí no versa sobre la evidencia empírica a favor de la evolución. Pienso que esta evidencia es bastante exigua. Pero en ningún caso, aun si concedemos, en aras del argumento, que hay una porción decente de evidencia concluyente a su favor, el grado de certidumbre que se reclama para ella, junto con la generalizada actitud hacia los creacionistas, va mucho más allá de lo que concede solo la evidencia. ¿Qué es lo que pasa aquí? Por lo menos dos cosas.

Primera: la autoridad monolítica de la ciencia, combinada con la creencia de que el creacionismo especial es una religión y no una ciencia, da a entender que la evolución es la única visión de los orígenes que puede reclamar el respaldo de la razón. En nuestra cultura sensata, la ciencia y solo la ciencia tiene una aceptación intelectual irrestricta. En las noticias vespertinas, cuando un científico hace un pronunciamiento sobre qué causa la obesidad, el crimen, o cualquier otra cosa, se considera que habla ex cátedra. ¿Cuándo fue la última vez que usted vio un filósofo, un teólogo o un profesor de humanidades consultado como un líder intelectual de la cultura? Todas las creencias supuestamente extracientíficas tienen que irse al fondo del autobús y son relegadas al nivel de opinión privada y subjetiva.

Ahora bien, si dos teorías científicas compiten por la lealtad [de la gente], entonces la mayoría de los intelectuales, por lo menos en principio, estarían abiertos a la evidencia relativa al tema en cuestión. ¿Pero qué ocurre si una teoría rival tiene carácter científico y la otra no se considera en absoluto una teoría científica? Si abandonamos la teoría científica a favor de la no científica, entonces, dada la hegemonía intelectual de la ciencia, esto equivale a abandonar la razón en sí misma. Si podemos trazar una línea de demarcación entre la ciencia y lo que no es ciencia, un conjunto de condiciones necesarias y suficientes que dan forma a una definición de la ciencia, entonces el debate creación-evolución se convierte en una controversia que opone la razón contra una creencia y una opinión puramente subjetivas. En el infame juicio contra la ciencia de la creación en Little Rock, Arkansas, en diciembre de 1981, la ciencia de la creación fue excluida de las escuelas públicas, no debido a la debilidad de la evidencia en su favor, sino porque se la juzgó religión antes que ciencia. Hoy, en el estado de California usted no puede discutir las teorías creacionistas en una clase de ciencias por la misma razón.

El espacio impide presentar las razones del por qué casi todos los filósofos de la ciencia, tanto ateos como cristianos, concuerdan en que la ciencia de la creación es por lo menos una ciencia y no un punto de vista religioso, con independencia de lo que se diga sobre la evidencia empírica a favor o en contra de ella.[1] Basta decir que los naturalistas filosóficos tienen ahora el control de quién fija las reglas de lo que cuenta como ciencia. La conclusión es esta: El naturalismo filosófico se utiliza para argumentar tanto que la evolución es ciencia como que la ciencia de la creación es religión, y que la razón se debe identificar con la ciencia. Por consiguiente, la evidencia empírica a favor o en contra de la evolución no es justo el asunto cuando se trata de explicar por qué tantos le brindan a la teoría una fidelidad irrestricta.

Hay un segundo motivo para la actual super-creencia en la evolución: Ésta funciona como un mito para los secularistas. Por mito no quiero decir algo falso, aunque creo que la evolución es eso, sino más bien una historia de quiénes somos y cómo llegamos aquí que sirve como una guía para la vida. El evolucionista Richard Dawkins dice que la evolución hizo que el mundo fuera seguro para los ateos porque supuestamente suprimió el argumento del diseño a favor de la existencia de Dios. En la escuela de grado tuve una vez un profesor que decía que la evolución era un punto de vista que él aceptaba de manera religiosa, porque ella implicaba que él podía hacer lo que quisiera. ¿Por qué? El profesor continuó diciendo que, dado que no hay Dios y que llegamos aquí gracias a la evolución, no hay un propósito fijo para la

[1] He presentado estos argumentos en *The Creation Hypothesis* (InterVarsity Press, Downers Grove, Ill., 1994) y en *Christianity and Nature of Science* (Grand Rapids; Baker, 1989).

vida que se nos haya dado, ni un bien ni un mal objetivos, ni un castigo después de la muerte, de manera que podía vivir para si mismo en esta vida de la manera que él quisiera. El asesino en serie Jeffrey Dahmer hizo la misma declaración en la televisión nacional. Dahmer dijo que la evolución naturalista implicaba que todos habíamos salido del polvo y al polvo volveríamos. Así que ¿por qué resistiría él las profundas tendencias de matar que sentía, dado que no tenemos un propósito ni un valor objetivo y que no hay castigo después de la muerte? No planteo aquí que los secularistas no puedan encontrar motivos para un propósito ni unos valores objetivos en su cosmovisión naturalista, aunque creo que ese es el caso. Solo señalo que la evolución funciona como un mito egoísta para muchos intelectuales que han hecho algo absoluto de la libertad, entendida como el derecho de hacer cualquier cosa que yo quiera. Los naturalistas filosóficos *quieren* que la evolución sea cierta porque esta provee justificación para los estilos de vida que prefieren.[2]

Por estas dos razones: la identificación de la evolución como la única opción sobre los orígenes que reclama el apoyo de la razón y la función de la evolución como un mito conveniente para un estilo de vida secular, el súper-compromiso general con la evolución no es en lo fundamental una cuestión de evidencia. Por eso la gente reacciona contra el creacionismo con odio, disgusto y animosidad, en lugar de responder a los argumentos creacionistas no solo con calma, sino con argumentos contrarios, dispuestos a aceptar nuevas ideas. Esta situación es trágica, porque ha producido una jerga cultural en la que se sostiene que el naturalismo filosófico es nuestra fuente de autoridad cultural, protegido de una crítica y un escrutinio intelectual serios.

Para los cristianos, hay una lección que aprender de todo esto y una aplicación que se debe seguir. La lección es esta: El debate sobre creación y evolución no es en lo fundamental uno sobre cómo interpretar ciertos pasajes de Génesis, aunque incluye eso. Antes bien, trata en lo fundamental sobre lo adecuado del naturalismo filosófico como una concepción del mundo y la hegemonía de la ciencia como una autoridad cognitiva que relega la religión a la opinión privada y una fe apriorística. La aplicación es esta: Los creyentes se deben a sí mismos y a la Iglesia leer obras que presenten una alternativa bien razonada a la evolución y mantenerse vigilantes sobre las más amplias implicaciones de tomar la evolución teísta como una vía media.

[2]Thomas Nagel, *The Last Word* (Oxford University Press, New York, 1997), 130-31.

RESPUESTA A PAUL NELSON Y JOHN MARK REYNOLDS

Vern S. Poythress

El ensayo del Dr. Nelson y el Dr. Reynolds hace cierto número de valiosas proposiciones. Pone énfasis en estar abiertos a una variedad de modelos científicos. Advierte contra dejarse arrastrar por presupuestos naturalistas y excluir otro tipo de explicaciones. Nos llama a hacer justicia a las enseñanzas de la Biblia, y a no asumir solo que se debe reinterpretar la Biblia en lugar de la ciencia, cuando las dos parezcan entrar en conflicto. Este admite ingenuamente que las actuales teorías de la «Tierra joven» no son tan atractivas científicamente como la aproximación de una «Tierra vieja». Todo esto es útil.

La mayor debilidad del ensayo, sin embargo, reside en lo breve que de hecho discute la Biblia. Se necesita más discusión sobre esto, pues es crucial que los teóricos de la Tierra joven comprueben si la Biblia apoya de manera inequívoca una Tierra joven. En particular, el tema central de cómo interpretar la Biblia necesita una discusión más amplia. En su brevedad el ensayo tiende a polarizar la interpretación en dos alternativas. De acuerdo con la interpretación «mitológica», el texto adelanta alguna verdad teológica pero sin una historia real, factual, que las respalde. Por contraste, en la «interpretación natural», el texto habla de manera directa sobre lo que ocurrió en realidad. Es desafortunado, pero esta idea de la interpretación natural no distingue dos enfoques por completo diferentes: la interpretación gramatical-histórica, en la que se presta una detenida atención a los significados reales de la Biblia dentro del antiguo Cercano Oriente, y la interpretación ingenua-moderna, en la que se lee el texto solo en el contexto de la propia vida y el mundo modernos.

En el contexto del antiguo Cercano Oriente, los pasajes de Génesis 1—11 describen eventos reales. Estos no son mitos. Pero Dios está interesado, en lo fundamental, en atacar el politeísmo y los mitos paganos. Nos ha ahorrado los detalles técnicos que los israelitas no necesitaban conocer y no hubieran comprendido.

Considere una ilustración. El ensayo dice que «la Biblia parece respaldar una tierra estática en la lectura más natural del texto». Esta supuesta «lectura natural» es de hecho una *falsa lectura* de la verdadera intención del texto. El lenguaje de la Biblia respecto a que la tierra no se mueve (p.ej.: Salmo 93:1) es un lenguaje «fenomenológico», el lenguaje de las apariencias. Este describe lo que cualquier ser humano puede ver: la tierra permanece sólidamente debajo de los pies. ¡Sólo mire debajo de usted! El Salmo 93:1 es una afirmación verdadera, pero se malinterpreta cuando nos imaginamos que Dios provee a los israelitas un fundamento técnico a favor de un modelo científico-teórico del sistema solar.

Durante mucho tiempo cuidadosos intérpretes de la Biblia han reconocido lo *ordinario* de las descripciones de Dios del mundo creado. En 1554 Juan Calvino dijo de Génesis 1:14: «Se debe recordar, que Moisés no habla con exactitud filosófica de misterios [secretos] ocultos, sino que relata esas cosas que se observan en todas partes, aun por los no cultivados, y que son de uso común».[1] Bernard Ramm en *The Christian View of Science and Scripture* discute extensamente el mismo tema.[2]

Cuando tomamos en cuenta íntegramente el carácter del lenguaje bíblico, el supuesto apoyo bíblico para una Tierra joven se hace cuestionable. Por ejemplo, al sumar las fechas de las genealogías de Génesis 5 y 11 podemos obtener un estimado de la fecha de la creación. Pero se conoce bien que las genealogías de la Biblia pueden contener brechas (p.ej., Mateo 1:1-16). De esa manera, la Biblia no nos dice que podemos obtener una fecha exacta para la creación por medio de una simple adición.

Considere a continuación el relato bíblico del Diluvio en Génesis 7:17-24. Una atinada interpretación muestra que el texto describe acontecimientos reales y un persona real, Noé. Esto no es un mito,

[1]John Calvin, *Commentaries on the First Book of Moses Called Genesis* (Eerdmans, Grand Rapids, n.d.), 1:84.

[2]Bernard Ramm, *The Christian View of Science and Scripture* (Eerdmans, Grand Rapids, 1954, 65-80.

pero el texto describe las cosas como estas aparecerían ante un observador humano como Noé. Todas las cosas, al alcance de la observación humana estaban cubiertas de agua, y todos los animales dentro de ese ámbito murieron.

«Tanto crecieron las aguas, que cubrieron las montañas más altas que hay debajo de los cielos» (Génesis 7:19). El lector inclinado a la interpretación ingenua-moderna se apresura a concluir que el agua debe haber cubierto todo el globo. Pero note la palabra «debajo». Desde el punto de vista del lenguaje moderno astronómico *técnico* el globo de la tierra no está «debajo' del espacio, sino dentro de él. La palabra «debajo» en Génesis 7:19 confirma el carácter ordinario del lenguaje bíblico.

¿Qué enseña entonces en realidad el pasaje? La descripción habla de lo que Noé pudo haber visto. El cielo está encima de él. Todas las montañas están cubiertas con las «aguas». ¿Eran todas las «aguas» líquidas, o algunas tomaban la forma de nieve o hielo sobre las elevadas montañas? Dios no nos proporciona detalles técnicos, porque el propósito en que se centra el pasaje es la universalidad del juicio divino, dentro del ámbito que Noé podía ver. La Biblia no dice si el Diluvio abarcó el mundo entero.[3]

También hay que mirar con cuidado a la descripción de Dios de la Creación en Génesis 1—2. Muchos lectores modernos sacan de forma ingenua la conclusión que los actos de creación tienen que haber tomado seis días de veinticuatro horas. Pero una cuidadosa interpretación histórico-gramatical nos lleva en otra dirección. Una descripción técnico-científica del ritmo y los mecanismos de ésta no es el foco primario de Génesis 1—2. Si queremos no obstante buscar indicios concernientes al ritmo exacto [de la creación], nos metemos en dificultades, como ha mostrado Meredith G. Kline.[4]

Primero: el séptimo día, el día del descanso de Dios (Génesis 2:2-3), dura para siempre. Aunque Dios continúe actuando en la Providencia y la salvación, sus actos de *creación* han terminado para siempre. Pero si el séptimo día representa el eterno descanso de Dios, los otros seis días también son días de Dios, no simplemente nuestros; no podemos deducir de manera ingenua que tienen que ser días de veinticuatro horas. Segundo: al crear el Jardín de Edén, Dios hizo que los

[3]Las aguas cubrieron la «tierra» y la «tierra seca»; esto es, lo que Noé percibía debajo de sus pies. En el pasaje no aparece ninguna palabra que corresponda a nuestro concepto teórico del «globo terráqueo».

[4]Meredith G. Kline, «Space and Time in the Genesis Cosmogony», *Perspectives on Science and Christian Faith* 48 (1996): 2-15.

árboles crecieran (Génesis 2:9). El lenguaje específico no indica creación momentánea, sino más bien un proceso de crecimiento. La labor agrícola de Dios al crear el Jardín es un fundamento y un modelo para el trabajo agrícola del hombre (Génesis 2:15; 3:17-19). Pero el modelo es análogo, antes que idéntico, al trabajo del hombre. ¿Qué tiempo requiere éste? Para un hombre demandaría años. ¿Procede Dios mediante la misma escala de tiempo o una escala diferente? El texto no responde. De manera similar, la semana de trabajo y descanso de Dios en Génesis 1:1—2:3 es un modelo análogo, antes que idéntico, a la semana del hombre (Éxodo 20:11). No podemos calcular con seguridad la duración. Por último, Dios hizo los cuerpos celestiales el cuarto día «para que sirvan como señales de las estaciones, de los días y de los años» (Génesis 1:14). Estos cuerpos son una especie de marcas o patrones de forma para que los seres humanos puedan identificar los días y los años. No ganamos nada si tratamos de calcular la duración de los días con independencia de estos patrones. Tratar de darle una medida de tiempo a los primeros tres días ignora la propia provisión de Dios para nosotros. En su lugar, deberíamos tomar Génesis 1:14 con seriedad. El papel del Sol gobernando el día (Génesis 1:16) debía hacer que nos preguntáramos sobre los primeros tres días. Esto sugiere que el arreglo de las acciones de Génesis 1 puede que sea en parte tópico y no puramente cronológico.[5]

Entonces, en realidad, varios indicios en el propio texto nos muestran que Génesis 1 provee un marco de siete días para la acción de Dios sobre la base de la acción humana. Pero los detalles nos alertan para no postular una identidad, sino una analogía, entre los días de Dios y los nuestros.

Algunos problemas menores con el ensayo de Nelson y Reynolds merecen una mención. Como los otros dos ensayos, este ensayo tampoco alcanza claridad teológica sobre lo que significa para Dios actuar «directo». En cierto sentido, Dios hace crecer la hierba de manera directa (Salmo 104:14), como explico en mis otras dos respuestas. Debemos guardarnos de pensar que la acción de Dios está limitada a lo que es excepcional, o que *solo* los eventos excepcionales proveen evidencia de Su presencia.[6]

[5]Vea también David Sterchi, «Does Genesis 1 Provide a Chronological Sequence?» *Journal of the Evangelical Theological Society* 39 (1996): 429-536.

[6]Romanos 1:18-20 y Hechos 14: 15-17 indican que toda forma de gobierno de Dios sobre el mundo, no meramente un acto excepcional sorpresivo, deja, como dicen Nelson y Reynolds, una «prueba inequívoca de su existencia».

El ensayo espera días mejores para las teorías científicas de la «Tierra joven». Por supuesto, tal curso de los acontecimientos es siempre posible en teoría. Pero la gente ha estado trabajando en las teorías del diluvio de la Tierra joven por lo menos desde el siglo XVIII,[7] y si acaso, la situación se ha complicado mucho más con los avances de la astronomía y la geología (incluyendo el fechado radioactivo y la tectónica de las placas).

[7]Davis A. Young. *The Biblical Flood; A Case Study in the Church's Response to Extrabiblical Evidence* (Eerdmans, Grand Rapids, 1995).

CONCLUSIÓN

Paul Nelson y John Mark Reynolds

> De los hechos enumerados arriba está claro que ciertos peces arriban a la existencia de forma espontánea; no se derivan de huevos ni de la cópula. Todos esos peces, como no son ni ovíparos ni vivíparos, surgen ya sea del barro o de la arena y de materia en descomposición que emerge por consiguiente como escoria; por ejemplo, la llamada espuma de la larva pequeña sale del suelo arenoso.[1]

Los lectores modernos encuentran divertida esta cita de Aristóteles. ¿Cómo podía alguien creer tales cosas? La gran mayoría de los pensadores, sin embargo, concordaba con Aristóteles. La generación espontánea parecía ajustarse a los hechos. Sugerir otra cosa era invitar al ridículo. Teólogos como Alberto Magno, incorporaron con cuidado esas ideas en su teología.[2] Francis Bacon, considerado a menudo como alguien decisivo para el desarrollo de la experimentación en la ciencia, aceptó el concepto en su *Novum Organum.*[3] El propio Aristóteles relacionó veintenas de ejemplos de la Naturaleza para apoyar su punto de vista. Tan temprano como en el siglo XVII, pese a datos experimentales en contra, no fue hasta la obra de Louis Pasteur que por fin se abandonaron esas ideas.[4]

[1]Aristotle, *History of the Animals*, en *The Complete Works of Aristotle*, ed. Jonathan Barnes (Princeton: Princeton University Press, 1991), 569a10.

[2]A. C. Crombie, *Medieval and Early Modern Science* (Cambridge: Harvard University Press, 1963), 1:154.

[3]Francis Bacon, *Novum Organum*, trans. y ed. Peter Urbach y John Gibson (Chicago: Open Court, 1996), 160.

[4]Urbach y Gibson señalan que al menos (p. 160) la generación espontánea de los insectos había sido desechada por Francesco Redi en el siglo XVII. Parece que los científicos solo siguieron buscando otros candidatos para la generación espontánea. La idea estaba en sí misma tan profundamente enraizada que tuvo una muerte lenta.

Por supuesto, todo el mundo ahora está de acuerdo en que esta «verdad» científica es falsa. Hasta estamos tentados a decir que era obviamente falsa, y que solo un tipo perverso de ceguera intelectual impidió que la gente viera que eso era así. En aquel tiempo, sin embargo, un compromiso irracional con lo que «parecía ser así» impidió los necesarios cambios en la forma de pensar. Las revoluciones en el pensamiento llegan despacio, a veces demasiado despacio. Siempre es más seguro estar de acuerdo con el espíritu de la época. Pero eso no siempre es lo mejor.

Al mismo tiempo, también es importante recordar que curanderos y lunáticos a menudo se imaginan que están al borde de una «revolución» de las ideas. «Si solo la mayoría escuchara», dice el dueño de las reliquias del «patas grandes» o de pedazos del arca de Noé, «todo estaría claro para ellos». Pero por supuesto no hay tiempo ni motivos suficientes para que la cultura escuche a esas almas embaucadas. Están al margen y es una señal de salud en la cultura académica que éstas permanezcan al margen. Las culturas decadentes muestran a menudo un insano interés por esos comentarios al margen.[5]

Este es un problema que preocupa a cualquier creacionista de la Tierra joven consciente. ¿Están ellos al borde de una nueva comprensión de las cosas? ¿Son ellos revolucionarios que luchan por un mundo mejor? ¿O son miembros certificados de la algarabía intelectual? Por supuesto, la reacción de la cultura no puede darnos la respuesta. Los verdaderos innovadores a veces son ridiculizados o algo peor, pero también lo son los verdaderos lunáticos. La clave es determinar quién se ajusta a cual categoría.

Nosotros dos estamos seguros de que el problema no se puede resolver por medio de una simple evaluación de las pruebas. El caso más plausible en cualquier momento normalmente será el propuesto por las instituciones. En nuestra propia era las instituciones se sienten más cómodas con el naturalismo y sus parientes filosóficos. Miles de científicos, teólogos y filósofos, con el casi absoluto respaldo de aparato cultural occidental, se han pasado los últimos cien años acumulando datos filtrados a través de este punto de vista. Con esto no se propone postular una gran conspiración ni echar a la basura a los académicos profesionales. Solo aceptamos el dicho común: «Las ideas tienen consecuencias. Estas ideas dan forma a lo que la gente ve». Cuando la gente creía que las mujeres no eran, en palabras de Dorothy Sayers,

[5]Uno piensa en el interés por lo paranormal en la sociedad rusa antes del desastre de 1917.

«completamente humanas», todo tipo de datos se interpretaban como que se ajustaban a esa idea. Más adelante, cuando la actitud comenzó a cambiar, la evidencia no cambió y se acumuló toda pequeña evidencia nueva, pero la interpretación de la evidencia claro que sí cambió.

Creemos que hay por lo menos tres buenos motivos para tomar en serio al creacionismo de la Tierra joven y para no relegarlo al mismo estante de las especulaciones sobre la ciudad perdida de la Atlántida. Primero: el creacionismo de la Tierra joven ha crecido y se ha desarrollado intelectualmente con el tiempo. Sólo se necesita comparar obras primordiales tales como *The Genesis Flood* («El Diluvio de Génesis»), publicada en 1961, con trabajos que proceden de la última Conferencia Internacional sobre Creacionismo (*International Conference on Creationism*) de 1998. Estos trabajos manifiestan un gran incremento de la sofisticación y el rigor de los argumentos que se despliegan. Si el creacionismo de la Tierra joven fuera una seudociencia, es la única de la cual sabemos que ha crecido de esta manera. Por lo común una seudociencia la inicia una persona más o menos creíble. Él o ella escribe un libro que explica la «nueva ciencia». A partir de ese momento, se despliegan versiones de moda baratas de la «nueva ciencia». Los discípulos rara vez superan al maestro. Por supuesto, en la ciencia real *todos* los estudiantes superan al maestro en términos de la edificación del conocimiento. El mismo proceso se puede observar en el creacionismo de la Tierra joven mientras este madura. Kurt Wise, un paleontólogo educado en Harvard con concepciones de la Tierra joven, tiene un conocimiento más sólido del registro geológico contemporáneo que muchos de sus críticos de la Tierra vieja.[6]

Segundo: el creacionismo de la Tierra joven ha sido la concepción predominante en la Iglesia tradicional. Esto no lo hace verdadero, pero estamos preocupados con las nuevas lecturas del texto que se ajustan de manera conveniente al «espíritu de la época» (*Zeitgeist*). Una Biblia escrita por Dios de manera que solo pueden comprender por entero su mensaje los lectores modernos nos parece inaceptable. Los Padres del primer siglo en adelante hacen suya de manera abrumadora una visión de la Tierra joven y de un diluvio universal. Los creyentes católicos y ortodoxos, que constituyen más de dos tercios de la cristiandad, toman muy en serio esta tradición. Descartar simplemente los puntos de vista de los Padres no es una opción para ningún cristiano consciente.[7]

[6]Vea Kurt Wise, «The Origen of Life's Major Groups», en *The Creation Hypothesis*, ed. J, P. Moreland (InterVarsity Press, Downers Grove, Ill., 1994), un libro espléndido.

[7]Solo hace falta notar el gran interés de católicos, ortodoxos, y círculos protestantes en el Nuevo *Ancient Christian Commentary on Scripture* (InterVarsity Press, Downers Grove, Ill., 1988).

También somos bastante escépticos con respecto a muchas de las suposiciones naturalistas que están detrás de cierta erudición bíblica.[8] Puede que pasen décadas después que crezca la ciencia no naturalista antes que la propia teología quede libre de las ataduras del naturalismo.

Tercero: el creacionismo de la Tierra joven es intelectualmente emocionante. Ya tiene alguna evidencia empírica que está a su favor[9] y un programa potencial de investigaciones emocionante. Por ejemplo, en los *Proceedings of the International Conference on Creationism*, seis científicos, todos con grados académicos relevantes, presentaron un trabajo titulado: «*Catastrophic Plate Tectonics: A Global Flood Modelo of Earth History*» (*Catastrófica tectónica de las placas: un modelo del diluvio universal en la historia de la Tierra*). Este trabajo provee una vía teórica nueva para comprender el diluvio de Noé y su impacto sobre el registro geológico. Resuelve muchos problemas, mientras provee un amplísimo espacio para nuevas investigaciones. Lo importante no es que esta teoría particular tenga éxito. Lo esencial es que *ahora se puede hacer ciencia buena e interesante en el marco de un creacionismo de la Tierra joven*. Creemos que con solo estas razones es suficiente para permitir que una persona se llame a sí misma provisionalmente partidaria de la «Tierra joven». Por supuesto, como cualquier otra persona sensata, esta debe permanecer también receptiva ante otras posibilidades. Esta actitud abierta no es incompatible con asumir un método particular de pensamiento e investigación.

Nuestros críticos han formulado muchas buenas preguntas sobre áreas científicas y teológicas específicas. Ellos se merecen respuestas juiciosas. No obstante, con toda intención hemos decidido abstenernos de tratar esos detalles en estas conclusiones, con todo lo importante que ellos puedan ser. Primero: el creacionismo de la Tierra joven está por lo general subdesarrollado. No está listo para una discusión específica como esa. Segundo: creemos que ello nos distraería de la cuestión principal. *Estamos de acuerdo con quienes nos responden sobre el tema filosófico esencial. Si triunfa una filosofía abierta de la ciencia, y se le permite a los creacionistas de la Tierra joven realizar sus investigaciones como miembros plenos del estamento académico, habremos ganado el punto crítico*. Los detalles de Génesis y la cronología bíblica son

[8]Vea Eta Linnemann, *Historical Criticism of the Bible: Methodology or Ideology?*, trans. Robert W. Yarbrough (Baker, Grand Rapids, 1990).

[9]Vea la colección de *Proceedings of the international Conference on Creationism*. Estos volúmenes son una rica fuente de argumentos específicos. Los trabajos son a veces desiguales en calidad, en especial en las primeras dos conferencias, pero muestran que el movimiento crece y progresa.

importantes, pero menos importantes que este hecho singular: Si el teísmo es cierto, cualquier filosofía razonable de la ciencia tiene que estar abierta a un Dios que obra de formas detectables para la ciencia.

En muchos casos, los creacionistas de la Tierra joven necesitarán décadas de concienzuda investigación solo para comenzar a aprehender una nueva manera de ver la montaña de datos actuales. A veces los escépticos del creacionismo de la Tierra joven reclaman que nosotros también hemos tenido siglos para trabajar sobre estos problemas; pero esto es falso. El creacionismo de la Tierra joven no respondió a los desafíos geológicos iniciales (anteriores a Darwin) ni a los biológicos (posteriores a Darwin). Con la llegada de cada reto casi todos los científicos, filósofos y teólogos de importancia «cambiaron de bando». Esto se debió en parte a un compromiso con la metodología naturalista, que hacía preferible cualquier respuesta no sobrenatural a una teísta, aun para los creyentes. *El problema era filosófico* y no solo una cuestión de «evidencias».

Científicos como Michel Behe en *Darwin's Black Box*[10] (*La caja negra de Darwin*) comienzan a demostrar que el naturalismo filosófico puede que retrase el avance de la ciencia. En la biología y la psicología, puede ser que las ideas antiguas del siglo XIX sean reconocidas al final como que retardan el progreso en lugar de beneficiarlo. Filósofos como William Dembski desarrollan nuevas maneras de comprender el diseño. Su libro *The Design Inference*[11] (*La interferencia de diseño*) es un libro explosivo en esta área. Estas formas revolucionarias de pensar pueden ayudar a liberar la biología y la psicología. Es demasiado temprano para saberlo, pero las señales son prometedoras. La alternativa es jugar al seguro y permitir que errores pasados detengan el crecimiento intelectual. La ciencia, la filosofía, y la teología no pueden crecer por ese conservadurismo demasiado rígido. El casi obsesivo temor de un argumento del Dios-de-las-brechas en algunos pensadores religiosos es una manifestación de esa timidez intelectual.

Cualquiera que sea la verdad sobre el asunto con respecto a la historia bíblica, somos, quizás de todas las épocas, los que tenemos menos probabilidades de encontrarla. Nada en la educación de los más modernos los deja dispuestos a simpatizar con las lecturas tradicionales del texto bíblico. El cristiano tradicional enfrenta la exigencia intelectual de «armonizar» su fe pasada de moda con las exigencias de una cultura clavada con firmeza en la dirección opuesta. La casi abrumadora tentación

10Michael Behe, *Darwin's Black Box* (Nueva York; Free Press, 1996).

11William Dembski, [The Design Inference: Eliminating Chance Through Small Probabilities, Cambridge University Press, 1998).

es de «podar» el texto. De pronto se descubren nuevas maneras de leer el texto de las Escrituras, que para sorpresa de nadie permiten la acomodación entre por lo menos alguno de los paradigmas imperantes y la religión tradicional. Sospechamos de esos descubrimientos fáciles.

Por lo tanto, nuestro consejo es dejar los temas de la cronología y la historia bíblica para un período de más cordura. Los cristianos deben unirse en la empresa de sacar de raíz el tedioso e infructuoso apretón del naturalismo, metodológico o de cualquier otra clase, sobre la enseñanza. En este momento de la Historia no necesitamos preocuparnos por las diferencias sobre esos temas entre los que abogan por un diseño inteligente. Los que han revisado nuestro ensayo no se sienten cómodos con el creacionismo de la Tierra joven en su actual estado de desarrollo. No los culpamos de esta inconformidad. Parecen dispuestos a concederle una oportunidad para elaborar una teoría más robusta a los «terrícolas jóvenes» decididos a hacer el intento. Estamos agradecidos por su tolerancia. Nuestras coincidencias con quienes revisaron nuestro ensayo superan ampliamente la importancia de nuestras diferencias.

Es obvio que una persona en general comprometida con una comprensión tradicional del cristianismo pueda ser partidaria de la «Tierra vieja». Las personas interesadas en los argumentos de ambas partes de este tema pueden acudir a los libros relacionados abajo en las notas al pie y la bibliografía. Nuestros desacuerdos sobre estos puntos no deben distraernos del tópico principal. El naturalismo filosófico retrasa la ciencia, la filosofía y la teología. A los dos nos parece que quienes revisaron nuestro ensayo están coincidieron en hallar tal situación intolerable. *Fracasar a la hora de unirnos con esa gente de buena voluntad en la embestida contra el naturalismo no solo sería injustificable, sino estúpido; sería una traición intelectual.* No hay una oportunidad razonable de que una sociedad casada a la fuerza con el naturalismo se interese por el proyecto de la Tierra joven. Cuando el clima intelectual sea diferente, habrá llegado el momento de explorar estos importantes temas.

La cuestión clave es oponerse a cualquier tipo de intento de acomodar el teísmo al naturalismo. El «naturalismo teísta» que resulta de ello es impotente en lo intelectual y marginal en lo cultural. Este imita el lenguaje tanto de la religión tradicional como de la ciencia. Crea su propio lenguaje, al descubrir nuevos significados en viejas palabras. Crea un vocabulario nuevo por completo y demasiado elaborado cuando el lenguaje corriente amenaza ser demasiado claro. Por lo general, éste sirve como un subterfugio para personas que confunden el excesivo conservadurismo intelectual con el pensamiento riguroso.

Los evolucionistas teístas tienen poco o ningún poder intelectual. Ellos no dan forma a la discusión. Por lo general solo se les invita a hablar como una suerte de portavoces religiosos «seguros». Su aparición en eventos que por otra parte son casi seculares adormece a la comunidad religiosa con un sueño intelectual satisfecho.

Los llamados a encontrar la acción de Dios en las «capacidades creadoras» de un mundo natural que evoluciona, solo cuentan con un nuevo vocabulario. La médula de su llamado no es nueva. De muchas maneras, esos escritos más sofisticados son un eco del consejo dado en un pequeño libro escrito por un ministro presbiteriano a principios de este siglo. Él pedía de forma encarecida «alguna ayuda inteligente y compasiva que salve la brecha entre la Ciencia del Profesor y la religión de la madre». ¿Cuál es la respuesta? Es comprender que la evolución no es el enemigo. Él advierte: «He vagado en el laberinto de la Evolución y he disfrutado algo de la emoción de sus inmensas distancias e infinitas dimensiones, y todavía he conservado mi fe en el Dios del primer capítulo de Génesis». Él ve la mano de Dios en la obra de la evolución y en su compendio entrega el siguiente poema a sus lectores:

Un vaho de fuego y un planeta
Un cristal y una célula
Y una medusa y un saurio
Y cuevas donde habitan los hombres de las cavernas
Entonces un sentido de la ley y la belleza,
Y un rostro que sale del terruño:
Algunos lo llaman Evolución
Y otros lo llaman Dios.

Cualesquiera que sean los méritos de este poema como literatura, es un fracaso absoluto como sugerencia intelectual. La cultura reconoce que cualesquiera dos posiciones, con suficiente habilidad verbal, pueden hacerse más o menos compatibles. La cuestión es: ¿Qué visión es más plausible, dadas las cosas en que creemos? Si el naturalismo es la forma en que el mundo trabaja, y produce la metodología que puede responder todas las grandes interrogantes, entonces el naturalismo saldrá airoso. Quizás sea eso combinado con un teísmo cauteloso lo que pueda hacerse por lógica compatible con el triunfo del naturalismo metodológico, pero la mayoría de las personas se apartarán con sensatez. La cultura académica y popular conservaron al Profesor de Ciencia y tristemente desecharon a la «Madre» religión. Esa es la manera exacta en que piensa la gente sensata. Por lo tanto, cualquiera que sea su visión de Génesis, el cristiano tradicional tiene que abrazar un teísmo plausible y robusto que se atreva a probar sus pretensiones contra la ciencia y la Historia. Creemos que Phillip E. Johnson ha sido instrumental en la creación de una nueva manera de observar la antigua religión y el programa de ciencias. Esta útil visión une a los religiosos tradicionales; no los divide. Es nuestra esperanza que los creacionistas de la Tierra vieja y la joven puedan dejar de lado sus diferencias y poner en práctica esa visión.

2

CREACIONISMO PROGRESIVO

Robert C. Newman

CREACIONISMO PROGRESIVO

(«Creacionismo de la Tierra vieja»)

Robert C. Newman

1. POSICIÓN GENERAL

Posición personal sobre la controversia Creación-Evolución

Mi posición en la controversia creación-evolución es que soy un creacionista de la Tierra vieja. Como creacionista de la *Tierra vieja* entiendo que la tierra y el universo fueron creados mucho más que unos cuantos miles de años atrás, como ha sido la creencia tradicional entre los cristianos. Pienso más bien que la Tierra tiene unos cuatro o cinco mil millones de años y el universo de diez a veinte mil millones de años.

Como un *creacionista* de la Tierra vieja creo que una evolución sin guía no es capaz de producir los rasgos que vemos en nuestro universo, ni el propio universo, la vida, su variedad actual, ni la Humanidad. Tampoco pienso que la evolución guiada por Dios es la vía que Dios escogiera para crear, al menos no para producir las diferencias a gran escala entre los distintos planetas y animales, ni para hacer a los seres humanos. Presumo que Dios es capaz de crear cualesquiera de las cosas que vemos ya sea por medio de milagros en solo unos días (¡incluso en un instante!) o guiando procesos del todo naturales durante un largo período de tiempo. Pero no creo que la evidencia bíblica o científica que tenemos sugieran que Él utiliza cualquiera de estos medios exclusivamente. En lugar de eso, me parece que Dios utiliza alguna combinación de intervención sobrenatural y guía providencial para construir el universo. Quizás hizo esto para que el universo fuera de ese tipo como para mostrar una estructura y un diseño que sobrepasara en mucho sus capacidades originales, enviándonos de ese modo un mensaje sobre la existencia y el carácter de nuestro Creador (Salmo 19:1-4; 1-4; Romanos 1:19-20).

A esta posición de la Tierra vieja se le llama a veces también «creacionismo progresivo». Esto no es porque nosotros pensemos que somos progresistas mientras los creacionistas de la Tierra joven serían «reaccionarios». (Nunca debemos menospreciar a las personas por tratar de mantenerse firmes en lo que entienden que Dios ha dicho.) Antes bien, es porque pensamos que la actividad de Dios en la creación fue *progresiva*; cierto número de pasos durante un largo período de tiempo en el cual Dios estableció y perfeccionó cada nivel del medio ambiente antes de añadir un nivel superior que descansara (por así decirlo) sobre los niveles precedentes.

Hay cierto número de variantes del creacionismo de la Tierra vieja, justo como hay variantes del creacionismo de la Tierra joven y la evolución teísta. Un tipo de posición intermedia entre la Tierra vieja y la Tierra joven es la «teoría de la brecha», que ve la creación original de Dios del universo y la tierra (tomando en cuenta las edades) mencionadas en Génesis 1:1 («En el principio creó Dios los cielos y la tierra»), seguidas por la destrucción del hábitat terrestre (quizás debido a la rebelión de Satanás) en Génesis 1:2 («la tierra estaba (o posiblemente se volvió) desordenada y vacía»). El resto del relato del Génesis describe entonces la restauración de la tierra solo hace unos cuantos miles de años en seis días literales. En este punto de vista, popularizado en la vieja *Scofield Referente Bible*, los geólogos miran la creación original y Génesis mira hacia la restauración.

No obstante, la mayoría de las variedades del creacionismo de la Tierra vieja, consideran que el relato de Génesis y los datos de la cosmología y la geología se refieren a los mismos acontecimientos: la creación del universo, la tierra y sus contenidos. Las variantes dentro de esta posición por lo común conciernen a cómo se deben entender los días de Génesis: ¿Son ellos largos períodos de tiempo (el asunto de los días-épocas), o son los días un recurso literario antes que una verdadera secuencia cronológica (la hipótesis del marco de trabajo)? Cada uno de estos puntos de vista tiene sub-variantes con diferentes correlaciones entre los elementos del texto bíblico y los fenómenos de la Naturaleza, incluyendo la cuestión de la unidad y la antigüedad de la raza humana.

Entre algunos de los proponentes de algún que otro de estos esquemas creacionistas de la Tierra vieja están incluidos los teólogos

Charles Hodge, Bernard Ramm, y Wayne Grudem; los abogados William Jennings Bryan y Phillip Johnson; los geólogos Davis Young y Daniel Wonderly; el biólogo Pattle Pun; el químico Russell Maatman; el físico Alan Hayward; los astrónomos E. W. Maunder y Hugh Ross; los especialistas en el Antiguo Testamento William Henry Green y Gleason Archer, para nombrar unos cuantos.[1]

Mi propio punto de vista es una variedad del tipo de día-intermitente.[2] Después que en el principio Dios formó los cielos y el cuerpo de la tierra, cada día sucesivo abre un nuevo período creativo; el día 1 comienza la formación de la atmósfera y el océano; el día 2, la formación de la tierra seca y la vegetación; el día 3, la oxigenación y la limpieza de la atmósfera; el día 4, la formación de los animales del aire y del mar; el día 5, los animales terrestres y los seres humanos, y el día 6, la formación de la humanidad redimida. El séptimo día (futuro todavía) inaugurará el eterno descanso sabático de Dios, con su pueblo disfrutando de los nuevos cielos y una nueva tierra.

En este tipo de esquema podemos lograr una coherencia muy buena entre el relato de la creación de Génesis y un modelo razonable para el origen de la tierra como normalmente proponen la astronomía y la geología. Al parecer se presenta la narración de manera que nosotros los lectores observemos los eventos de la Creación mientras se desarrollan a nuestro alrededor, como si estuviéramos en el nivel inferior (una vez que se haya formado el planeta), antes que imaginar que observamos todo desde algún ventajoso punto de vista desde el espacio exterior.[3] La historia transcurre de esta manera: La Tierra (con el Sol y otros planetas) fue una vez una vacía nube de gas sin forma. Mientras se contraía bajo su propia gravedad, se oscurecía por dentro (e igual para el lector, oscuro por todas partes). Entonces toda la nube comenzó a resplandecer (el observador ve luz por todas partes). El material planetario fue expulsado de la nube y se formó un planeta que rotaba,

[1]Algunas obras de los creacionistas de la Tierra vieja incluyen a Alan Hayward, *Creation and Evolution* (Bethany House, Minneapolis, 1995); Robert C. Newman y Herman J, Eckelmann, Jr., *Genesis One and the Origen of the Earth* (Downers, Grove, Ill.: InterVarsity Press, 1977; Baker, Grand Rapids, 1981; Interdisciplinary Biblical Research Institute, Hatfield, Pa., 1988); Pattle P. T. Pun, *Evolution: Nature and Scripture in Conflict?* (Zondervan, Grand Rapids, 1982); Hugh Ross, *The Fingerprint of God*, 2d ed. (Orange, Calif.: Promise, 1991); John L. Wiester, *The Genesis Connection* (Thomas Nelson, Nashville, 1983; Interdisciplinary Biblical Research Institute, Hatfield, Pa., 1992).

[2]Newman y Eckelmann, *Genesis One*.

[3]Dallas E. Cain, «Hindsight Translation of Genesis One», *IBRI Research Report* 43 (1996).

con el día del lado del Sol y la noche del otro lado (el observador ve que la luz se separa de las tinieblas, a la luz se le llama «día» y a las tinieblas «noche»). De dentro del planeta se produce la atmósfera de la Tierra, que separa sus aguas en superficie y atmósfera; las placas que conforman la corteza se mueven para formar las cuencas oceánicas y proveer tierra seca. Apareció la vida de las plantas y se removió el dióxido de carbono de la atmósfera, con lo que descendió la temperatura de la tierra, proveyendo oxígeno para la vida animal, y se aclaró el cielo de manera que el Sol, la Luna y las estrellas se hicieran visibles a un observador sobre la superficie de la Tierra. Las distintas formas de vida animal aparecieron sobre la tierra. Se creó a los seres humanos.

Esta correspondencia entre la Biblia y la ciencia sería en realidad bastante sorprendente si la Biblia fuera un simple acertijo o historias inventadas. Pero el acomodo entre ellas es solo el tipo de cosa que debemos esperar si el Dios que creó el universo estuviera también detrás de la Biblia.

Si dejamos de lado los detalles de esta exposición particular, ¿por qué pienso que algún tipo de creación de la Tierra vieja es un mejor modelo de los orígenes que el evolucionismo ateo, el evolucionismo teísta, o la creación de la Tierra joven? Mis respuestas siguen a continuación.

En contra del creacionismo de la Tierra joven, numerosas evidencias científicas sólidas (y no pocos indicios bíblicos) indican que la tierra y el universo son muy antiguos. Por ejemplo, tome la luz. Cuando observamos el cielo de noche podemos ver objetos que aparentan estar a muchos años-luz de nosotros, de manera que su luz comenzó a viajar de ellos hacia nosotros hace muchos años. La brillante estrella Sirio, por ejemplo, está a unos doce años luz de distancia, y la luz de éste que ahora vemos tiene doce años de edad. La galaxia Nebulosa de Andrómeda parece estar a unos dos millones de años luz de distancia; de manera que su luz salió hace dos millones de años. Las estrellas y quasares más distantes que podemos ver parecen estar a más de diez mil millones de años luz de distancia, lo que sugiere que el universo tiene por lo menos esa edad.

Los creacionistas de la Tierra joven han tomado varios rumbos para evadir esta conclusión. Algunos piensan que el universo es en realidad bastante pequeño, de manera que solo se necesitan unos cuantos años para que la luz lo atraviese. Otros alegan que la velocidad de la luz era mucho mayor poco después de la Creación de lo que es ahora, de manera que la luz proveniente de los objetos distantes llegó aquí enseguida. Aún otros reclaman que la luz que vemos de objetos distantes se creó en el camino, de manera que en realidad nunca hemos visto la luz procedente de objetos situados a más de unos diez mil años luz de distancia.

Todas estas respuestas parecen enfrentar abrumadores problemas.[4] Si el universo fuera en realidad tan pequeño desde el punto de vista físico, entonces todas las estrellas y galaxias bastante oscuras que vemos en nuestros telescopios también serían muy pequeñas; demasiado pequeñas para que la gravedad las mantuviera unidas a sus altas temperaturas. Si, en lugar de eso, la velocidad de la luz era casi infinita en la creación y cientos de miles de veces más veloz cuando vivía Abraham de lo que es ahora; entonces según la famosa fórmula de Einstein para la equivalencia de la masa y la energía ($E=mc^2$), el término c^2 (el propio tiempo de la velocidad de la luz) hubiera sido decenas de miles a millones de veces mayor; de manera que el Sol, al convertir un poco de su masa en energía, freiría a todo el que viviera sobre la tierra; en otro caso, si hacemos constante la energía (E), ¡entonces las masas (m) en tiempos de Abraham serían tan pequeñas que la gravedad de la tierra no habría sido capaz de mantener su atmósfera o aún a su población!

La más común de las respuestas de la Tierra joven es la tercera alternativa mencionada arriba, es decir, que la luz de las estrellas distantes se creó ya cuando estaba en camino hacia nosotros, de manera que pudimos ver de inmediato a las estrellas después que fueron creadas, aunque no haya habido tiempo para que la luz recorriera todo el camino desde ellas hasta nosotros. Pero fíjese el problema que esto provoca: cuando miramos hacia la estrella Sirio vemos lo que hacía hace doce años; cuando miramos hacia la nebulosa de Andrómeda, vemos lo que estaba haciendo hace dos millones de años si entonces hubiera existido, pero no existía, de manera que lo que vemos en realidad es una secuencia continua de eventos que nunca ocurrieron; ¡una historia ficticia! Como la mayor parte del universo está a más de diez mil años luz, la mayoría de los eventos que revela la luz llegada del espacio serían ficticios. Como la Biblia nos dice que Dios no puede mentir, prefiero interpretar la naturaleza de manera que evite poner a Dios a darnos información ficticia.

Limitaciones de espacio solo me permiten mencionar de forma breve otras pocas evidencias a favor de una tierra y un universo viejos. Alcanzamos algunas al calcular las edades tanto de las rocas terrestres como lunares (y quizás marcianas) utilizando varios procesos de

[4]Robert C. Newman, «Scientific and Religious Aspects of the Origins Debate», *Perspectives on Science and Christian Faith* 47 (195): 164-75.

descomposición radioactiva; estos ofrecen las edades de varios eventos en la historia de estas rocas que se remontan a unos cuantos miles de millones de años. Aparte de eso, tenemos grandes formaciones rocosas sobre la Tierra que ofrecen todas las pruebas de haberse derretido alguna vez, pero que no habrían tenido tiempo de enfriarse a las actuales temperaturas si la Tierra tuviera solo unos miles de años de antigüedad. De manera parecida, los cálculos de cómo envejecen las estrellas muestran que algunas de ellas son relativamente jóvenes, pero que la mayoría tiene de unos cuantos a muchos miles de millones de años de edad. Los planetas de nuestro sistema solar tienen numerosos cráteres en varios estadios de erosión, algunas veces superpuestos entre sí, lo que testifica de un período de varios miles de millones de años en el cual los meteoritos bombardearon los planetas. Todo esto apunta hacia una Tierra y un universo mucho más antiguos que unos pocos miles de años.

Aunque la Biblia no nos dice de manera explícita si la tierra es vieja o joven, cierto número de pistas bíblicas sugieren que es mayor de unos pocos miles de años y que es mucho más vieja que la raza humana. Por ejemplo, aparte del Pentateuco, el Salmo 90 es el único pasaje que nos dice que está escrito por Moisés. Y este es el mismo salmo que nos dice que Dios ve mil años como nosotros veríamos un día o aun unas cuantas horas de la noche (Salmo 90:4). El apóstol Juan nos dice que ya en el primer siglo a.C. había venido «el último tiempo» (1 Juan 2:18), ¡pero ese último tiempo ya ha durado casi dos mil años! ¿Qué tipo de escala de tiempo utilizan Moisés, Juan y Dios? ¿Algo que deja un margen para las edades en la historia de la tierra?

En el libro de Apocalipsis, el apóstol nos dice que el fin de los tiempos se presentará con un terremoto peor que cualquiera que haya ocurrido «desde que los hombres han estado sobre la tierra» (Apocalipsis 16:18), lo que suena como si hubiera habido terremotos mayores antes de la presencia de los seres humanos; esto es lo que también dice la geología. El Salmo 102:25-26 nos dice que los cielos «como una vestidura se envejecerán», lo que sugiere que han durado lo suficiente para envejecer de forma perceptible, un rasgo más característico de millones que de miles de años, dado lo que sabemos de los procesos de envejecimiento de las estrellas. Nada de esto nos da números para la edad de la Tierra, ni siquiera una *prueba* de su antigüedad, pero esto debe hacer que seamos cautos a la hora de encaramarnos en la rama de que tiene solo unos cuantos miles de años, especialmente en presencia de los datos científicos.

Los cristianos han tendido con demasiada facilidad a «reinterpretar» los pasajes de la Biblia ante la ausencia de otra información, y a veces a pesar de información en contrario. Considere, por ejemplo, la creencia de que tres sabios visitaron al niño Jesús, cuando la Biblia no ofrece ese número, o que Matusalén fue el hombre más viejo que jamás vivió, cuando la Biblia no registra su edad ni dice nada de si algún otro vivió alguna vez más tiempo.

Hablando de la muerte, los creacionistas de la Tierra joven mantienen que no hubo ningún tipo de muerte (o por lo menos ninguna muerte animal) antes del pecado de Adán y Eva. Como el registro fósil contiene a las claras multitudes de animales muertos, estos deben haber muerto en algún momento posterior a que Adán pecara, quizás durante el Diluvio. Los creacionistas de la Tierra vieja responden que negar cualquier tipo de muerte animal antes de la Caída es otro ejemplo de «reinterpretación» del relato bíblico. No se dice nada en un sentido u otro acerca de la muerte animal en el relato de Génesis. Y el alegato de que Romanos 5 enseña que la muerte entró al mundo a través del pecado es correcto, pero el contexto se refiere claramente a la muerte humana, no a la muerte animal. Uno de los temas que dividen a los creacionistas de la Tierra vieja y la Tierra joven es cuándo tuvo lugar por primera vez la muerte animal.

Relacionado con esto, hay serios problemas con la usual explicación de la Tierra joven sobre el registro geológico; que éste se depositó casi todo en el diluvio de un año durante el tiempo de Noé. Por el contrario, hay muchas capas en medio del registro geológico que aparentemente requirieron mucho más tiempo que este para formarse.

En primer lugar, hay muchos más fósiles de los que ese modelo puede explicar. Si imaginamos que casi todos los fósiles que se conocen se depositaron en el Diluvio, entonces los animales y las plantas que ellos representan deben haber estado vivos al mismo tiempo; ¡hay tantos de ellos que deben haber estado arrastrándose unos sobre otros a una profundidad de muchos pies sobre su superficie! También hay numerosas capas de rocas profundamente enterradas que contienen pozos y cavernas, lo que muestra que la roca en la que fueron excavados ya era lo suficiente sólida para que la erosión creara vertientes verticales (y aun socavones) antes que los nuevos sedimentos (que las llenan) se depositaran. La presencia de fósiles muy frágiles (pero no aplastados) también muestra que el sedimento que los contiene se solidificó como roca antes que gruesas capas de sedimento adicional se depositaran encima. Algunos depósitos sedimentarios ofrecen una cabal evidencia de ser capas anuales, ya sea por una secuencia de sales precipitadas por evaporación del agua de mar en una bahía tropical, o por arena y lodo que se depositaron en cada estación en un lago de agua fresca por la lluvia y la nieve derretida. Muchos de estos depósitos tienen cientos de miles de capas, y algunos tienen millones.

Los creacionistas de la Tierra vieja difieren entre sí sobre la extensión del diluvio de Noé. Algunos, tales como James Montgomery Boice y Daniel Wonderly, creen que el agua cubrió toda la tierra, pero que no depositó una parte considerable de los estratos geológicos. Otros, como Frederick Filby y yo, favorecemos un diluvio de extensión limitada pero muy extensa, que quizás llenó una de las cuencas que rodean el este de Turquía, el tradicional sitio de las montañas del Ararat, tales como el Mediterráneo, el Mar Negro o la cuenca del Caspio. No obstante, otros favorecen un diluvio fluvial en la Mesopotamia, aunque es difícil ver cómo pudo tomar tanto tiempo la recesión de las aguas del diluvio en este último punto de vista.

Uno de los más sorprendentes rasgos de la geología de la Tierra es la deriva continental; un lento movimiento de las grandes placas que forman la corteza terrestre. Hoy este movimiento se puede medir de manera directa al utilizar la tecnología de la era espacial, y es de forma típica de cosa de una pulgada por año. Esta tasa de velocidad da las mismas edades para la separación de los distintos continentes como dan las fechas de descomposición radioactiva para cuando los estratos geológicos comenzaron a divergir. Esta también coincide con el fechado de las inversiones magnéticas en la nueva roca que se forma por el magma que irrumpe cuando las placas se separan. De la misma manera, esta coincide con la profundidad y las edades radioactivas de los limos depositados en el fondo oceánico de la nueva placa mientras esta se aleja de su lugar de origen. Aquí tenemos el testimonio convergente de varios testigos diversos que concuerdan sobre una Tierra vieja. Los creacionistas de la Tierra joven tratan de explicar esto por medio de varias hipótesis ad hoc, a saber, que la deriva continental de inmediato después del Diluvio fue muy rápida, pero que desde entonces se ha hecho enormemente más lenta; que el campo magnético de la tierra osciló con rapidez solo *durante* el año del Diluvio pero no más desde entonces, y así sucesivamente. Así que si no tratamos de echar a un lado el registro geológico como una historia ficticia, este nos dice que la tierra es muy vieja.[5]

Pero admitir una Tierra vieja no nos entrega en manos de una evolución atea. ¡Nada de eso!

[5]Una de las mejores colecciones de problemas con el creacionismo de la Tierra joven es la de Alan Hayward, *Creation and Evolution* (Bethany House, Minneapolis, 1995), 69-157.

El cuerpo creciente de evidencias de la cosmología apunta firmemente a un universo que tuvo un principio determinado, pese a los arduos intentos de evitar esto a lo largo del siglo pasado al postular universos estáticos, universos reciclados y, en la actualidad, un universo infinito en el cual nuestro universo es solo una pequeña burbuja.[6] Mientras los nuevos datos continúan llegando, los giros que han dado algunos científicos para obviar la creencia en un Creador han sido más y más extraños cada vez.

En años recientes, se ha vuelto evidente que todo nuestro universo está «muy afinado»; que muchas de sus características necesitan tener justo el valor que tienen a fin de que exista la vida. Pequeños cambios en la potencia de cualquiera de las cuatro fuerzas básicas, la velocidad de expansión del universo, o el carácter de elementos atómicos específicos se traduciría en un universo sin vida. Debido a la improbabilidad de que todas estas cosas pudieran ocurrir por casualidad, los ateos han tenido que acudir por último a la suposición de que existen otros innumerables universos a fin de hacer parecer plausible que debe haber uno solo como el nuestro si no hay un Diseñador.[7]

Junto a las pruebas de esta refinada sincronización del universo como un todo, Hugh Ross ha reunido en fecha reciente una lista muy impresionante de características tomadas de la literatura científica para nuestra Tierra, el Sol, la Luna, y otros ambientes que están tan bien ajustados como para sugerir que no debemos esperar ni un solo planeta que sea capaz de tener vida desarrollada en nuestro universo, a menos que un Diseñador lo haya puesto allí.[8]

Además de la improbabilidad (si es que no hay un Creador) de un universo o planeta existente que sea acogedor para la vida, el origen de la vida misma es una enorme piedra de tropiezo para el ateísmo. Aun las células vivas más simples son mecanismos muy complejos para los cuales cien millones de páginas de instrucciones apenas serían suficientes para proveer las especificaciones necesarias a fin de construir una. Pero se supo ne que éstas han surgido (por el azar) de manera muy rápida y temprana en la historia de la tierra cuando el planeta apenas se había enfriado lo

[6]Esta historia está bosquejada en Hugh Ross, *The Fingerprint of God* junto con la prueba a favor de un universo con un principio.

[7]P. C. W. Davies, *The Accidental Universe* (Cambridge: Cambridge University Press, 1982); John D. Barrow y Frank J. Tipler, *The Anthropic Cosmological Principle* (Oxford University Press, 1986); Hugh Ross, *The Creator and the Cosmos* (NavPress, Colorado Springs, 1993).

[8]Ross, *The Creator and the Cosmos.*

suficiente como para no cocinar carne. Tanto la complejidad de las cosas vivas como su súbita aparición sobre la Tierra sugieren la obra de un Diseñador, no del «relojero ciego» del azar. A lo largo de toda la historia de la vida, una solución al problema del origen de una información compleja y funcional en los seres vivos parece estar mucho más allá de las posibilidades de un universo en el cual solo el azar y la supervivencia funcionen.

La evolución teísta evita algunos de estos problemas. Con un Dios Todopoderoso y de suprema inteligencia que supervisa todo lo que sucede, no es difícil imaginar que pueda diseñar combinaciones de los eventos que tienen lugar, los cuales, aunque no sean en sentido estricto milagrosos, por lo demás no se esperaría que ocurrieran en un universo de solo unos cuantos miles de millones de años de edad.

La evolución teísta tampoco necesita hacerlo tan mal al interpretar Génesis 1. Términos como «haya expansión en medio de las aguas» o «produzca la tierra» pueden bien comprenderse como que significan que Dios guiaba de manera providencial los procesos naturales, como pensamos que lo hace cuando la Biblia dice que Dios provoca que se levante el Sol y caiga la lluvia (p.ej.: Mateo 5:45). Aun la frase «según su género» no significa por necesidad que Dios creara por separado cada categoría de plantas y animales de la nada ni que un género nunca hubiera podido evolucionar hacia otro. Aunque la frase se ha entendido tradicionalmente como que se refiere a la «verdadera procreación» de plantas y animales, la palabra «después», es una traducción en la versión Reina Valera de la preposición hebrea *l*, que significa «de acuerdo con» y en sus varios contextos la frase parece referirse a la clasificación antes que a la reproducción. El propósito de la narración parece ser que Dios hizo los distintos tipos de plantas y animales, sin un comentario explícito sobre cómo lo hizo. Todo esto es para decir que Génesis 1 no necesariamente excluye ningún tipo de macroevolución teísta.

Los problemas bíblicos de la evolución teísta, como yo los veo, surgen en Génesis 2. Aquí, muchos evolucionistas teístas recorren al reclamo que estos eventos son parábolas o alegorías (historia ficticia), porque de otra manera tendríamos un relato que incluye intervenciones milagrosas de Dios tanto en la creación de Adán como de Eva. De acuerdo con un escenario evolutivo en el cual Dios no interviene de manera milagrosa, los seres humanos debían haberse desarrollado poco a poco a partir de los monos, y de eso modo en cualquier momento habría toda una población de tales criaturas, y de tal manera no habría ningún Adán y Eva históricos. De manera que la frontera entre el humano y el mono sería presumiblemente una frontera borrosa, como la frontera entre los colores rojo y naranja. Esta aproximación introduce el concepto de historia ficticia en el relato bíblico, el cual (como mencioné antes) me parece un serio error. Me gustaría evitar la introducción del concepto de historia ficticia tanto en la Naturaleza como en las Escrituras si fuera posible del todo, porque a menos que los datos que usamos sean confiables, ¿cómo podemos tener seguridad alguna de que nuestras interpretaciones son confiables?

No obstante, otros evolucionistas teístas creen que Génesis 2 nos da un recuento histórico y literal del origen de la raza humana. Ven que la Biblia narra dos intervenciones milagrosas en este punto. En una está la milagrosa creación de Adán, quizás de forma directa a partir del polvo de la tierra, quizás indirecta a partir del polvo por medio de la remodelación de un mono existente. La segunda intervención es la creación milagrosa de Eva de un costado de Adán. Esta proposición me parece mucho más satisfactoria que la versión de la evolución teísta que se discute en el último párrafo. Esta maneja los detalles de Génesis 2 de una manera más directa. Ajusta las referencias bíblicas a una real caída en pecado de los seres humanos, lo cual que se representa por todas partes como una acción real de dos individuos en la historia. El principal problema que veo con la versión del mono remodelado de este punto de vista es que el relato del Génesis indica que «fue el hombre un ser viviente» (Génesis 2:7) cuando Dios sopló en él, en lugar de estar ya vivo y adquirir entonces la humanidad, como hubiera sido el caso con el mono remodelado.

Pero también hay problemas científicos con la evolución teísta. Como con la evolución atea, ella enfrenta dificultades a la hora de explicar el origen de la *complejidad irreducible*, que es común a los seres vivos. Michael Behe ha bosquejado cierto número de ellas en su reciente libro *Darwin's Black Box*[9]. Donde un órgano o proceso químico requiere que un gran número de partes estén del todo acabadas o la cosa no funciona en absoluto, no parece como si el órgano o el proceso pudiera haberse construido por una larga secuencia de pequeños cambios a lo largo de muchas generaciones, pues la cosa sería inútil hasta estar completa. En cambio, más bien parece que tenemos un órgano o proceso enteros hechos de la nada; o el ADN para su construcción se activó de pronto, o un gran número de mutaciones coordinadas ocurrieron justo en el momento y el lugar correctos. Si bien no quiero quedar trabado en altercados sobre la terminología, sostendría cualquiera de estas creaciones de la Tierra vieja antes que una evolución teísta.

[9]Michael Behe, *Darwin's Black Box* (Free Press, Nueva York, 1996).

Aparte de esto, el registro fósil parece tener demasiado pocas transiciones entre las categorías biológicas mayores para ajustarse a lo que yo hubiera esperado de la evolución teísta (o atea). Antes bien, nuevos tipos de plantas y animales parecen mostrarse por lo regular sin registro alguno de predecesores cercanos. Esto es especialmente verdad de la llamada «explosión cámbrica», donde todos los tipos principales de cuerpos de animales (phylum) aparecen en solo cinco o diez millones de años (hace más de quinientos millones de años), sin que nada parecido haya ocurrido antes o desde entonces. El fenómeno se parece más a la propuesta de Gordon Mill[10] que de algún modo Dios había añadido nueva información a los genes, o quizás a la sugerencia de Robert De-Haan[11] de que se activaron nuevos programas genéticos. Es posible que todos los seres vivos desciendan de uno o unos cuantos antepasados comunes, pero si así fuera, las transiciones parecen demasiado abruptas para ser fenómenos puramente naturales.

Además de estas brechas en el registro fósil, la «forma» del registro parece estar errada por completo para las distintas versiones de la evolución, tanto teístas como ateas, con las que estoy familiarizado. La evolución predice que la diversidad de los seres vivos se expandirá a partir de las formas de vida más primitivas y simples más bien en una configuración cónica mientras las ramas se separan del tronco de un olmo. Primero, la vida original se bifurcará en varias especies, y estas se distinguirán lo suficiente como para que se las agrupe en varios géneros. Estos divergirán de forma sucesiva para formar familias, después órdenes, clases,etc., y el diseño básico del cuerpo, phylum, se formará al final. De esa manera, de acuerdo con la evolución, el «árbol de la vida» debe formarse de abajo hacia arriba (hablando en términos de la jerarquía de las categorías en el sistema de clasificación biológico). Pero de hecho, los phylum aparecen de pronto en la explosión cámbrica, y después esta se subdividió en los distintos órdenes de categorías inferiores, ¡de manera que de la explosión cámbrica en adelante, el sistema de clasificación biológica se formó de arriba hacia abajo!

Este es el tipo de cosas que me convence de que alguna variante del creacionismo de la Tierra vieja es preferible a la evolución atea, la evolución teísta, o al creacionismo de la Tierra joven.[12]

[10]Gordon C. Mills, «A Theory of Theistic Evolution as an Alternative to the Naturalistic Theory», *Perspectives on Science and Christian Faith* 47 (1995): 112-22.

[11]Robert F. DeHaan, «Paradoxes in Darwinian Theory Resolved by a Theory of Macro-Development», *Perspectives on Science and Christian Faith* 48 (1966): 154-63.

[12]Para una discusión más detallada, vea Hayward, *Creation and Evolution*, o «Scientific and Religious Aspects», de Newman.

La integración de la ciencia y la teología

En lo que concierne a mi visión de la integración de la ciencia y la teología, tengo que hacer unos cuantos comentarios. De entrada, me gusta la frase «ciencia y teología». Es usual en estas discusiones hablar más bien de «la ciencia y la Biblia», y en tanto nuestro interés en este libro es que nuestra teología sea bíblica de verdad, los términos «ciencia» y «Biblia» no son comparables. Se puede entender la ciencia como un método, una institución, o un cuerpo de conocimiento. En esto es comparable con la «teología» antes que con la «Biblia». La ciencia es un método o una institución que investiga la Naturaleza, y también es el cuerpo de conocimientos que resulta de este estudio. La teología (al menos, la teología bíblica o exegética) es un método o institución que investiga la Biblia, y también es el cuerpo resultante de conocimientos. La teología estudia la revelación *especial* de Dios en las Escrituras, mientras que la ciencia estudia la revelación *general* de Dios en la naturaleza. Si el cristianismo bíblico es verdadero (como yo creo), entonces el Dios que no puede mentir se ha revelado a sí mismo tanto en la naturaleza como en las Escrituras. Por lo tanto, tanto la ciencia como la teología deben proveer información para una visión cabal de la realidad, y debemos esperar que ellas se superpongan en muchas áreas.

Por supuesto, se pueden *definir* la ciencia y la teología de manera que no se superpongan. Quizás se pueda entender la ciencia como el estudio de las cosas puramente materiales (p. ej., la materia, la energía, etc.) y la teología como el de las cosas puramente espirituales. O puede que se conciba la ciencia como el estudio de los fenómenos naturales y la teología, de los sobrenaturales. Pero aún si se hiciera esto, tendríamos que proponer una suposición adicional para prevenir la superposición, a saber, que no hay interacción entre lo físico y lo espiritual ni entre lo natural y lo sobrenatural; una suposición que la Biblia y la visión cristiana del mundo contradicen directamente. Aparte de esto, dudo que nadie sobre la Tierra sepa con exactitud lo que son en realidad la materia, el espíritu, o la energía ni lo que los distingue entre sí. Aun con los relatos bíblicos de milagros, no resulta siempre fácil distinguir qué es una intervención milagrosa y qué es una provisión providencial. De este modo debemos esperar que se produzca una superposición.

Claro, la manera en que antes definimos la ciencia y la teología sugiere que hay superposición. Tanto la ciencia como la teología estarán interesadas en los orígenes, del mundo, de las plantas, de los animales, de los seres humanos. ¡Aun del pecado! ¿Por qué no deberían ser capaces de investigar la antropología científica y la psicología si hay algo disfuncional en la Humanidad, y qué supone, y cómo puede haber comenzado? Por supuesto, si la ciencia se conduce de manera que excluye lo espiritual y lo sobrenatural, puede que no sea capaz de dar ninguna respuesta que haga un uso adecuado de la información.

Tanto la ciencia como la teología también estudiarán la continua operación (o gobierno) de las cosas en este mundo. Y mientras la Biblia trata de la supervisión y control supremo que tiene Dios de la Naturaleza y la Historia, no permanece del todo silenciosa en cuanto a las causas intermedias. Quizás los distintos problemas que enfrenta la evolución atea son una indicación de que la ciencia no debe estar tan casada con la idea que una causa inteligente de los fenómenos naturales está fuera de lugar.

El papel de mi visión de la integración en la controversia

Mi visión personal de la integración de ciencia y teología no *tiene* que ser característica de los creacionistas de la Tierra vieja, y por lo tanto no es determinante en la posición que sostengo. Algunos creacionistas de la Tierra joven y evolucionistas teístas comparten esta aproximación básica, al sentir que los datos de las Escrituras y los datos de la Naturaleza son del todo confiables, y que existe algún tipo de armonización entre la interpretación adecuada de cada uno. Nosotros disentimos precisamente sobre el aspecto de esa armonización y el peso relativo que debe darse a las distintas consideraciones científicas, teológicas y filosóficas.

No obstante, estoy preocupado por la tendencia que veo entre muchos evolucionistas teístas influyentes de prohibirle a la Biblia hablar de cuestiones científicas; ellos alegan que la Biblia solo responde a las preguntas religiosas del «quién» y el «por qué», y la ciencia solo a las preguntas científicas del «cómo» y el «cuándo». Por el contrario, me parece que tanto la ciencia como la teología (o la Naturaleza y la Biblia) pueden ofrecer información sobre estas cuatro preguntas, aunque una fuente tenga algo más que decir sobre una pregunta y menos sobre otra. Tenemos que ser cuidadosos en la toma de decisiones sobre principios de interpretación que excluyan la consideración de informaciones significativas.

Del lado de la Tierra joven veo una tendencia a prohibir que la ciencia tenga algo que decir aun sobre las preguntas del «cómo» o el «cuándo» en lo que concierne a los *orígenes*. Esto toma por lo general la forma de una objeción: La ciencia solo es competente para investigar de maneara práctica los fenómenos que se repiten y ocurren en la actualidad. Pero esto no es así. Algunas ciencias, cierto, se concentran en este tipo de fenómenos (la física, la química,); otras ramas de la ciencia (la astronomía, la geología, la biología) son con frecuencia históricas, porque tratan de usar datos que han sobrevivido para reconstruir el pasado. Obviamente, el nivel de certidumbre a disposición de una ciencia disminuye si los fenómenos que ella estudia están fuera del laboratorio, no se repiten, u ocurren solamente en el pasado, pero no tiene que descender a cero. Demasiado a menudo nosotros los creyentes en la Biblia parecemos olvidar que existen también problemas similares en el estudio bíblico. Nuestro conocimiento del texto de la Biblia depende de los datos que han sobrevivido de antiguos manuscritos o citas. Su interpretación depende de nuestras modernas reconstrucciones de la gramática y el vocabulario de idiomas que no tienen a ningún hablante autóctono vivo, y de culturas que no tienen representantes vivos. A pesar de esto, pienso que tenemos razón al pensar que Dios ha arreglado las cosas para que la información que tenemos sea suficiente para entender la Biblia de manera adecuada, pese a que de ninguna manera en forma exhaustiva. ¿Por qué no habrá hecho algo similar sobre la información que tenemos de la naturaleza?

Con estos requisitos en mente, encuentro que existe un problema real con la posición común de la Tierra joven de que muchos de los datos de la ciencia moderna sobre los orígenes es solo una apariencia de edades, o, en el caso de la luz de objetos distantes, historia ficticia. De manera similar, en cuanto a muchos evolucionistas teístas, tengo un problema con su suposición de que los eventos de Génesis 2—3 son también historia ficticia. De ser posible, me gustaría elaborar una integración de la ciencia y la teología en el área de los orígenes que evite la historia ficticia tanto en la Naturaleza como en las Escrituras. Me parece que esto es más consistente con la idea de que la Naturaleza y las Escrituras son ambas revelaciones del Dios que no puede mentir.

2. ¿POR QUÉ ES IMPORTANTE?

La importancia del tópico

Si los cristianos tenemos razón, entonces es muy importante que las personas reconozcan la existencia del Dios de la Biblia, que nos demos cuenta de nuestro distanciamiento de Él, nos volvamos a Dios y nos entreguemos a su misericordia, y aprendamos cómo conocerlo y confiar en Él, y cómo remodelar nuestras vidas de conformidad con Su carácter.

Pero ciertos acontecimientos en la historia de la ciencia, en especial desde 1800, han hecho surgir problemas en las mentes de muchos por creer en la Biblia y en el cristianismo. Estos incluyen la creciente toma de conciencia de que la Tierra es más vieja que unos cuantos miles de años, que ha habido diferentes tipos de plantas y animales sobre la tierra durante su larga historia, y que eso forma una progresión que ha sido aceptada por lo general en los círculos científicos y seculares como una prueba de que la Creación fue el resultado de un proceso natural y no de la obra de Dios. Los tres puntos de vista de la Creación y la evolución que discutimos en este libro son diversos intentos de cristianos para responder a este desafío.

Históricamente, este desafío en particular puede que sea único, pero muchos otros eventos han puesto a prueba de manera similar la fe en Dios. La experiencia de Job motivó interrogantes reales sobre el carácter de Dios. Cuando los babilonios destruyeron el Estado judío y el templo, muchos israelitas tienen que haberse preguntado qué había sucedido con las promesas de Dios. Hasta las apariciones de Jesús tras la resurrección, sus discípulos quedaron devastados por su muerte y comenzaron a preguntarse si Él era en realidad el Mesías prometido. El hecho de que Jesús no retornara alrededor del año 1000 (ni siquiera 100 d.C.) cuando muchos lo esperaban, también hizo surgir dudas. Algunos de esos acontecimientos han desafiado a determinados individuos; otros acontecimientos han afectado a muchos de una vez. Algunos eventos han sido tan perturbadores y dolorosos que, como resultado, la gente se ha apartado de Dios. Pero Dios quiere que respondamos a estas cosas de manera adecuada, que aprendamos a confiar en Él, sin abandonarnos a la desesperación, ni amargarnos, ni rehusar enfrentar los hechos, ni encerrarnos en ghettos, ni torcer la verdad para adecuarnos a ningún grupo particular que tratamos de agradar, sino «solamente hacer justicia, y amar misericordia, y humillarte ante tu Dios» (Miqueas 6:8).

Además de dar una respuesta satisfactoria a nuestras propias preguntas sobre la verdad de la Biblia y el cristianismo, esta controversia es importante porque queremos ayudar a otros a conocer a Jesús como su Salvador y mejor amigo. Queremos llegar a conclusiones correctas y convincentes que podamos decir a otros, y de esa manera remover las piedras de tropiezo que puedan estorbar a quienes buscan venir a Cristo. También queremos vindicar el honor de Dios en relación con lo que él ha hecho en la naturaleza y las Escrituras.

Implicaciones culturales e intelectuales más generales

Por tanto, como creyente en el Dios de la Biblia, una de mis principales preocupaciones tiene que ver con la influencia que ha tenido en nuestra sociedad la creencia en una evolución atea. Veo que esta creencia ha alentado la tendencia moderna hacia la secularización de nuestra sociedad. Ha llevado a muchos a ignorar a Dios, lo cual ha dado lugar a enormes deformaciones de la vida pública, familiar y privada. Ha socavado las normas morales, las cuales (en un universo con nada más autoritario que la sociedad) a duras penas tienen sanciones más fuertes que: «No dejes que te atrapen».[13]

Además, ha hecho que muchos cristianos sientan temor de la ciencia, los círculos académicos, y del intelecto en general, debilitando en gran medida la capacidad de la Iglesia para llegar a los intelectualmente dotados. Esto ha llevado a muchos cristianos a situar la fe en oposición con el intelecto.

Nuestras instituciones científicas, educacionales y medios de información han sido muy influidos por la idea de que el conocimiento científico es un hecho público, un conocimiento real, objetivamente verdadero; en contraste, el conocimiento religioso es cuando mucho una opinión subjetiva, verdadera para usted, y en el peor de los casos divisiva, prejuiciada, y algo que obstruye el verdadero progreso. Me parece que tanto los creacionistas de la Tierra joven como los evolucionistas teístas han tendido a reforzar esa perspectiva de manera involuntaria; los primeros, al menospreciar grandes zonas de datos científicos, los otros, al alegorizar con eficacia el principal relato bíblico de los orígenes. Nosotros, los creacionistas de la Tierra vieja tratamos (espero) de ofrecer una lectura aceptable y honesta tanto de los datos de la Naturaleza como de las Escrituras, al utilizar los procedimientos normales de sentido común que deben caracterizar toda búsqueda de la verdad, ya sea mundana o académica. ¡Que el Señor nos ayude en esto!

Como yo lo veo, la posición de la Tierra joven es una piedra de tropiezo para quienes buscan la verdad, algunos de los cuales conocen suficientes datos científicos como para sentirse confrontados por el dilema de rechazar la Biblia o rechazar un trato imparcial de los datos.

Algunos evolucionistas teístas creen que no hay error en todo lo que afirma la Biblia, pero muchos no lo creen. Como nos inclinamos a

[13]Vea la útil discusión en D. A. Carson, *The Gagging of God: Christianity Confronts Pluralism (Zondervan, Grand Rapids, 1996).*

juzgar los puntos de vista diferentes de los nuestros por los «malos» en el otro grupo, muchos de nosotros vemos a los evolucionistas teístas como que debilitan la autoridad de las Escrituras, y les ofrecen una salida a aquellos que se apartan de la fe cristiana. Para ser honestos, sin embargo, es probable que veamos también la evolución teísta como una *vía de entrada* para aquellos que buscan la verdad.

Mi itinerario personal

Sobre mi itinerario personal en relación con la controversia creación-evolución, es probable que creyera en algún tipo de visión de la Tierra joven a edad muy temprana. Después que llegué a la edad adulta encontré un viejo cuadro que había dibujado antes en la escuela primaria o la intermedia que mostraba que entonces creía en la teoría de las brechas, ese híbrido entre la creación de la Tierra joven y la Tierra vieja. Durante la escuela intermedia y la media superior recuerdo haber enfrentado algunos desafíos a mis creencias por parte de las ideas evolutivas, pero no sabía cómo responder a ellos.

Como estudiante de Duke, el principal desafío a mi fe fueron las afirmaciones de la teología liberal de que la Biblia era en realidad obra de gente supersticiosa o confabulada y no de los que habían observado de veras la intervención de Dios en la Historia. En esa época me ayudaron los escritos de C. S. Lewis, el primer intelectual que había encontrado que era un cristiano ortodoxo.

Más tarde, durante mi trabajo de graduado en Cornell, Herman Eckelmann me ayudó a ver cómo un modelo de la Tierra vieja se adecuaba a los datos de la Naturaleza y las Escrituras. También me informó algunas sólidas evidencias sobre la verdad del cristianismo. Por medio de él conocí a Allan MacRae, quien me alentó en gran medida al mostrarme que las teorías críticas liberales sobre la Biblia no estaban basadas en la evidencia histórica.[14] Como resultado, entré al seminario para estudiar la Biblia bajo su dirección.

Mi trabajo, tanto en ciencia como en teología, en los años que han pasado desde entonces me ha confirmado con creces la creencia de que los datos de la Naturaleza y las Escrituras son confiables por completo, y que algo como la creación de la Tierra vieja es la vía para resolver la cuestión de los orígenes.

[14]Allan A. MacRae, *JEDP: Lectures on the Higher Criticism of the Pentateuch* (Interdisciplinary Biblical Research Institute, Hatfield, Pa., 1994).

3. FILOSOFÍA DE LA CIENCIA

Estoy preocupado con la prevalencia de la idea de que la ciencia, por definición, excluye lo sobrenatural. Pienso que esta es una restricción innecesaria que distorsiona los resultados que se pueden obtener de un examen de los datos de la Naturaleza. Si en la historia de nuestro universo no ha ocurrido hecho sobrenatural alguno (como creo que sí han ocurrido, gracias a mi estudio de la Biblia y la Naturaleza), y si no han tenido efecto alguno profundo en el curso de la Historia (como también creo que ha sucedido), entonces la insistencia de que la ciencia siempre debe dar por sentada una explicación natural para cada fenómeno significa que la ciencia no busca ya comprender lo que en realidad ha ocurrido. Esto, para decirlo de una manera suave, es devastador. Los científicos, por su profesión, deben ser buscadores de la verdad. (Lo mismo deben ser los teólogos, y los cristianos en general).

Por contraste, comprendo que la ciencia es un intento de comprender los fenómenos de la Naturaleza: (1) al examinar los datos pertinentes; (2) al proponer modelos que expliquen los datos; (3) al probarlos mediante la comparación de las predicciones con los datos adicionales; (4) al evaluar modelos que se excluyen unos a otros; (5) al buscar una inferencia que ofrezca una explicación mejor; y (6) sin excluir la hipótesis de que Dios se haya revelado a Sí mismo en este fenómeno particular. Como yo lo entiendo, esto está en sintonía con las propuestas de Stephen C. Meyer y Alvin Plantinga,[15] lo que este último llama la «ciencia teísta». No proponemos que los cristianos de alguna manera se aparezcan con una matemática diferente a los no cristianos, que de alguna forma 1+1+1= 1 (como algunos han malinterpretado la doctrina de la Trinidad). Antes bien, creemos que el examen de los datos de la Naturaleza (sin asumir que Dios nunca interviene) llevará a la solución de algunos viejos problemas de la ciencia que han sido barridos bajo la alfombra en las discusiones evolucionistas.

La explicación científica debe estar buscando decir cómo es esto. Es obvio que todos nosotros somos seres humanos finitos, limitados a observaciones hechas desde dentro del universo. Aun nuestras mejores perspectivas pueden estar muy limitadas. Pero esto solo debe servir para recordarnos que necesitamos depender de Dios en este empeño como en cualquier otro.

[15]Stephen C. Meyer «The Use and Abuse of Philosophy of Science: A Response to Moreland», *Perspectives on Science and Christian Faith* 46 (1994): 14-18; Alvin Plantinga, «When Faith and Reason Clash: Evolution and the Bible», *Christian Scholar's Review* 21 (1991): 8-32.

Cómo mi filosofía de la ciencia condiciona mi enfoque de la Biblia y la teología

El Creador del cielo y de la tierra es también el Creador de la Biblia. Por lo tanto, parece que si la Naturaleza y la Biblia son comprendidas de manera adecuada, no habrá conflicto al final. Se reconoce que es posible que nosotros, como seres humanos finitos, nunca podamos tener acceso en esta vida a suficiente información para ver cómo ambas se adecuan mutuamente. Pero a tenor de las observaciones de la Biblia sobre nuestra culpabilidad como seres humanos por no ver a Dios en la Naturaleza (Salmo 19; Romanos 1) sugiere que la falta recae en nosotros, no en Dios ni en la Naturaleza.

Dios es el Hacedor de la Humanidad, de nuestras mentes y nuestra curiosidad. Él recomienda un diligente estudio de la realidad, y espera que nosotros juzguemos con justicia; por lo tanto, es razonable suponer que no se opone a nuestros sinceros intentos de descubrir lo que son las cosas.

Hay una fuerte similitud entre el método teológico y el método científico, al menos según los he experimentado, tanto en mis estudios de la escuela de graduados como en el seminario. Los dos son en realidad (o debían ser) aplicaciones refinadas del sentido común a los datos de los campos pertinentes, como ocurre en la investigación académica de cualquier campo. En ambos los datos deben tener prioridad sobre la teoría (el texto de las Escrituras sobre la doctrina institucional o personal). Por supuesto, teorizar es necesario en ambos para organizar y comprender los datos; pero necesitamos estar siempre conscientes de que nuestra teorización puede haber interpretado mal u organizado de manera inapropiada los datos. De manera que necesitamos estar alertas y buscar evidencias de esto, y no urdir principios interpretativos que expliquen de manera efectiva los datos recalcitrantes. Esto es para decir que tanto el método teológico como el científico deben ser instrumentos para buscar la verdad y no para reafirmarse a sí mismos de una manera u otra.

Me parece que las fronteras erigidas por las universidades entre las distintas disciplinas académicas son artificiales. Aunque a veces útiles, y quizás necesarias en vista de la limitada capacidad de nuestras mentes y el vasto monto de los datos, ellas pueden confundir. Algunas de las disciplinas, incluyendo las ciencias, la filosofía, la historia, las artes, las matemáticas, y hasta las ingenierías, hacen reclamos de universalidad: «¡Mi disciplina se aplica a todo!» De hecho, muchas de estas disciplinas se superponen de manera muy sustancial y proveen perspectivas alternativas y afirmaciones interactivas sobre lo que sucede. El reciente ascenso y la productividad de los estudios interdisciplinarios sugieren que debemos ser muy cuidadosos en cuanto a asumir que la ciencia y la teología, la naturaleza y las Escrituras, no interactúan y deben permanecer en sus propias jurisdicciones.

4. LA TEOLOGÍA Y LAS ESCRITURAS

Creo que Dios ama la mente inquisitiva, y que se revelará a Sí mismo a aquellos que en realidad quieren conocer la verdad.

Ni la Naturaleza ni las Escrituras están construidas para impedir que las personas lleguen a la verdad, sino más bien para conducirlas a ella. Esta es la razón por la cual los teólogos han llamado a la Naturaleza «revelación general» y a las Escrituras «revelación especial».

Como la Naturaleza y las Escrituras están destinadas a revelar antes que a ocultar, necesitamos ser cuidadosos a la hora de prestarle una atención equitativa a ambas. No debemos dejar que nuestro deseo de armonizar atropelle los datos reales de cualquiera de ellas. No debemos adoptar principios interpretativos que nos permitan justificar con habilidad los hechos, igual que cualquier texto se puede alegorizar, de manera que la edad de cualquier roca pueda verse solo como una edad aparente. ¡Debemos tener muy buenas razones antes de tratar así a cualquier texto o roca!

Dicho esto, debemos añadir que tanto la Naturaleza como las Escrituras pueden contener aspectos destinados a humillar el orgullo humano. Recuerde las observaciones de Jesús en Mateo 13 sobre uno de los propósitos de las parábolas. Pero la Naturaleza y las Escrituras, como sugiere David Bossard, puede proveer «dardos» para aguijonearnos cuando nos hemos apartado de la senda.[16]

Este es quizás un buen lugar para comentar los aspectos teológicos de la cuestión de si Dios ha intervenido de manera milagrosa en los eventos de la Creación. En mi primera sección bosquejé algunos motivos científicos, las evidencias de la Naturaleza, para pensar que Él ha intervenido.

Si entiendo correctamente a Howard Van Till, él ha propuesto que la intervención milagrosa de Dios en la historia está limitada a su actividad en la redención, y que el modo de actuar de Dios en la creación es completamente providencial. Van Till caracteriza su punto de

[16]David C. Bossard, «Sharp Points: God's Conspiracy to Evangelize the Inquiring Mind, *IBRI Research Report* 46 (1997).

vista como uno que preserva la «integridad funcional» de la naturaleza, y ve esos modelos que comportan una intervención milagrosa como algo que apela al Dios de las brechas.

Ahora bien, *providencia* es el término teológico que se aplica a «la supervisión y la guía de Dios de los acontecimientos de la Naturaleza y la Historia que no implican que él pasa por encima ni invalida las leyes naturales». *Milagro* es el término correspondiente para «la intervención especial de Dios en la naturaleza o la historia, en el que se usan la leyes naturales de una manera que ellas no funcionan normalmente» (i.e., son soslayadas, invalidadas o abrogadas).

La mayoría de los teólogos ortodoxos creen que Dios ejercita un control providencial sobre todos los acontecimientos que tienen lugar en el universo, aunque esto permite de algún modo el libre albedrío de los humanos y varios tipos de espíritus. (¡No entraremos aquí en la disputa calvinista-arminiana!) Todos los teólogos ortodoxos creen que Dios ha intervenido milagrosamente en la historia para llevar a cabo milagros en las vidas de Moisés, Elías, otros profetas del Antiguo Testamento, y sus apóstoles. Algunos de estos milagros se realizaron a través de la mediación del profeta (p.ej.: la conversión de la vara en una serpiente; el hacer descender fuego del cielo; la multiplicación de los panes y los peces; y levantar a los muertos). Otros tuvieron lugar sin esa mediación (p.ej.: la zarza que ardía; las voces que venían del cielo; las apariciones angelicales; la luz y la voz en el camino de Damasco). El tipo de intervención milagrosa de Dios en la Creación que sería vislumbrada por la mayoría de los teólogos ortodoxos no habría envuelto naturalmente mediación humana (como todavía no había seres humanos por ahí), aunque puede que haya implicado la mediación de otros seres espirituales.

Con respecto a la cuestión de si Dios ha intervenido milagrosamente en la historia del universo, ahora tenemos un espectro de puntos de vista más bien amplio. En un extremo están los ateos que niegan que Dios haya intervenido, porque no hay Dios. Les siguen los teólogos liberales que niegan que Dios haya intervenido, porque su Dios no es del tipo que intervendría. A continuación vienen los deístas, que admiten que Dios interviniera en la Creación, pero niegan que interviniera de ahí en adelante en la Historia. En algún punto de esta área está Van Till, que niega que Dios interviniera en la Creación, pero admite que intervino en la Historia (de la redención). Después vienen muchos evolucionistas teístas y los creacionistas, tanto de la Tierra joven como de la vieja, que creen que Dios intervino milagrosamente tanto en la creación como en la redención, aunque difieran acerca del número de esas intervenciones. Por último, tenemos a algunos teólogos carismáticos y reformados que ven a Dios interviniendo en todas las cosas, ya sea al multiplicar enormemente lo milagroso o al negar la distinción entre providencia y milagro.

¿Cómo vamos a decidir entre estas opciones? Hemos bosquejado en la primera sección de este ensayo algunas evidencias tomadas de la Naturaleza que apuntan hacia una intervención milagrosa en los eventos de la Creación. La cuestión de la intervención de Dios en la historia de la redención trae a colación todo el asunto de las evidencias cristianas y la confiabilidad de la Biblia, que no tenemos espacio para abordar aquí; en todo caso, este no es el punto de discordia entre Van Till, por un lado, y Nelson y yo mismo del otro. Que el número de milagros debe verse como casi infinito (es decir, que cada persona puede esperar un milagro cada día) parece trivializar lo que la Biblia caracteriza como inusual, maravilloso, poderoso, y asombroso. Que no debemos hacer distinción alguna entre milagro y providencia también parece ir contra esta misma evidencia lingüística.

Por el momento, concedamos con Van Till que Dios solo ha intervenido de manera milagrosa en *la historia de la redención*. ¿Entonces es cierto que no ha intervenido en la creación? Eso dependerá de cuán centrada en lo humano entendemos que debe ser la creación y la redención. El relato de Génesis no dice nada de la creación de los seres angelicales, pero Nehemías 9:6 los describe como creados. El autor de Hebreos caracteriza el tabernáculo como que no es de «esta creación» (Hebreos 9:11). Entonces, quizás, los seres celestiales no son parte de nuestra creación sino de algo más temprano. Y Satanás ya había caído cuando apareció como una serpiente en el Jardín. Muy bien puede ser que los eventos de la creación de Génesis 1 tuvieran lugar después que el pecado había levantado su fea testa. En ese caso, la creación de nuestro universo puede que haya sido uno de los primeros actos de Dios en la redención de toda la realidad (incluyendo el mundo invisible creado antes de la caída de Satanás) de los efectos de la rebelión satánica. Si es así, los eventos de Génesis 1 y 2 son parte de la historia de la redención.

Por otro lado, si asumimos que la redención (la actividad de Dios para restaurar la raza humana tras su caída en el pecado) tiene su significado normal en la teología cristiana, ¿por qué pensar que Dios solo utiliza el milagro en este ámbito y no en el de la creación? Quizás porque se nos ha asustado con el Dios de las brechas.

Una caracterización común del conflicto entre la ciencia y la teología en el cristianismo ha sido como sigue: Los creyentes en la Biblia han pensado de manera típica que los fenómenos inexplicables fueron causados por Dios, pero una y otra vez la ciencia ha sido capaz de mostrar que la acción de alguna ley natural causó estos eventos, haciendo decrecer continuamente en consecuencia las brechas en la cuales se piensa que Dios obra y dejándolo al final sin nada que hacer. De ese modo argumentan Andrew Dickson White, Richard Dawkins, y Stephen Hawking. Con razón Van Till está preocupado por esto, al señalar en reiteradas oportunidades que Dios está activo de forma providencial en todos los fenómenos. Y los cristianos deben tener cuidado de no atribuir a la intervención milagrosa de Dios eso que Él ha realizado por medio de las leyes naturales.

Pero aquellos que rechazan el testimonio de la Biblia a menudo usan el mismo tipo de argumento contra los milagros en la historia de la redención. Pero Van Till quiere defender estos milagros y de esa manera se le puede acusar también de defender al Dios de las brechas.

En cierto sentido toda esta disputa versa sobre el Dios de las brechas tanto del lado de los naturalistas como de los partidarios de lo sobrenatural. Aquellos que niegan la existencia de Dios (o su actividad en la Naturaleza o la Historia) postulan su propio Dios de las brechas: la ley natural desconocida, a fin de completar dondequiera la ley natural *conocida* para que no vaya a hacer el truco. Uno de los argumentos que intentaba formular en mi primera sección es que hay algunos fenómenos muy llamativos en la cosmología y la biología que parecen la actividad de una mente antes que la de una ley natural. ¿Es Van Till consistente al tratar de obviar el Dios de las brechas en la creación mientras trata de defenderlo en la creación?

Otro problema que a menudo se plantea contra la intervención milagrosa de Dios en la creación se relaciona con el estilo o la estética, y esto parece reflejarse en el concepto de Van Till de que el universo tiene «integridad funcional». Para alguien que responde a la idea de que Dios es un relojero, parece más bien torpe o antiestético que el relojero intervenga todo el tiempo en su creación, como si no hubiera logrado acertar la primera vez y tuviera que estar haciendo ajustes eternamente.

Hay algo que se debe decir sobre esto si nuestra imagen de Dios como relojero contuviera toda la historia, pero no es así. Por supuesto, pensaríamos en Dios como un mejor relojero si hubiera diseñado el universo para que se gobernara por sí mismo. ¿Y quién quiere postular que Dios, que hace bien todas las cosas, hizo un universo sin «integridad»? Pero suponga que Dios no diseñara el universo para que marchara de manera automática, sino más bien como una máquina que necesita recibir información. Quizás hizo el universo para que fuera como una guitarra antes que un reloj, diseñada para que la toque un intérprete. En cualquier caso, la posición de Van Till defiende a Dios contra la ociosidad solo en los eventos de la creación y no contra la ociosidad en la redención. La propuesta que sugiero trata de defenderlo en ambos sentidos con una sola respuesta.

De hecho, puede ser que nuestro universo sea algo parecido a un juego interactivo en el cual las características distintivas de las personas (Dios, los ángeles, los seres humanos), como opuestas a las cosas impersonales (estrellas, rocas, árboles), sea que las primeras tienen la libertad de iniciar acciones que no se pueden predecir por medio del conocimiento de las leyes naturales, que por lo demás gobiernan el sistema. En ese caso, nuestro universo es como una guitarra, o un juego interactivo, o aun un canal de televisión en el cual el conocimiento del comportamiento de las ondas electromagnéticas no puede explicar la información en la señal que las ondas conducen.

Esta última sugerencia de hecho se parece a una de las imágenes por medio de las cuales describe nuestro mundo creado (vea el Salmo 19). Ella está destinada a llevar un mensaje sobre su naturaleza creada antes que a sugerir que ha existido siempre o solo ha surgido por casualidad. Todos los seres humanos son moralmente responsables de sacar esta conclusión (Romanos 1).

Si tenemos en cuenta la enseñanza bíblica sobre la rebelión de la Humanidad, el pecado tiene un serio efecto sobre nuestra disposición de manejar de forma honesta los datos de la realidad. Pero la pecaminosidad y la finitud afectarán tanto a la ciencia como a la teología, tanto a los cristianos como a los no cristianos. Y dada la enseñanza bíblica sobre la regeneración, nosotros que somos creyentes debemos esperar encontrar algún mejoramiento real y creciente en nuestra comprensión de las cosas que hemos estudiado, si vamos a dedicar a Dios nuestras vidas y dejarlo que nos guíe mientras crecemos en gracia y en el conocimiento de él.

5. EPISTEMOLOGÍA

El papel de la evidencia y los argumentos extrabíblicos en la teología natural

Con respecto al papel de la evidencia y los argumentos extrabíblicos en la teología natural, mis estudios de la naturaleza confirman de manera contundente el reclamo bíblico de que esas evidencias existen.

Como se señaló arriba, veo esto especialmente en la cosmología, en la evidencia de un diseño tanto en la naturaleza inanimada como animada, en el origen de la vida, y en la detallada historia de la vida. Todo esto apunta a la existencia de un Dios infinito y personal.

Me parece que muchos cristianos de este siglo han cometido un serio error al negar o disminuir la importancia de la revelación general y la teología natural, en vista de las afirmaciones bíblicas sobre este tema y las pruebas científicas que se han descubierto. He analizado todos los motivos de esto. Parte del problema, sospecho, fue el fuerte golpe propinado a la teología natural por William Paley y los *Bridgewater Treatises* debido al ascenso del darwinismo. La influencia de Kierkegaard, Kuyper, Barth, y Cornelius Van Til al oponerse a la teología natural ha sido también importante.[17] El resultado de esto ha sido mantener separadas la ciencia y las Escrituras, muy aparte en la sociedad occidental y aun en los círculos evangélicos y fundamentalistas. Algunos dan más peso a la ciencia, la que ven como objetiva, mientras las Escrituras es mucho más confusa. Otros hacen énfasis en las Escrituras como inspirada, pero consideran a los científicos falibles. Ambas aproximaciones me parecen problemáticas.

La evidencia y los argumentos científicos extrabíblicos de la teología natural se articulan con otras evidencias de la historia, las profecías cumplidas, y las vidas individuales transformadas que confirman el teísmo bíblico. De la Biblia aprendemos más sobre la existencia de las poderosas fuerzas de la rebelión y el mal a las que se les permite explayar sus consecuencias a fin de enseñarnos importantes lecciones y la naturaleza de la respuesta de Dios a todo esto.

Resolver contradicciones aparentes entre la ciencia y la teología

Como tanto la revelación general como la especial son mensajes del Dios que no puede mentir, soy reacio a considerar a la una como más importante que la otra. Por supuesto, ellas son diferentes de varias maneras.

La revelación especial tiene la ventaja de que ya está vertida en el molde de un idioma humano por Dios, quien ve el cuadro completo y

[17]Vea David P. Hoover, *The Defeasible Pumpkin: An Epiphany in a Pumpkin Patch* (Interdisciplinary Biblical Research Institute, Hatfield, Pa., 1997), para una presentación muy amena de los problemas con el apriorismo de Van Till.

nos provee las perspectivas y los extractos necesarios. En uno de sus ensayos, C. S. Lewis formuló un argumento excelente sobre la diferencia entre la analogía del maestro y la analogía del estudiante. El maestro conoce su materia a fondo y en consecuencia puede hacer un cuadro del todo atinado para ayudarnos a entenderla (aunque puede que éste no capte todos los aspectos del objeto que describe). El estudiante no conoce aún el tema a fondo, y los cuadros elaborados por él pueden en consecuencia contener serios errores de los cuales no tiene conciencia. Como Dios es el maestro y nosotros somos los estudiantes, debemos ser por lo tanto muy cuidadosos a fin de que no descartemos el material que Él nos proporciona en la revelación especial al asumir que está equivocado, o al dar explicaciones que en efecto asignan su significado a un género no literal sin las garantías adecuadas. Por la misma razón, sin embargo, tenemos que ser cuidadosos de no descartar la revelación general. Por esto siento que postular una «historia ficticia» en cualquier conjunto de datos es un serio error.

No obstante, la revelación general tiene la ventaja de constituir un cuerpo mucho mayor de datos que la revelación especial; en consecuencia, esta es capaz de proveer muchos más detalles que las Escrituras. Pero como no es lenguaje humano, está mucho más expuesta a una falsa interpretación que la revelación especial.

Entonces, parece que la armonización debe ser nuestra última estrategia. Por supuesto, necesitamos darnos cuenta que en un momento determinado de la historia, puede que aún no tengamos información suficiente para hacer una armonización apropiada.

En principio, yo trato de no torcer ni distorsionar cualquiera de los conjuntos de información; tanto la revelación general como la revelación especial vienen del Dios que no puede mentir, y de ese modo presumo que las dos son confiables. Como soy un apologista y un intérprete que busca señalarle a la gente el Dios que existe en realidad, es probable que esté propenso a intentar una armonización preliminar aun cuando escasee la evidencia.

UNA CARTA A SUSANA

Querida Susana:

Susana, por un lado tú en realidad no necesitas adoptar una posición antes que otra; Dios ha hecho lo que ha hecho, y tus creencias no pueden cambiar esto de manera alguna. Por una parte debemos darnos cuenta de que Dios quiere que hagamos *nuestro mejor esfuerzo* para comprender lo que Él ha hecho. Una parte importante de nuestro desarrollo espiritual es una comprensión creciente del carácter de Dios y Sus obras. Esto sería por lo menos un proyecto para toda la vida, ¡o más probablemente uno que va a durar para siempre!

En cuanto a lo que debes hacer ahora mismo, Susana, es probable que sea una buena idea no apresurarse a asumir ninguna de estas posiciones ni rechazarlas del todo. Los peligros de la insistencia dogmática en una de ellas o el rechazo agnóstico a adoptar cualquiera de ellas me parecen grandes por igual, una especie de levadura de los fariseos versus la levadura de los saduceos (Mateo 16:5-12). Necesitamos tener cierto aprecio no solo sobre el contenido de nuestras creencias y por qué creemos en ellas, sino también por el grado de certidumbre que se garantiza para cada una de ellas. De esta manera, nos será más fácil ver lo que tenemos que cambiar si se hace evidente de que estamos equivocados en algún área.

En cuanto a cualquiera de estas posiciones que discutimos, pienso que si ya hubiéramos adoptado la posición, está bien que continuemos mirando en derredor nuestro. Mientras lo hacemos, queremos lograr sentir algo de lo que son las cuestiones principales, la apariencia que tienen los datos, cuáles son las ventajas y problemas de cada punto de vista, qué principios utilizan distintas personas para decidir tales cuestiones, y en particular, si usamos un doble rasero, esto es, si aplicamos exigencias más duras a otros puntos de vista que las que aplicamos a los propios. El Señor quiere que seamos fieles a Él y fieles a nuestros oponentes. Espero que este libro provea alguna ayuda a cada uno de nosotros mientras miramos alrededor nuestro.

Como seres creados con capacidades limitadas, dependientes de lo que Dios nos ha revelado en la Naturaleza y en las Escrituras, no debemos sorprendernos si no entendemos cómo todo armoniza. Eso está bien. ¡Dios no nos pide que hagamos funcionar el universo mientras Él toma una siesta! De seguro que quiere que estemos claros primero sobre las preguntas básicas más importantes: ¿Hay un Dios? ¿Cuál es su apariencia? ¿Qué espera de mí? Las *Buenas Nuevas* es que el Dios que existe en realidad es el Dios de la Biblia; que Él nos ama (aunque no nos ocupemos mucho de Él); y que ha provisto una vía para regresar a Él y conocerlo como nuestro mejor amigo mediante la obra de Jesús, quien toma sobre sí el castigo que merecemos y provee la justicia que debemos tener. Si hemos comprendido esto bien, y hemos dado la respuesta correcta a la oferta de Dios, entonces la cuestión principal está zanjada y tenemos suficiente tiempo durante el resto de nuestras vidas para las cuestiones menores; por ejemplo, cómo debemos vivir, la forma del bautismo, la forma de gobierno de la iglesia, el momento del Milenio, y la naturaleza de la obra de Dios en la Creación.

Como bosquejé arriba, de verdad pienso que tenemos excelentes razones para creer que Dios existe, que Él es el Dios que escribió la Biblia, y que varios de los mayores dilemas que enfrenta hoy la ciencia se resuelven cuando esto se reconoce. No tengo dudas sobre la utilización de la Biblia para comprender el universo, la historia humana, mi propio significado en el esquema de las cosas, y cómo Dios va a llevar la fase actual de la historia a su conclusión.

Bien, Susana, de eso se trata. Tú debes aceptar mi punto de vista si te parece el correcto. No debe sorprenderte que haya buenos cristianos que no estén de acuerdo. ¡Observa todas las cosas sobre las que no concuerdan los buenos cristianos! Tampoco debes alzar tus manos en un gesto de desesperación por no responder nunca cuestiones que causan controversia entre buenos cristianos con más educación que tú. Necesitaremos responder a Dios por *nuestras* acciones y creencias, no por las de ningún otro. Cada uno de nosotros puede pensar en tiempos en que hemos creído cosas, tomado decisiones, o llevado a cabo acciones por motivos que después se demostró que eran más bien débiles. Lo que el Señor requiere de nosotros es que actuemos justa y amemos la misericordia y caminemos humildes con él (Miqueas 6:8). ¡Que Él nos ayude a hacerlo!

RESPUESTA A ROBERT C. NEWMAN

Walter L. Bradley

Quisiera comenzar indicando que concuerdo en lo esencial con todo lo presentado por el Dr. Newman. Por lo tanto, utilizaré mi crítica para ampliar la discusión del tema del Dios-de-las-brechas y evaluar el argumento de Van Till de que una creación con la llamada integridad funcional es de alguna manera superior. Se leería mejor esta comunicación tras la lectura de mi crítica al capítulo de Van Till.

Me gustaría brindar un breve esbozo de los rasgos del diseño de nuestro universo desde el punto de vista de un ingeniero mecánico y entonces considerar si este diseño sería más impresionante si fuera el resultado de un proceso «libre de brechas», que Van Till llama una creación con integridad funcional. Dios hizo el universo para que fuera muy dinámico, interesante e impredecible al incluir en las leyes de la naturaleza algunos procesos físicos que son lineales y otros que no son lineales. El resultado neto es que tenemos algunos fenómenos, como el movimiento de la Tierra alrededor del Sol, que son resultado de procesos lineales muy estables y periódicos, y otros procesos físicos, tales como los ciclos del clima, que son el resultado de procesos no lineales y por lo tanto son muy inestables, y conducen a un comportamiento impredecible. Un universo en el que todos los procesos fueran lineales sería extremadamente estático y aburrido, mientras un universo en el que todos los procesos fueran no lineales sería demasiado caótico como para constituir un hogar apropiado. Nuestro universo está cuidadosamente equilibrado entre procesos estables que hacen la vida por lo general predecible, pero con rasgos dinámicos que ofrecen un constante progreso, cambios y sorpresas.

En un universo como ese, los sistemas vivos necesitan ser robustos para tener la capacidad de adaptarse a un medio que siempre es cambiante. Creo que Dios incorporó esta capacidad para la robustez en los seres vivos para que se correspondieran con los continuos cambios medioambientales a través de la inclusión de la diversidad genética de los organismos vivos y al permitir modificaciones ulteriores de esta diversidad por medio de las mutaciones. De ese modo, creo que la microevolución, que para mí incluye tanto los cambios en la distribución de la población genética dentro de las especies como las mutaciones que modifican las características existentes (algo distinto del más dudoso planteamiento de mutaciones que crean características enteramente nuevas), son parte del diseño sistémico de Dios. Un diseño como ese provee cambios dinámicos, que se adaptan en respuesta a una biosfera en continuo cambio y permite una infinita variedad de desarrollos interesantes en la historia creadora de Dios.

¿Pero qué decir del alegato de Van Till de que la Creación estaría de alguna manera más dotada si todos los eventos fueran hechos con ella puesta en «piloto automático», con todos los desarrollos de alguna manera incorporados al esquema inicial del diseño? Creo que un diseño como ese comprometería de manera sustancial el universo que tenemos en una de varias maneras. Primero: si el suministro de información va a venir por medio de la asignación de propiedades a la materia, entonces las consecuencias que son posibles estarían limitadas de forma significativa por las asignaciones de propiedades dadas al inicio. Si, por ejemplo, la secuencia de aminoácidos en las proteínas se debiera a las preferencias de enlaces químicos, entonces solo una o unas pocas secuencias serían admisibles, lo cual limitaría mucho las variedades de proteínas que podrían producirse. Por otro lado, cuando esta información se provee por otros medios, el número de maneras en las que pueden organizarse los biopolímeros (tales como las proteínas) y los sistemas serían de hecho ilimitadas.

Segundo: la restricción al tratar de poner toda la información dentro de las propiedades iniciales puede tener algunas penalidades de funcionamiento muy significativas que no son evidentes a primera vista. Suponga que quisiera diseñar un automóvil que pudiera armar yo mismo. En principio sería posible hacer ese automóvil. No obstante, el grado de complejidad asociado con estos requisitos adicionales incrementaría en gran medida el costo y seguro que comprometería el funcionamiento, pues estas capacidades adicionales llegan a un alto costo de las complejidades adicionales que solo son útiles en el ensamblado, pero no después. De la misma manera, puede que haya algunos arreglos significativos de diseño en un universo que es capaz de desarrollarse con toda la información necesaria incorporada en las propiedades de la materia.

En resumen, no hay base racional para la afirmación de Van Till de que un universo que se desarrolle por completo en piloto automático representaría un mejor diseño o una creación de Dios mejor dotada que uno en el cual no toda la información necesaria se imparte solo en las propiedades de la materia, sino que se incorpora en ciertos puntos críticos de la historia evolutiva del universo.

RESPUESTA A ROBERT C. NEWMAN

John Jefferson Davis

De los tres contribuyentes a este simposio, mi propia posición es la más cercana a la de Robert Newman. Como el profesor Newman, me siento cómodo con el término «creacionismo progresivo», el cual entiende que las actividades creadoras de Dios han ocurrido en cierto número de pasos durante largos períodos de tiempo.[1]

También estoy de acuerdo en que alguna forma de modelo complementario es útil para comprender la relación de conjunto entre la ciencia y la religión.[2] Una perspectiva como esa reconoce que las Escrituras y la ciencia tienen diferentes propósitos y enfoques, que las Escrituras se concentra en los temas cualitativos de propósito y significado, y las ciencias, en los temas cuantitativos de proceso y estructura. Tanto Newman como yo reconocemos que, como Dios es el Creador de la naturaleza, y el autor tanto de la naturaleza como de las Escrituras, se debe esperar que algunas áreas se superpongan entre el interés bíblico y el científico. Ambos esperamos que las obras de Dios en la creación, la providencia y la redención puedan en ciertas instancias dejar huellas reconocibles en el orden natural, ya que ellas tienen lugar en el mundo real del espacio y el tiempo, no solo en el ámbito puramente espiritual de la subjetividad humana.

[1]No obstante, yo me inclinaría a ver más evidencias de formas transicionales en el registro fósil de las que ve Newman, como se indicará en la respuesta que sigue.

[2]Para una discusión del modelo complementario y de otros modelos de relacionar ciencia y religión, vea Ian Barbour, *Religión in an Age of Science* (HarperCollins, San Francisco, 1990), 3-30.

Newman y yo también concordamos en nuestra oposición al naturalismo metodológico como una filosofía de la ciencia.[3] Esto significa que, desde nuestro punto de vista, no hay razón a priori por la cual los factores sobrenaturales deban ser excluidos por definición en los intentos para comprender los rasgos del orden natural. Por ejemplo, creemos que la actividad divina es la «mejor explicación» del origen de las primeras células vivas y de las principales formas de vida de la explosión cámbrica, y que los puros procesos naturales no pueden proveer suficientes explicaciones convincentes de esos saltos cuantitativos en el nivel de la complejidad observada.

Tanto Newman como yo concordamos en que hay una abrumadora evidencia científica de que el universo y la Tierra son muy antiguos. Esta evidencia ya está disponible en las obras de Davis Young, Alan Hayward, Brent Dalrymple, y Dan Wolderly.[4]

A diferencia de Newman, yo entiendo los «días» de Génesis 1 en términos de la hipótesis *del marco literario*, en la cual los días no son períodos de 24 horas de tiempo, sino el marco literario de la obra creadora de Dios.[5] El ordenamiento de los días se debe entender como tópico y teológico antes que de naturaleza cronológica.

De acuerdo con Newman, el propósito principal de Génesis 1 parece ser que Dios hizo los distintos tipos de plantas y animales, con pocos detalles explícitos de los procesos que esto involucró. Estoy de acuerdo con Newman en su visión de que Génesis 1 no necesariamente excluye algunas formas de evolución teísta. Sin embargo, tiendo a ver como más probable la evidencia que él propone en el registro fósil

[3]Para una penetrante crítica de las limitaciones del naturalismo metodológico vea Alvin Platinga, «Methodological Naturalism?» *Perspectives on Science and Christian Faith* 49 (Septiembre 1997): 143-54.

[4]Davis A. Young, *Christianity and the Age of the Earth* (Zondervan, Grand Rapids, 1982); Alan Hayward, *Creation and Evolution: Rethinking the Evidence from Science and the Bible* (Minneapolis; Bethany House, 1985); G. Brent Dalrymple, *The Age of the Earth* Stanford, Calif.: Stanford University Press, 1991); Dan Wonderly, *God's Time Records in Ancient Sediment (Crystal Press, Flint, Mich., 1977); y Neglect of Geological Data (Interdisciplinary Biblical Research Institute, Hatfield, Pa., 1987).*

[5]Para este punto de vista, vea Henri Blocher, *In the Beginning* (InterVarsity Press, Downers Grove, Ill., 1984), 39-59, y M. G. Kline, «Because it Had Not Rained», *Westminster theological Journal* 20 (1957-58): 146-57. Una forma de este punto de vista se encuentra también en Tomás Aquino, *Summa Theologica*, Pt.1, qq. 65-74, «Tratado sobre la Obra de los Seis Días». David Sterchi, «Does Genesis 1 Provide a Chronological Sequence?» *Journal of the Evangelical Theological Society* 39 (Diciembre 1996): 529-36 argumenta que el uso del artículo definido en Génesis 1 no requiere un ordenamiento cronológico de los días; al parecer los días se numeran sobre la base del contenido, no del orden en el tiempo.

de la transición entre las formas principales. Por ejemplo, el anfibio primitivo extinto *Ichthyostega* tiene rasgos anatómicos que son intermedios entre los anfibios más avanzados y los peces con pulmones, de los cuales puede haber derivado. Nuevos descubrimientos relacionados con el *Panderichthys*, un pez lobulado extinguido, muestran un mosaico de características de pez y de anfibio.[6]

Newman no discute las extensas evidencias en el registro fósil de antiguos animales extintos que muestran características anatómicas que son intermedias entre los reptiles y los mamíferos. La evidencia fósil es extensa, y se prolonga durante un período de más de 150 millones de años, y apunta a transiciones de «reptiles pequeños de sangre fría a pequeños mamíferos lanudos de sangre caliente».

La mayoría de los paleontólogos cree que los antepasados de los mamíferos modernos se deben encontrar entre un grupo de reptiles extinguidos parecidos a los mamíferos, conocidos como cinodontes [Cynodontia]. El registro fósil de los reptiles parecidos a los mamíferos es el más completo entre cualquier grupo de vertebrados terrestres a excepción de los propios mamíferos.

Por ejemplo, se puede considerar el caso del *Cynognathus*, un animal extinto aproximadamente del tamaño de un perro grande, que muestra una mezcla de características de reptil y mamífero. El *Cynognathus* tenía un gran cráneo parecido al del perro. Sus dientes estaban diferenciados y especializados, a diferencia de los dientes no diferenciados de un reptil. La columna vertebral se diferenciaba en las regiones cervical, dorsal y lumbar, como la de un mamífero. Estos y otros rasgos del esqueleto muestran que era un reptil carnívoro activo que se aproximaba en muchos aspectos al estadio de desarrollo de los mamíferos. El *Cynognathus* era solo uno de los muchos tetrápodos extinguidos que muestran características intermedias entre los reptiles y los mamíferos.[8]

También vale la pena observar que hay animales *vivientes*, los monotremas, mamíferos que ponen huevos de Australia, que exhiben características intermedias entre los reptiles y los mamíferos más

[6]Edwin H. Colbert y Michael Morales, *Evolution and the Vertebrates: A History of the Backboned Animals Through Time*, 4th ed. (Nueva York: John Wiley & Sons, 1991), 67-69; Per E. Ahlberg, et al., «Rapid Braincase Evolution Between Panderichthys and the Earliest Tetrapods», *Nature*, 2 May 1996, 61-63.

[7]Robert L. Carroll, *Vertebrate Paleontology and Evolution* (New York: W.H. Freeman, 1988), 361. Vea también T. S. Kemp, *Mammal-Like Reptiles and the Origin of Mammals* (London; Academic Press, 1982).

[8]Colbert y Morales *Evolution*, 123-25.

avanzados. El equidna y el ornitorrinco son mamíferos primitivos que se reproducen poniendo huevos (como los reptiles) y aun como mamíferos amamantan a sus crías con leche producida por glándulas sudoríparas modificadas. Como en los reptiles, las costillas cervicales de estos animales no están soldadas, y ciertos rasgos de reptil pueden distinguirse en la estructura de sus cráneos. Sus sistemas urinarios y el recto se abren en una cloaca común como en los reptiles, y no de manera separada como en los mamíferos. En estos aspectos el equidna y el ornitorrinco representan formas intermedias entre mamíferos extinguidos parecidos a los reptiles y los mamíferos superiores.[9]

Otro ejemplo bien conocido de una forma intermedia es el *Archaeopteryx*, que se considera por lo general como el más antiguo de los pájaros. Descubierto por primera vez en la década de 1860 en Alemania, el *Archaeopteryx* tenía dientes y una larga cola ósea, como los reptiles, y aún así tenía plumas y una clavícula soldada (la «siquitrilla») como los pájaros.[10] En general se le considera como un buen ejemplo del «eslabón perdido» entre los dinosaurios y las aves. En 1977, dos científicos argentinos anunciaron el descubrimiento del *Unenlagia comahuensis*, un dinosaurio extinto que mostraba características intermedias entre el *Archaeopteryx* y el grupo de dinosaurios que muchos consideran como el más próximo a las aves.[11] Esas evidencias tienden a otorgar credibilidad adicional a la hipótesis de que los orígenes de las aves deben encontrarse entre los dinosaurios.

Newman apunta a algunas de las serias cuestiones teológicas que surgen en relación con los escenarios evolutivos teístas de los orígenes humanos. No obstante, su discusión se hubiera fortalecido a través de una más detallada discusión de la evidencia del fósil homínido.[12] El registro fósil de los *Australopitecinos*, el *Homo erectus*, los neandertales, y otras formas homínidas extintas indican que el *Homo sapiens* no apareció sobre la tierra sin precursores. Estos precursores humanoides estuvieron caracterizados por la transición al bipedalismo, o andar erguido; los aumentos graduales del tamaño del cerebro; cambios en las estructuras del esqueleto y los dientes; y una creciente sofisticación

[9]Ibid., 241.

[10]Michael J. Benton, *Vertebrate Paleontology* (Londres: Unwin Hyman, 1990), 209-13.

[11]Fernando E. Novas y Pablo F. Puerta, «New Evidence Concerning Avian Origins from Late Cretaceous of Patagonia», *Nature*, 22 May 1997, 390-92.

[12]Por ejemplo, vea Richard G. Klein, *The Human Career: Human Biological and Cultural Origins* (University of Chicago Press, Chicago, 1989), y David Lambert, *The Field Guide to Early Man* (Nueva York: Facts on File, 1987), para presentaciones accesibles de la evidencia homínida fósil.

de las tecnologías de los instrumentos de piedra, cambios que se extendieron por millones de años. Se necesita integrar por completo estos datos a cualquier intento de relacionar el relato de Génesis de los orígenes humanos con el registro fósil de los homínidos.

RESPUESTA A ROBERT C. NEWMAN

J. P. Moreland

Mis puntos de vista sobre la controversia creación-evolución están divididos entre el creacionismo de la Tierra vieja y la Tierra joven. Mientras me inclino bastante hacia los puntos de vista de la Tierra vieja, no veo la cuestión como algo resuelto. Sin embargo, mis mayores preocupaciones conciernen a mi deseo de promover el diseño teísta y alguna forma de creacionismo especial por encima de la evolución teísta, que considero inadecuada y menos que lo que requieren las consideraciones científicas relevantes. A causa de esto, pese a que quizás haya algún acierto aquí y allá en el ensayo de Newman en lo que no estoy completamente persuadido, concuerdo en lo fundamental con la mayor parte de lo que dice. Entonces, en mi respuesta, quiero ofrecer algunas reflexiones sobre una objeción que es probable que surja contra su enfoque. Dicho de manera simple, la objeción dice que cuando explicamos algún fenómeno natural con que Dios lo hizo, entonces esta «explicación» detiene ya la búsqueda de explicaciones naturales ulteriores y no ofrece mucha información.

Para abundar un poco, esta objeción sostiene que la ciencia teísta, de la cual el creacionismo progresivo de Newman es una versión específica, no es un programa de investigación fructífero para resolver problemas empíricos ni para orientar nuevas investigaciones y producir nuevas estructuras que se puedan comprobar de forma empírica en otras áreas de investigación. Debido a esto, la ciencia teísta, aunque todavía ciencia en principio, sin embargo debe ser abandonada. Explicaciones en términos de la acción divina ahogan la investigación científica, entorpecen el progreso, y crean un corto circuito en las explicaciones naturalistas y los logros conceptuales que se desprenden de esa investigación. ¿Qué diremos de este problema?

Concedamos por un momento la inequívoca importancia de la improductividad como un criterio para evaluar los méritos de una teoría o programa de investigación científico (más o menos una familia de teorías). Tengo dos cosas que decir sobre esos supuestos. Primero: si concedemos que la ciencia teísta (p. ej.: las prácticas y teorías creacionistas progresivas) no ha sido fructífera, pienso que la misma cosa se puede decir con la misma razón de la teoría de la evolución. ¿Cómo ha conducido la teoría de la evolución a una investigación fructífera, a explicaciones útiles, o a predicciones empíricas exitosas? Varios eruditos cristianos y no cristianos han alegado que la teoría de la evolución está en un período de crisis precisamente porque es un programa de investigación sin salida si se le juzga por su productividad.[1]

Por otra parte, aun si estamos de acuerdo en que una utilización de la ciencia teísta de los conceptos teológicos no ha sugerido de manera fructífera nuevas líneas de investigación empírica (y esta necesidad no se debe garantizar), todo lo que se deriva de esto es que los científicos teístas necesitan trabajar más para desarrollar la infraestructura de sus modelos, no que sus modelos no sean parte de la ciencia natural ni que ellos no puedan ser empíricamente fructíferos donde sea apropiado. Ahora ya está tomando lugar algo de este desarrollo mientras aumenta la efervescencia sobre los nuevos esfuerzos en la investigación del diseño inteligente.

Hasta ahora he asumido que la productividad es un criterio bien definido y apropiado para evaluar los méritos de una teoría científica (o un programa de investigación). Es desafortunado, pero esta suposición está lejos de ser algo no controversial. Una apelación a la productividad empírica para juzgar los méritos relativos del creacionismo de la Tierra vieja y la Tierra joven frente a la evolución teísta o naturalista puede que sea poner en tela de juicio y ciertamente representa una comprensión ingenua de la complejidad de esa productividad como criterio para evaluar los méritos relativos de programas de investigación opuestos, en especial, de estos opuestos.

En primer lugar, dos teorías opuestas pueden resolver un problema de manera diferente en dependencia de la forma en que cada teoría describa el fenómeno a ser resuelto. Copérnico resolvió el movimiento de los planetas al colocar al Sol en el centro del universo. Tolomeo resolvió ese movimiento a través de un complicado conjunto de órbitas con epiciclos

[1]Vea Michael Denton, *Evolution: A Theory in Crisis* (Londres: Adler & Adler, 1986); J. P. Moreland, ed., *The Creation Hypothesis* (InterVarsity Press, Downers Grove, Ill., 1994).

más pequeños encerrados en otros mayores. Cada solución era diferente (y no necesariamente de igual efectividad). De esa manera, las pautas para medir un programa de investigación pueden diferir mucho de aquellas que son relevantes para su oponente. No estoy diciendo que los rivales son inconmensurables (es decir, que no pueden ser comparados entre sí). Simplemente señalo que a menudo es mucho más complicado comparar rivales de lo que normalmente se piensa. Si un rival es el paradigma dominante, el programa de investigación menos aceptable (p. ej.: la ciencia teísta) puede juzgarse con facilidad como un fracaso a través de las pautas sentadas por su rival. Y esto puede ser inflexible.

Por ejemplo, es posible que dos rivales cataloguen el mérito relativo de los valores epistemológicos de diferentes maneras o hasta den el mismo valor a un diferente significado o aplicación. Un valor epistemológico es un aspecto de una teoría científica que, si está presente, aumenta la aceptabilidad racional de esa teoría. Cierto número de valores epistemológicos importantes han sido identificados en las teorías científicas: las teorías deben ser simples (en especial al compararlas con su rival), de observación exacta, de predicción exitosa, fructíferas, tener una amplia gama de aplicaciones, resolver problemas conceptuales internos (o sea, contener conceptos teóricos que sean claros, no vagos ni ambiguos; no improbables ni inverosímiles; y conformes con el resto de la teoría, en vez de aparecer como extraños o improvisados), y resolver problemas conceptuales externos.

Un problema conceptual externo es una dificultad intelectual para una teoría científica que tiene su origen en un campo exterior a la ciencia, como la matemática teórica, la historia, la ética, la filosofía, o la teología, y que tiende a invalidar la teoría científica en cuestión. Por ejemplo, si hay argumentos éticos a favor del hecho de que los seres vivos tienen esencias o naturalezas, entonces si una teoría científica implica con mayor naturalidad que ellas no tienen esas naturalezas, estos argumentos éticos comportan problemas conceptuales que al final tienen que resolverse. Repito, si hay argumentos filosóficos a favor del hecho que el pasado no pudo haber tenido una duración infinita, esto presenta problemas conceptuales externos para los modelos cosmológicos que implican un pasado infinito. De esa manera, los rivales pueden diferir de manera radical sobre la naturaleza, la aplicación, y la importancia relativa de un valor epistemológico particular.

Los creacionistas y los evolucionistas no necesitan intentar resolver un problema (p.ej.: un salto en el registro fósil) de la misma manera exacta, ni tienen que emplear el mismo tipo de soluciones ni la misma jerarquía de valores epistemológicos en sus conclusiones. Los creacionistas pueden elevar el valor «solución de problemas teológicos y filosóficos internos y externos» por encima del valor «ofrecer soluciones que produzcan líneas fructíferas de nuevas investigaciones empíricas». Por ejemplo, los creacionistas pueden considerar que tienen buenas bases intelectuales a partir de la filosofía, la teología y la exégesis bíblica para pensar que la teoría general de la evolución (teísta o naturalista) está equivocada. Pueden pensar que en lo intelectual es más responsable encontrar un modelo de los orígenes que resuelva estos problemas conceptuales externos que desarrollar puntos de vista que sean empíricamente fructíferos. No hay nada del todo anticientífico en esto, y es una cuestión de petición de principios alegar que un criterio de productividad científica establecido por un programa de investigación (p. ej.: la búsqueda de mecanismos evolutivos) debe ser lo más importante para un programa rival y, si no, el rival no es ni siquiera ciencia o, si lo fuera, no es tan aceptable como lo sería un competidor más fructífero desde el punto de vista empírico.

La ciencia teísta puede ser más apta en la solución de problemas conceptuales que un programa de investigación rival, y esto debe ser más importante para la ciencia teísta que la productividad empírica. Aquí hay que trabajar más, pero aun si estoy en lo correcto al menos de forma parcial, entonces dadas las actuales preferencias por lo empírico sobre lo conceptual, y dada la falta general de aprecio hacia el papel de los problemas conceptuales en la historia de la ciencia, a la ciencia teísta se le dará con toda probabilidad una evaluación epistemológica negativa más allá de lo que pueda merecer.

Por último, un rival considerará a veces un fenómeno como básico y que no necesita solución, empírica ni de otro tipo. En consecuencia, puede desaprobar preguntas sobre el cómo y el por qué ese fenómeno ocurre y, así, a duras penas se le puede reprochar por no ser productivo al sugerir líneas de investigación empírica para mecanismos cuya existencia la teoría no postula. Como Nicholas Rescher ha señalado:

> Una manera en que un cuerpo de conocimientos S puede abordar una pregunta es, por supuesto, *contestándola*. Pero otra manera, y muy diferente, en que S puede abordar una pregunta es proscribiéndola. S *proscribe* [P] cuando hay algún presupuesto de P que S no sanciona: dado S, simplemente no estamos en posición de formular P.[2]

[2]Nicholas Rescher, *The Limits of Science* (Berkeley, Calif.: University of California Press, 1984), 22.

Por ejemplo, el movimiento no era natural en el cuadro del universo de Aristóteles y, en consecuencia, los ejemplos de movimiento planteaban problemas que necesitaban una explicación. Pero en el cuadro del universo de Newton el movimiento lineal uniforme es natural y solo los cambios de movimiento planteaban problemas que necesitaban solución. De este modo, suponga que un partidario de Newton y uno de Aristóteles tratan de resolver un problema de observación sobre cómo y por qué un cuerpo particular se mueve de manera lineal uniforme. El partidario de Aristóteles tiene que relatar cómo y por qué el cuerpo se mueve para resolver el problema. Pero el partidario de Newton puede desaprobar la necesidad de una solución si designa el fenómeno como un dato básico para el cual no hay solución posible de no utilizar un mecanismo más básico que responda a una pregunta sobre el cómo.

De modo semejante, ciertos fenómenos como el origen de la vida o los vacíos en el registro fósil no son problemas que necesiten solución para los creacionistas más allá de una apelación a Dios, la entidad causal primaria. Pero la teoría evolucionista tiene problemas, y deben buscarse líneas fructíferas de investigación de nuevos mecanismos. No obstante, es ingenuo y una petición de principio culpar a los creacionistas por no desarrollar estrategias fructíferas de resolver problemas para esos vacíos comparados con sus rivales evolucionistas, debido a que esas estrategias están proscritas dado que estos fenómenos son básicos para los creacionistas. En este caso, es suficiente que los creacionistas utilicen nociones teológicas que los guíen en la búsqueda de pruebas científicas, a fin de establecer los fenómenos pronosticados por las construcciones teológicas. Una vez que se contesta la pregunta del qué, no hay material adicional ni preguntas mecanicistas del cómo que surjan.[3]

Por último, en ciertos casos los defensores de la ciencia teísta pueden ser más francos que sus contrapartidas metodológicas naturalistas para permitir que los datos empíricos hablen por sí mismos. Esto es en

[3]Se debe añadir que algunas apelaciones a la productividad distorsionan de hecho un tema intelectual. Por ejemplo, William Bechtel argumenta que de los dos puntos de vista concernientes a la relación entre los estados mentales y los estados del cerebro—los dos son diferentes pero correlativos (dualismo de propiedad o sustancia) o los dos son idénticos (fisicalismo de tipo o toquen)—la tesis de la identidad se puede juzgar como una posición superior basada en la productividad del programa de investigación científica que se deriva de ella. Vea su *Philosophy of Mind* (Hillsdale, N.J.: Lawrence Erlbaum Associates, 1988), 101-3. Sin embargo, esta recomendación distorsiona el orden apropiado del análisis relativo al problema mente-cuerpo (La filosofía es más básica e importante que la ciencia), y en todo caso, cualquier programa de investigación que genere la tesis de la identidad, el mismo programa de investigación, quizás con unas pequeñas modificaciones, podría generarse a partir de la posición dualista correlativa,

especial cierto en áreas donde Dios pudo haber actuado a través de causas primarias o secundarias aun si, para decirlo desde el punto de vista teológico, las primeras son más probables. Como un ejemplo de esto, considere la investigación de Kok, Taylor, y Bradley.[4] Desde su punto de vista, el tipo de especificidad funcional en las secuencias de amino ácidos en las proteínas de los organismos vivos se debe a la actividad causal primaria de un diseñador. Basados en este presupuesto, ellos predijeron y «verificaron» el hecho de que están ausentes diferentes formas de las tendencias de auto ordenamiento en la materia, especialmente la interferencia amplia que alegadamente hace surgir una secuencia preferencial fortuita de los aminoácidos en las proteínas. Si se hubiera hallado tal interferencia, hubieran visto la actividad de Dios en el diseño de estas secuencias como causas secundarias. Sin embargo, los defensores del naturalismo metodológico (p.ej.: los evolucionistas naturalistas o teístas) parecen estar en condiciones de *requerir* esa interferencia amplia, o algo de este tipo, debido a su compromiso con el naturalismo metodológico y la causalidad secundaria.

Los defensores de la ciencia teísta como Newman no creen en un Dios caprichoso ni emplean de grado ni por fuerza la noción de un acto creativo milagroso. En su visión, esos actos son minoritarios, y permitir su posibilidad (y apelar a ellos para guiar la investigación, formular predicciones y expectativas de lo que descubriremos en el mundo, y explicar ciertos hechos) de ninguna manera obstaculiza la investigación general de los mecanismos naturales. Y la afirmación de que las teorías creacionistas no son productivas no se puede emplear como un freno a la conversación para silenciar a los que, como Newman, que se complacen en ofrecer sus argumentos, apelan a la evidencia, y dejan que las fichas caigan donde deben. Lo que tratan de hacer los creacionistas de la Tierra vieja y joven es abrir la mente de la gente y mostrar que aquí hay una cuestión legítima: Cuando se examina bien la evidencia, ¿son adecuados los mecanismos naturalistas para explicar el mundo vivo o son una mejor explicación las acciones deliberadas de un diseñador inteligente? Después de todo, la verdadera cuestión en este debate no es la productividad sino la verdad, y cuando se llega a la microevolución, los creacionistas de la Tierra vieja y la nueva concuerdan en que la mejor evidencia disponible justifica la afirmación de que las explicaciones del diseño inteligente no son complementarias de los mecanismos evolutivos, y que lo primero es cierto mientras lo segundo es falso.

[4]R. A. Kok, J. A. Taylor, y W. L. Bradley, «A Statistical Examination of Self-Ordering of Amino Acids in Proteins», *Origins of Life and Evolution of the Biosphere* 18 (1988):135-42.

RESPUESTA A ROBERT C. NEWMAN

Vern S. Poythress

El enfoque general del Dr. Newman como creacionista de la Tierra vieja es atractivo en la medida que trata de interpretar con cuidado tanto la Biblia como la ciencia moderna. En particular, las observaciones generales de Newman sobre la relación de ciencia y teología son convincentes y útiles.

Newman ve muy bien que *en su mayor parte* la Biblia no entra en detalles sobre los medios que puede haber utilizado Dios en sus actos de creación. Como la Biblia solo suministra una información limitada en esta área, algunos tipos de evolución teísta son permisibles desde el punto de vista teológico. Newman basa sus preferencias a favor de una creación especial principalmente en datos científicos.

Newman también tiene razón al advertir contra diluir las afirmaciones bíblicas. Apunta hacia el carácter excepcional de la creación de Adán y Eva. Como él observa, la idea de una «historia ficticia» o «alegoría» no funcionaría en Génesis 2. En su estructura global Génesis da bastantes indicios de hablar sobre eventos reales. Los últimos capítulos de Génesis contienen las historias de Abraham, Isaac, y Jacob, a quienes la Biblia siempre presenta como personas auténticas. De manera similar, Adán y Eva y los acontecimientos que los rodean son reales.

Es desafortunado, pero en materia de detalles Newman no es siempre el mejor representante posible del creacionismo de la Tierra vieja. En mi opinión, un punto de vista concordante, que discuto de manera breve en mi respuesta a Nelson y Reynolds, es la mejor interpretación de Génesis 1.[1] Al adoptar el punto de vista de un modificado

[1]Vea Derek Kidner, *Genesis* (InterVarsity Press, Downers Grove, Ill., 1967), 54-58.

«día intermitente» en Génesis 1, Newman se ha enredado sin necesidad en cierto número de errores de interpretación.

Primero: Newman alega que el séptimo día de Génesis 2:2-3 todavía está en el futuro. Pero a las claras se ve que no lo está. Los tiempos verbales de Hebreos 2:2-3 son los normales que se usan para continuar la narración de eventos *pasados*, justo como en 1:3—2:1. De la misma manera, Éxodo 30:11 dice que Dios descansó (en el pasado).[2]

Segundo, Newman alega que las acciones creadoras de Dios en Génesis 1 *comenzaron* en días particulares, pero continúan en el presente. (Algunos de los detalles se hallan en el libro de Newman, no en el presente ensayo.)[3] Por supuesto, Génesis 1 incluye *pronunciamientos* creadores que retienen su validez hasta el presente. El Sol y la Luna continúan marcando las estaciones, de acuerdo con Génesis 1:14. Los animales continúan reproduciéndose, de acuerdo con Génesis 1:24. Pero las obras creadoras de Dios al hacer la luz, el Sol, y hacer los tipos de animales están completas. «Así quedaron terminados los cielos y la tierra, y todo lo que hay en ellos» (Génesis 2:1). Los lectores israelitas lo entenderían, y de hecho la observación ordinaria lo confirma: las cosas que hizo Dios ya están aquí y se hallan completamente formadas y funcionando.[4]

Tercero: Newman alega que cada día es un día de veinticuatro horas que marca solo el comienzo del período creativo: Las obras de creación de Dios no ocurren *durante* el día, sino durante un largo período de tiempo inaugurado por el día.[5] Este punto de vista no tenía sentido para los israelitas. Un israelita trabajaba seis días y descansaba el séptimo porque seguía el patrón de Dios, que lo había hecho antes

[2]El libro de Newman apela a Hebreos 4 y Juan 5:17 (Robert Newman and Herman J. Eckelmann, Jr., *Genesis One and the Origen of Earth* (InterVarsity Press, Downers Grove, Ill., 1977, 65). Pero esta apelación solo confunde el tema sobre qué habrían entendido los israelitas *antes* que Hebreos 4 y Juan 5:17 se hubieran escrito. De hecho, los pasajes del Nuevo Testamento asumen que ya conocemos lo que afirma Génesis 2:2-3 sobre el pasado. Hebreos 4 indica que el pueblo de Dios descansaría en el futuro, pero asume que sabemos que el propio Dios ya ha descansado él mismo (Hebreos 4:10b). Juan 5:17 nos dice que Dios todavía realiza sus obras de providencia y *redención*; sabemos gracias a Génesis que Él ha terminado su obra de *creación*.

[3]Fíjese en esta afirmación sobre el sexto día en su presente ensayo: Vea también Newman and Eckelman, *Genesis One*, 83-88.

[4]Cuando Newman alega que la obra creadora de Dios continúa, le impone a Génesis 1 un significado científico técnico, en lugar de verla como una descripción ordinaria para los israelitas (Newman and Eckelmann, *Genesis One*, 84-85). Vea mi discusión del lenguaje bíblico en mi respuesta a Nelson y Reynolds.

[5]Newman and Eckelmann, *Genesis One*, 64-88.

(Éxodo 20:11). Por analogía con el trabajo humano, Génesis 1:6-8 describe el trabajo que Dios realiza *durante* el segundo día, no el trabajo durante una larga era, al final del cual comienza por último un segundo día de veinticuatro horas en 8b. De la misma manera con los otros días. De manera que seis días, tomados juntos, cubren toda la actividad creadora de Dios (note de nuevo Éxodo 20:11). Los días no son pequeños períodos de veinticuatro horas dispersos dentro de un período de tiempo inmensamente mayor de actividad creadora. Antes bien, ellos forman un todo, una semana, durante la cual las obras de la creación tienen lugar, y al final de la cual Dios descansa.

Cuarto: Génesis 1:16 dice que Dios «hizo» los astros, no que hizo aparecer cuerpos celestiales que ya existían, como afirma Newman.

Newman admite que en Génesis 1 tiene lugar cierto grado de organización lógica y tópica, de manera que no todo es puramente cronológico.[6] Si es así, está bien cerca de un punto de vista concordante moderado, el cual lo libraría de sus dificultades.[7]

También señalaremos un problema con la discusión de Newman de la intervención milagrosa. Newman falla a la hora de cerrarle de golpe la puerta a la idea de una «naturaleza» que se controla a sí misma, y por esa razón debilita su caso vis-à-vis Howard Van Till y las ideas teístas. Dejen que me explique. Newman describe los actos especiales de creación como una «intervención milagrosa». Después hace la distinción de un milagro de providencia por medio de la «ley natural». Pero ley natural es un término extremadamente problemático. Podría ser una abreviatura de la ley de Dios o decretos de las criaturas. En este sentido, todo se adapta a esta ley natural. Este significado de la ley natural no logra distinguir un tipo de acción (milagro) de otro (providencia). O el término ley natural puede ser una abreviatura de «lo que hace la naturaleza cuando se la deja sola». En ese caso, ello sugiere deísmo, antes que verdad bíblica. En un último análisis, una cosa creada no hace nada «por sí misma», sino solo por medio del poder sustentador de Dios (Hebreos 1:3). ¿O la ley natural denota un tipo de «mecanismo cósmico», creado por Dios, que hace funcionar el mundo cuando Dios está de vacaciones? La Biblia no permite un mecanismo como ese, sino que declara en repetidas ocasiones que Dios domina [el universo] en persona a través del ejercicio de «Su Palabra poderosa»

[6]Ibid., 79.

[7]Vea mi discusión de un punto de vista armonizador moderado en mi respuesta a Nelson y Reynolds.

(Hebreos 1:3; vea Salmo 147; 121). ¿O ley natural significa «lo que los actuales científicos piensan que son las leyes»? Entonces esto cambia con el progreso de la ciencia y es solo un huésped educado que se aproxima a los mandatos reales de Dios. Ninguno de estos enfoques ayuda de manera alguna a producir una sólida comprensión bíblica del milagro.

Todavía se podría distinguir los milagros como los actos más extraordinarios, estremecedores y maravillosos, que proveen de manera excepcional una revelación especial, o quizás como los actos más centrales para la realización de la redención de Dios. Pero esta ruta no proporcionará a Newman lo que él quiere.

Sería mejor que Newman hablara de los actos «normales» y «excepcionales» de Dios. La palabra «intervención», por contraste, comporta serias ataduras. Tiende a sugerir que Dios interviene en un mecanismo que en su mayor parte es auto suficiente. La mayor parte del tiempo Dios hace poco salvo observar. Pero cuando las cosas llegan a un punto particular, Él «interviene». O además puede sugerir que Dios hizo el universo de cierta manera, y entonces «interviene» de una manera contraria al carácter innato del mundo creado. Estos dos fallidos puntos de vista están en conflicto con las enseñanzas bíblicas sobre la intervención personal constante de Dios en Su mundo, la armonía de Su plan, y la coherencia de todas Sus acciones (Salmo 104; 135; 136; 147; 19; Isaías 46:9-10; Efesios 1:10-11; Colosenses 1:15-20).

Se mantienen los siguientes problemas menores:

Primero: los supuestos «indicios bíblicos» de una Tierra vieja son bastante débiles y deben ser retirados del argumento.

Segundo: al evaluar las distintas teorías del diluvio, es importante decidir si el diluvio de Noé fue local o universal. Esto es, ¿de verdad cubrieron las aguas del Diluvio solo una región o todo el globo? Un diluvio local es mucho más fácil de armonizar con una posición de la Tierra vieja. Así pues, uno desearía que Newman ofreciera un ulterior respaldo a la idea de que el diluvio de Noé fue local.[8]

Tercero: ¿qué hay con la «teología natural»? Newman señala con acierto que la Biblia incluye la idea de una revelación general. Todo lo que Dios ha hecho da testimonio de Él y deja a la gente sin excusas para alejarse de Él (Romanos 1:18-32; Salmo 19). Pero entonces Newman pasa enseguida a la problemática de la teología natural. Quizás Newman utilice la teología natural como un sinónimo de la

[8]Para más sobre el diluvio de Noé, vea mi respuesta a Nelson y Reynolds.

revelación general, pero ese no es su significado usual. Ella puede denotar lo que una persona, influida por el pecado, y que quizás rehúsa someterse a la Biblia, puede esperarse que acepte de la revelación general. Históricamente, en este sentido la teología natural ha subestimado por lo regular los efectos radicales del pecado al traer oscuridad y perversidad a las mentes de los seres humanos (Efesios 4:17-19).

CONCLUSIÓN

Robert C. Newman

Con respecto a la reacción de mis colegas, responderé a cierta cantidad de sus puntos de forma temática.

LAS TRANSICIONES DEL REGISTRO FÓSIL

Estoy consciente de que algunos científicos alegan haber encontrado ciertas transiciones entre las categorías superiores en el sistema de clasificación biológica. Por eso expresé mis comentarios sobre esto con tanta cautela como lo hice. No puedo hacer ningún juicio independiente de la validez de estos reclamos porque no tengo la cantidad enorme de entrenamiento especializado y experiencia de campo en biología y geología que sería necesaria para esto. Aun los especialistas discuten con frecuencia sobre estas cuestiones.

En todo caso, para mi modelo de los eventos de la creación no hay necesidad de excluir esas transiciones. Los tipos básicos de cosas vivientes mencionadas en Génesis muy bien puede haberlas hecho Dios a partir de anteriores tipos existentes antes que de la nada. Ese es justo el tipo de cosas que tenemos que poner a prueba por medio de la investigación científica. Pero necesita ser una investigación científica que esté abierta a la posibilidad de que algunos de estos eventos puedan no haber sido el resultado de causas puramente naturales. Las explicaciones que sugieren que estos eventos puede que no hayan sido resultado de causas naturales se tratan a veces como si estuvieran fuera de lugar.

[1]Stephen Jay Gould ha dicho: «La extrema rareza de las formas transicionales en el registro fósil persiste como la ocupación secreta de la paleontología» (*Natural History* 86 [1977]: 14).

Mis comentarios sobre este tópico buscaban incorporar los puntos de vista de Stephen Gould,[1] David Raup,[2] Steven Stanley,[3] y otros que han registrado fósiles transicionales de gran antigüedad. Es difícil que eso sea lo que se puede esperar si estas transiciones fueran el resultado de condiciones fortuitas de cientos de mutaciones indirectas en grandes poblaciones, de manera que llenaran las brechas de la diversidad biológica. Esto debería dejar el registro fósil lleno de una multitud de fósiles transicionales; los cuales no encontramos. Como sugerí antes, parece como si, dado que estos pretendidos fósiles son en realidad transicionales, estuviéramos en presencia ya sea de una transición programada incluida dentro del ADN de la propia criatura[4] o de información que se hubiera añadido de alguna manera al ADN desde afuera[5] por algún proceso mucho más eficiente que los eventos casuales. Todo esto suena más como creación de la vieja Tierra que como evolución, aun del tipo teísta.

En cuanto a los fósiles antropoides que precedieron a los seres humanos modernos, me inclino a verlos no como nuestros ancestros, aunque no estoy seguro dónde poner el corte. Un cristiano, Glenn Morton,[6] sitúa el origen de la raza humana varios millones de años atrás con los australopitecos; en el otro extremo está Dick Fischer,[7] que coloca el origen de los humanos alrededor de cinco mil años atrás con Adán, pero no como el progenitor de toda la raza humana. Yo me acerco más a Hugh Ross,[8] que ve la creación de Adán algunas decenas de

[2]David Raup ha observado; «Estamos ahora a unos 120 años de Darwin… Irónicamente, tenemos todavía menos ejemplos de transiciones evolutivas de las que teníamos en tiempos de Darwin. Con esto quiero decir que ha habido que desechar o modificar algunos de los casos famosos…» («Conflicts Between Darwinism and Paleontology», *Field Museum Bulletin* 30 [1979]: 25).

[3]Steven M. Stanley dijo que «pese al detallado studio de los mamíferos del Pleistoceno de Europa, no se conoce un solo ejemplo válido de transición filética (gradual) de un género a otro» (*Macroevolution: Pattern and Process* [W. H. Freeman, San Francisco, 1979], 82).

[4]Vea Robert f. DeHan. «Paradoxes in Darwinian Theory Resolved by a Theory of Macro-Development», *Perspectives on Science and Christian Faith* 48 (1996): 154-63.

[5]Vea Gordon C. Mills, «A Theory of Theistic Evolution as an Alternative to the Naturalistic Theory», *Perspectives on Science and Christian Faith* 47 (1995): 112-22.

[6]Glenn R. Morton, *Foundation, Fall and Flood: A Harmonization of Genesis and Science* (Dallas: n. p., 1995), 238-77, esp. 249; *Adam, Apes and Anthropology; Finding the Soul of Fossil Man* (DMD Publishing Co., Dallas, 1997).

[7]Dick Fisher, «In Search of the Historical Adam; Part I», *Perspectives on Science and Christian Faith* 45 (1993); 241-50.

[8]Hugh Ross, «The Mother of Mankind», *Facts & Faith* 2 (1987): 1-2; Searching for Adam», *Facts & Faith* 10 (1996): 4; Hugh Ross and Sam Conner, «Eve's Secret to Growing Younger», *Facts & Faith* 12 (1998): 1-2.

miles de años atrás, lo que parece ajustarse a la evidencia de la Eva mitocondrial y el Adán de cromosoma Y mejor que el punto de vista de Morton, y a la enseñanza bíblica de que Adán es nuestro antepasado mejor que al punto de vista de Fisher. Estoy más cercano a la posición de John Bloom.[9]

MI MODELO EN DETALLE

Mi modelo para la correlación entre la ciencia y Génesis 1 fue presentado por primera vez en los años 70 como una sugerencia para la investigación y no como la última palabra sobre el tema. Decidí utilizar días literales y no épocas tanto para obviar objeciones de los creacionistas de la Tierra joven como para reflejar el hecho de que el uso bíblico de la palabra «día» es por lo común un período de tiempo más bien corto. Elegí la idea de que estos días abrirían períodos creativos (antes que tener alguna otra relación con las edades en la historia de la tierra) por razones de simetría, así como por pasajes de las Escrituras que se puede entender indican que el descanso de Dios aún no ha comenzado. Admito que mi modelo tiene cierto número de problemas, pero pienso que estos son menos serios que los del modelo del marco de la creación, que discuto abajo.

Algunas de las objeciones a mi modelo se podrían evitar adoptando la versión de Hugh Capron del punto de vista de los días-intermitentes,[10] en la cual los seis días se refieren solo a los mandatos de Dios en la creación y no a su realización, de manera que no hay necesidad de asociar el orden de los mandatos con el orden de su consumación. Aquí yo prefiero mi modelo, pues este produce un grado muy superior de correlación entre Génesis y los modelos científicos de los orígenes.

LA HIPÓTESIS DEL MARCO DE LA CREACIÓN

Muchos evangélicos, tanto creacionistas de la Tierra vieja como evolucionistas teístas, prefieren la hipótesis del marco de la creación, en la cual los días de Génesis son una construcción literaria en vez de días verdaderos en relación con los cuales tuvieron lugar los eventos de la creación. Los días 1 al 3 narran la formación de las esferas del cielo,

[9]Vea John A. Bloom, «On Human Origins; A Survey», *Christian Scholar's Review* 27 (Winter 1997): 181-203.

[10]Dallas E. Cain, «Creation and Capron's Explanatory Interpretation: A Literature Search», *IBRI Research Report* 27(1986).

mar-aire, y la tierra; y los días 4 al 6 llenan cada una de estas esferas con una sucesión de criaturas.

No pongo objeciones a la afirmación de que algún tipo de estructura como esta se halla de hecho en el relato de Génesis. Mi queja se dirige a los que utilizan esta estructura literaria inferida como una garantía para rechazar los rasgos cronológicos explícitos del texto. Esto me parece algo como estirar un mosquito o tragarse un camello. Porque aquí también tenemos un ejemplo de «historia ficticia». Pues en el modelo del marco literario, los días de Génesis no corresponden a nada que ocurriera en realidad en la creación. Por lo menos los modelos de la Tierra joven y de los días-intermitentes ven los seis días como días de historia real, y el modelo de los días-eras ve los días como épocas reales de la Historia. Pero en el punto de vista del marco literario se inventan los días para hacer un paralelo entre la creación y la semana laboral humana, cuando de hecho no existe tal conexión. Como dije antes, me gustaría si pudiera evitar la idea de la historia ficticia al armonizar ciencia y teología, Naturaleza y Escritura.

EL MILAGRO Y LA LEY NATURAL

Tanto la Biblia como la teología cristiana tradicional distinguen entre un milagro y algo que no lo es, aunque hay cierta incertidumbre sobre lo que esta distinción supone en realidad. Parte de este problema se puede ver en el libro de Job. Como Job y sus amigos, nosotros no podemos ir tras el escenario para saber qué sucede en el invisible ámbito espiritual. No conocemos cuál es la acción directa de Dios y cuál está mediada a través de varios instrumentos o agentes de una manera u otra.

Sí sabemos que Dios le ha dado a algunos agentes morales (humanos, ángeles, etc.) algún tipo de libertad sobre algún nivel, de manera que nosotros como personas somos responsables y se nos puede alabar o culpar en cierta forma real por nuestras actitudes y acciones. Pero aun en estas acciones, se puede hablar de Dios como actuante en el mismo hecho, incluso cuando Satanás o los asirios sean los medios que Él use para lograr algún resultado (p.ej.: sobre el censo de David, vea 2 Samuel 24:1; y 1 Crónicas 21:1; Dios utilizando a los asirios: Isaías 10, en especial los vv. 5-7, 12-13, 15-16). Los pasajes bíblicos dicen que Dios hace que se levante el Sol y caiga la lluvia, por lo tanto, no es necesario entenderlos como que afirmen que Él hace esto de manera directa, sin la mediación de varias leyes y fuerzas físicas.

En cuanto a la ley natural, postulo (quizás junto con la mayoría de los cristianos que son científicos) algún tipo de estructura o maquinaria que llamamos ley natural. Como todo lo demás, Dios creó y sostiene siempre esta estructura. Pero pienso que tiene una existencia real algo creado, antes de constituir solo una figura del lenguaje. En qué medida ella es «autónoma» como un reloj o es 'guiada» como un automóvil, ya sea por Dios o por ángeles subordinados, no lo sabemos. En todo caso, Dios está detrás de ella en cada momento y en cada lugar, guiando y sosteniendo sus operaciones.

Entonces ¿qué son los milagros? Para utilizar la terminología bíblica, son eventos raros, asombrosos, poderosos y significativos que parecen sobrepujar las operaciones regulares de la Naturaleza y que apuntan hacia algún poder sobrenatural (no siempre de Dios) que aquí se ve funcionar. En el caso de la Creación, creo que Dios ha intervenido en ella de manera milagrosa (sin negar su continuo control providencial de todo lo que ocurre) para mostrarnos que Él existe y para desplegar algo de su poder y sabiduría.

TEOLOGÍA NATURAL

Me siento incómodo con los puntos de vista de Kart Barth y Cornelius Van Til, con todo y lo diferentes que son, en la medida que parecen menoscabar el significado de la revelación general y la teología natural.

La Biblia enseña a las claras que existe la revelación general. Por supuesto, los seres humanos caídos tienen una fuerte tendencia a distorsionar el mensaje de la revelación general, pero considero esto un problema moral y de relaciones (rebelión) antes que el mal funcionamiento de nuestro equipamiento epistemológico (incapacidad). En cualquier caso, este problema humano actúa tanto cuando interpretamos la Biblia como cuando interpretamos la naturaleza

Entonces la teología natural se puede entender de dos maneras. Se la puede utilizar para denotar lo que típicamente los humanos aprenden en realidad de la revelación general, o como lo que deben aprender de ella. Esto sería análogo a definir la ciencia como lo que los científicos creen de hecho sobre alguna cuestión, versus a lo que debían creer, dados los datos que poseen, si los trataran con honestidad. De manera similar, en la teología exegética podemos hacer una distinción entre lo que creen de hecho los teólogos particulares y lo que debían creer, dado lo que la Biblia enseña en realidad.

Yo sostengo la realidad de la revelación general, a partir de la cual se puede construir una teología válida. Como cristianos debemos alentar a algunos de los nuestros para estar en la avanzada de estas cuestiones investigativas. Pero lo hagamos o no, Dios en su compasión por la Humanidad caída continuará revelándose a sí mismo de nuevo mientras la ciencia prueba siempre con más profundidad con nuevas tecnologías.

3

LA CREACIÓN PLENAMENTE DOTADA

Howard J. Van Till

LA CREACIÓN PLENAMENTE DOTADA

«La Evolución Teísta»*

Howard J. Van Till

1. POSICIÓN GENERAL

Posición personal sobre la controversia creación-evolución

El comienzo de una respuesta. Para ser bien sincero, creo que la controversia creación-evolución entre cristianos es consecuencia de un serio malentendido tanto de la histórica doctrina cristiana de la creación como del concepto científico del desarrollo evolutivo. Aun sería tan osado como para añadir que el malentendido de la histórica doctrina de la creación puede que esté tan extendido dentro de la comunidad cristiana como lo está fuera de ella, y que el malentendido del concepto científico de la evolución puede que esté tan extendido dentro de la comunidad científica como lo está fuera de ella. Si esta valoración es correcta, entonces la controversia constituye un lamentable error que debe repararse si la Iglesia cristiana quiere ser efectiva en su presentación del Evangelio al mundo conocedor de la ciencia en los siglos por venir.

Aún así, aunque unos conceptos deficientes de la «creación» y de la «evolución» puedan ser la causa del problema, aquí estamos, envueltos

*Aunque el autor de este capítulo siente que este título tiene serias limitaciones, aún así los editores han decidido emplearlo. Se anima al lector a tomar nota con cuidado de las razones expuestas en este capítulo, de por qué el autor pide que se conozca su posición, no como *evolución teísta* sino como la perspectiva de *la creación plenamente dotada*.

en una controversia que continúa motivando una división en la comunidad cristiana en varios campos, cada uno de los cuales se siente tentado a verse como superior, ya sea en lo espiritual o intelectual, ante todos los demás campos. Las cuestiones fundamentales en discusión conciernen al carácter de la actividad creadora divina y la naturaleza de la creación que es el resultado de la acción creadora de Dios.

¿Cuál es el mejor vocabulario para emplear en nuestro discurso sobre la obra creadora de Dios? Se describe mejor la acción creadora de Dios con un vocabulario que hace un énfasis especial sobre los episodios de la *intervención milagrosa* de Dios en la cual se cree que Dios ha impuesto nuevas formas al material primario que Él hizo en el principio? O es mejor describirla con un vocabulario que enfatice que Dios *le da un ser* a una creación que está ricamente dotada con las capacidades de organizarse y transformarse a sí misma dentro de nuevas formas en el transcurso del tiempo? Está la creación de hecho dotada con todas las capacidades necesarias para hacer posible el continuo desarrollo evolutivo vislumbrado por la mayoría de los científicos naturales de hoy? ¿O ha cometido la comunidad científica un craso error interpretativo masivo, y los cristianos deben esperar, en consecuencia, que una revisión de la evidencia observada desacreditará de manera convincente el concepto científico de la evolución?

En este libro se presentan y evalúan tres campos principales en las posiciones cristianas relativas a estas cuestiones, y alabo a los editores por la concepción de una obra en la cual se les da una oportunidad a personas que representan esos puntos de vista diversos para presentar sus casos dentro de un mismo volumen. Espero que la comunidad cristiana llegue a estar mejor preparada para discutir los temas de la creación y la evolución como consecuencia de tener en cuenta los puntos de vistas aquí presentados.

No obstante, antes de continuar mi respuesta a las preguntas planteadas por los editores de este libro, debo dedicar algún tiempo a colocar los temas en cuestión dentro de un contexto más amplio. También necesitaré explicar las definiciones de varios términos importantes que utilizaré a lo largo de este capítulo. A menudo he descrito la controversia creación-evolución como un encuentro escandaloso que genera «más calor que luz»; más hostilidad que aprendizaje. Una de las razones para este infeliz estado de cosas es la frecuente incapacidad de los participantes para identificar las cuestiones fundamentales o proveer claras definiciones de los términos clave.

El más amplio contexto de la cuestión. Debe ser evidente que la controversia creación-evolución dentro de la comunidad cristiana no puede ser aislada del debate creación-evolución entre un campo de cristianos y otro campo de personas que alegan representar a la comunidad científica. Para un gran número de personas, tanto dentro como fuera de la comunidad cristiana, al parecer tiene sentido involucrarse en un debate en el cual una persona tenga que escoger ya sea por la creación o por la evolución. Por supuesto, se espera que los cristianos fieles escojan la creación, y debe presumirse que cualquiera que escoja la evolución esté fuera de la comunidad cristiana, por lo menos fuera de la porción auténtica y fiel de ella.

El formato de esta/o la otra que tiene el debate creación-evolución es, creo, uno de los factores más efectivos que ha hecho tan controversial la discusión de la creación y la evolución dentro de la comunidad cristiana. Si a un cristiano le han enseñado que solo hay dos perspectivas fundamentales de cómo el universo llegó a ser lo que ahora es, *creación* y *evolución* y él está obligado a escoger entre ellas, ¿cómo puede entonces un cristiano fiel encontrar credibilidad alguna en el concepto del desarrollo evolutivo?

Pero hay muchos cristianos, en especial los que estamos instruidos en las ciencias naturales, que nos sentimos poderosamente llamados a ofrecer una perspectiva muy diferente a cualquiera de los dos puntos de vista que se presentan de ordinario. Para mí, un cristiano que tuvo el privilegio de haber nacido dentro de una comunidad denominacional con una rica herencia teológica, este sentido de llamado surge de un profundo deseo de mantener tanto la fidelidad cristiana como la integridad intelectual. Me enseñaron que sostener ambas no es solo posible, sino también lo que Dios desea de mí. En este capítulo presentaré un punto de vista en el cual la doctrina cristiana de la creación y el concepto científico de la evolución no están en lo absoluto en conflicto, de manera que decidir entre ellos se hace innecesario. De hecho, la mera idea de una decisión de esta o la otra entre creación y evolución será vista como inapropiada por completo.

Pero si usted es una persona a quien se le ha enseñado a pensar en la creación y la evolución como etiquetas de conceptos que están en radical oposición entre sí, la meta de reconciliar las dos quizás parezca imposible en última instancia. Sin embargo, al final de este capítulo espero que vea que alcanzar esta meta no solo es posible, sino inmensamente valioso. No obstante, lograr esta meta requerirá un razonamiento muy cuidadoso. Asuntos complejos demandan análisis juiciosos. Un aspecto del razonamiento cuidadoso que nos será esencial es establecer un elevado respeto por los significados precisos de las palabras importantes que se emplearán. Así que, prepárese para cierto número de definiciones bien formuladas.

No es un secreto que mi presentación de una perspectiva en la cual los conceptos de creación divina y evolución de la vida no son tratados como adversarios, a menudo me coloca en una posición más bien impopular, especialmente entre los cristianos conservadores. Hace varios años escribí un libro titulado *The Fourth Day* («El Cuarto Día»).[1] En esa obra exploré la relación entre dos semblanzas de la historia de la formación del mundo; una basada en creencias cristianas fundadas en la Biblia, y la otra basada en teorías científicas con fundamento empírico. La semblanza científica estaba representada por descripciones de lo que hemos aprendido sobre la evolución *cósmica*; la historia de la formación de esos objetos y estructuras inanimados de interés para la astronomía y la cosmología: galaxias y estrellas, el espacio que se expande, y las partículas elementales. En solo unas pocas páginas hice de paso referencias a la posibilidad de la evolución *biótica* (la historia formativa de las formas de vida), y señalaba que no veía motivos para excluirla ni sobre bases científicas ni sobre bases religiosas. ¿Pero adivine cuáles son las páginas que se citan más a menudo los críticos aprensivos?

Las personas que tienen un poderoso deseo, por cualquier razón, de ver la discusión volcada en el molde de un debate de una cosa/ o la otra (por lo común, personas que se ven a las claras en el lado ganador) no aceptarán que se desacredite el formato del debate. Algunos predicadores del ateísmo, por ejemplo, presumen que su mensaje de que no hay Dios se fortalece apelando a la evidencia científica que favorece la evolución de la vida y al antepasado común de todas las formas de vida presentes en el mundo de hoy. De manera similar, algunos proponentes del moderno creacionismo especial presumen que la mejor manera para demostrar la verdad de las Escrituras y la necesidad de un Dios-Creador es probar que la evolución es imposible o que, aun si fuera remotamente posible, de hecho no tuvo lugar. Aunque sus compromisos de fe son tan diferentes como se pueda concebir, las dos partes del debate concuerdan en su reclamo que se debe plantear una simple disyuntiva de una cosa o la otra.

Comentario sobre el debate de creación-evolución. ¿Cuáles son las dos partes del debate? Cuando en el debate se presentan la creación y la evolución como oponentes, las dos posiciones representadas son con más frecuencia el *creacionismo teísta especial* y el *naturalismo evolutivo*.

[1]Howard J. Van Till, *The Fourth Day* (Grand Rapids; Eerdmans, 1986).

Ambos términos, «teísmo» y «naturalismo», funcionan aquí como etiquetas de cosmovisiones, donde por «cosmovisión» entiendo un conjunto integral de creencias acerca de la Naturaleza y el significado de toda realidad; el universo físico, el ámbito espiritual, el mundo de las criaturas, el ámbito de Dios o los dioses, y todo lo demás que se piensa existe.

Por «teísmo» entiendo la cosmovisión que se funda sobre una creencia en la existencia de Dios. Por «naturalismo» entiendo una cosmovisión que se funda en la creencia que el mundo material es toda la realidad que existe, esto es, que no hay necesidad de considerar la existencia de Dios o de dioses y que el universo físico se presume que constituye toda la realidad.[2] Algunos lectores puede que recuerden el estreno en 1981 de la serie de televisión de Carl Sagan, todavía disponible tanto en formato de libro como de vídeo. Del conjunto de la serie estaba claro que por «cosmos» Sagan entendía el universo físico, el universo tal como lo conocen las ciencias naturales. La cosmovisión naturalista de la serie estuvo clara desde las primeras palabras del libreto: «El Cosmos es todo lo que es o alguna vez fue o alguna vez será»[3]

Pero tanto el teísmo como el naturalismo vienen en una diversidad de formas especiales. El teísmo que se presenta más a menudo en el debate creación-evolución es el teísmo creacionista cristiano especial. Se le llama de manera correcta tanto «cristiano» como «creacionista» porque sostiene la histórica doctrina cristiana de la creación; la creencia de que el Dios que se revela en las Escrituras es el Creador que le ha dado el ser a todo el universo y quien continúa sosteniendo la existencia de la creación. No obstante, entre los cristianos que mantienen esta fundamental e histórica doctrina de la creación, siempre ha habido una interesante diversidad de descripciones de la forma en la cual la actividad creadora de Dios se hizo manifiesta en la historia del desarrollo de la creación.

[2]En este capitulo he decidido utilizar el término «naturalismo» y «naturalista» solo en relación con una cosmovisión general y atea. En otras discusiones de estos temas, sin embargo, puede que se les dé a estos términos un significado mucho más estrecho, para referirse solo al hecho de que la ciencia natural, por las limitaciones de sus competencias, formula teorías que se refieren exclusivamente a los fenómenos «naturales» (las acciones de átomos, moléculas, células, etc.), aun cuando la posibilidad de una acción «sobrenatural» no está del todo excluida.

[43]Carl Sagan, *Cosmos*. Random House, Nueva York, 1980, 4. Mi comentario sobre el carácter de esta obra se ha publicado como «Sagans's Cosmos: Science Education or Religious Theater?» en Howard J. Van Till, Davis A. Young, y Clarence Meninga, *Science Held Hostage: What's Wrong with Creation Science and Evolutionism.* InterVarsity Press, Downers Grove, Ill., 1988, 155-68.

Creo que es importante establecer y emplear en el resto de nuestra discusión esta distinción entre «doctrina» y «descripción». La histórica doctrina cristiana de la creación es el foco teológico (de este modo no se ocupa de los detalles de qué debe haber ocurrido, o cuándo) y llama nuestra atención a la diferencia radical entre el Creador y la creación. El Creador es eterno y existe por sí mismo y no necesita un origen para existir, pero la creación, en contraste, no es ni eterna ni existe por sí misma y ha llegado a ser solo porque Dios la trajo a la existencia de la nada «en el principio» y continúa sosteniendo su existencia en cada momento.

Todos los cristianos mantienen esta histórica *doctrina* de la creación, pero los cristianos en diferentes escenarios históricos y culturales han sostenido una rica diversidad de *descripciones* del desarrollo histórico de la creación; diferentes conceptos sobre la forma en que la actividad creadora de Dios (no limitada por el tiempo, que es un elemento de la creación) ha hecho surgir (en el transcurso del tiempo de las criaturas) el muy diverso orden de estructuras físicas (como átomos, moléculas, planetas, y así por el estilo) y formas de vida. Todos los cristianos concuerdan que estas estructuras físicas y formas de vida son criaturas; esto es, miembros de la creación, pero los cristianos difieren mucho en su discernimiento sobre lo que constituye la más exacta descripción de la historia formativa de estas criaturas. En parte, este es el tema de la controversia creación-evolución. En gran medida es una discusión entre gente que sostienen la misma doctrina de la creación, sobre quién tiene la mejor descripción del desarrollo histórico de la creación, la mejor crónica de cómo y cuándo las criaturas llegaron a tener sus formas o estructuras características.

La descripción creacionista especial incluye la afirmación de que la formación de al menos algunas criaturas, en especial las «clases» mayores de criaturas vivas, requirieron actos de «creación especial». Por un acto de «creación especial» quiero decir un acto creador de Dios, llevado a cabo en el transcurso del tiempo, en el cual Dios actúa algo así como un artesano o trabajador manual e impone una nueva forma a las materias primas a las que dio primero vida; formas que las materias primas no era posible que lograran utilizando solo sus propias capacidades. Esta descripción creacionista especial, ya sea de la variedad de la Tierra joven (creada hace miles de años) o de la Tierra vieja (creada hace miles de millones de años), se deduce, creo, ante todo a partir de una lectura específica de los primeros capítulos de Génesis. Ampliaré esto más adelante.

Pero no importa cuál sea la escala temporal, ya sea de miles o millones de años, la descripción de la creación especial contrasta mucho con cualquier descripción de la creación evolutiva en la cual se vislumbre a Dios como que da vida a una creación no formada al inicio, pero dotada con todas las capacidades de auto-organización y transformación que serían necesarias para originar, con el tiempo, la variedad total de estructuras y formas que alguna vez han aparecido.

Entonces, el debate creación-evolución es un debate en el cual los defensores de la posición creacionista han decidido defender no solo la histórica doctrina de la creación, sino también (algo también en extremo importante) una descripción particular de la historia del desarrollo de la creación: la descripción de la creación especial. Esta decisión necesariamente los opone (i.e., a los creacionistas especiales) al conjunto de personas, incluyendo muchos cristianos, que encuentran méritos en el concepto científico del desarrollo evolutivo. No obstante, en la forma más difundida del debate creación-evolución, la única posición evolucionista que se ofrece es la versión que defienden los que proponen el *naturalismo evolutivo.*

Usted recordará que antes definí el naturalismo como una cosmovisión atea basada en la suposición de que no hay Dios, de que la Naturaleza es todo lo que existe. Por «naturalismo evolutivo» denoto una cosmovisión naturalista presentada y defendida de tal manera que el concepto científico de la evolución de la vida se hace parecer como si fuera capaz de proveer suficiente respaldo para rechazar la existencia de un Dios-Creador. Este punto de vista se puede encontrar en cierto número de libros bien conocidos.[4]

El naturalismo, en numerosas versiones, ha estado dando vueltas durante mucho más tiempo que la idea del desarrollo evolutivo. ¿Qué hace entonces a estos autores pensar que el concepto específico de la evolución de la vida se puede emplear en apoyo de su cosmovisión naturalista? Esa es una buena pregunta, pero primero debo esclarecer qué quiero decir mediante el *concepto científico de la evolución de la vida.* Por este término denoto la idea; formulada, evaluada y modificada en respuesta a relevantes observaciones y experimentos científicos, que todas las formas de vida hoy presentes tienen un común antepasado

[4]Vea, por ejemplo, Richard Dawkins *The Blind Watchmaker* (New York: Norton, 1986); Francis Crack, *The Astonishing Hypothesis: The Scientific Search for the Soul* (New York: Charles Scribner's Sons, 1994); Daniel C. Dennett, *Darwin's Dangerous Idea* (Nueva York : Touchstone, 1995); Jacque Monod, *Chance and Necessity* (Knopf, Nueva York, 1971); y George Gaylord Simpson, *The Meaning of Evolution* (New Haven: Yale University Press, 1949).

biológico y que los sistemas vivos tienen todas las capacidades necesarias para transformarse (por medio de procesos tales como la adaptación, la variación genética, la selección natural, etc.) desde las primeras formas de vida a la asombrosa variedad de formas de vida que han aparecido en el transcurso del tiempo.

Note que no hay nada en este concepto científico de la evolución de la vida que de manera alguna contradiga la histórica doctrina cristiana de la creación. Nuestra enunciación del concepto ha sido elaborada de tal manera que se limita a cuestiones de las cuales las ciencias naturales están en capacidad de hablar. Nada en este concepto científico inclinaría de por sí a una persona a cuestionar la creencia de que el mundo material en su conjunto, incluyendo las notables capacidades de los sistemas vivos bajo consideración aquí, sea una creación a la que Dios le ha dado el ser.

Tiene la misma importancia señalar, creo, que nada en nuestra definición del concepto científico de evolución ofrece de alguna manera apoyo al reclamo fundamental del naturalismo: Que el universo, completado con cualquiera de las capacidades que pueda poseer, existe por sí mismo y no necesita de un creador que le dé el ser. Tampoco el concepto científico de la evolución excluye la idea de que el resultado de la historia del desarrollo del universo estuviera destinado, en un sentido científico a profundidad, a la realización de algún propósito divino.

Mientras estamos en el tema del propósito, veamos por un momento un malentendido común; que el *azar* excluye el propósito. A menudo se alega que el azar que se presume prevalece en los eventos y procesos fundamentales de la evolución de la vida excluye la posibilidad que el desarrollo evolutivo pueda alcanzar algún propósito preestablecido. Una simple ilustración sería suficiente para demostrar la falacia de este alegato. Suponga que existiera un casino de juegos del todo honestos en el cual ningún juego estuviera arreglado: Todo destape de cartas, todo rodar de los dados, todo ciclo de las máquinas con ranuras, es casual de verdad. ¿Excluye eso la posibilidad que el resultado de la operación del casino no sea quizás la expresión de algún propósito preestablecido? Claramente que no. De hecho, los que operan el casino dependen de ese mismo azar en sus cálculos de las tasas de pago para asegurarse de que obtendrán una hermosa ganancia al final del día. Ahora, si los seres humanos que operan el casino pueden emplear eventos casuales para alcanzar sus propósitos, ¿no podría Dios hacer eso sobre una escala mucho mayor en la historia del desarrollo de la creación?

Como cualquier concepto dentro del dominio limitado de la competencia científica, el concepto científico de la evolución no da explicación alguna de la existencia de algo en lugar de nada, ninguna explicación de las capacidades particulares que algo posea, y ninguna manera de discernir qué propósitos finales la historia de la formación del universo pueda o no expresar. Las preguntas relativas a la fuente última o el propósito de la existencia del universo, lo cual incluye sus capacidades particulares, son preguntas extremadamente importantes, pero las ciencias naturales no tienen nada que contribuya a dar una respuesta.

Pero eso nos retrotrae a una pregunta que formulamos hace unos momentos: ¿Qué hace pensar a estos autores (y a otros predicadores del naturalismo evolutivo) que el concepto científico de la evolución de la vida se puede emplear para respaldar su cosmovisión naturalista? ¿Qué les hace pensar que la evolución biológica es su aliado en la defensa de una cosmovisión naturalista? De manera irónica, pienso que se puede presentar un caso sólido a favor de la tesis de que los ha engañado el formato una o la otra del debate creación-evolución. Se han permitido pensar que al derrotar la descripción creacionista especial de la historia del desarrollo de la creación han derrotado por ello la histórica doctrina cristiana de la creación. Nada puede estar más lejos de la verdad. Creo que viven en un mundo de autoengaños. El naturalismo evolutivo está en un estado muy frágil; puede tener la apariencia de apoyo científico solo en el contexto de un debate creación-evolución en el cual la posición de la creación está representada por creacionistas especiales de cualquier variedad, de la Tierra vieja o la Tierra joven. Las cuestiones de horario son aquí de poca relevancia.

Entonces, ¿qué tanto se debe deducir de esta reflexión sobre el debate creación-evolución? De hecho, hay varios puntos valiosos: (1) este es un debate en el cual «creación» rara vez significa la histórica *doctrina* de la creación, sino que está en lo fundamental restringida a denotar el *cuadro* creacionista especial de la acción creadora de Dios; (2) este es un debate en el cual la «evolución» rara vez está limitada solo al *concepto científico* de la evolución, sino que con más frecuencia se amplia para representar la *cosmovisión* del naturalismo evolutivo; y (3) el debate ha funcionado en consecuencia para dificultar una discusión abierta y fructífera de los cuadros evolutivos de la historia del desarrollo de la creación dentro de la comunidad cristiana.

El reto que tenemos delante, entonces, es cómo podemos nosotros los cristianos, que sostenemos la doctrina histórica de la creación, aprender a discutir los méritos de un cuadro evolutivo de la historia del desarrollo de la creación? ¿Cómo podemos alentar a las personas, tanto dentro como fuera de la comunidad cristiana, a dejar de lado el popular malentendido de que la «creación» implica la «creación especial»? ¿Y cómo podemos alentar a personas tanto dentro como fuera de la comunidad científica, a dejar de lado el popular malentendido de que «evolución» implica de por sí una cosmovisión naturalista? Al haber estado involucrado en esta empresa durante muchos años, conozco las dificultades que implica; pero pienso que resulta imperativo que la comunidad cristiana adelante el esfuerzo y haga la cuidadosa reflexión de que se requiere conversar con sabiduría sobre estos importantes temas.

De regreso a la pregunta Así que, ¿cuál es mi posición particular en relación con la controversia que tiene lugar dentro de la comunidad cristiana hoy en día? Si es un error que necesita ser corregido, ¿qué perspectiva yo creo que hay más probabilidades de corregir? Si una discusión que puede ser fructífera se ha transformado en una controversia por el mal concebido debate creación-evolución, ¿cómo podemos recuperar los beneficios de un diálogo constructivo dentro de nuestra comunidad cristiana? ¿Y cómo podríamos restablecer nuestra capacidad de alcanzar el mundo que tiene información científica con el Evangelio cristiano? Los elementos esenciales de mi posición son los siguientes:

1. Igual que los cristianos de todas las épocas, sostengo la histórica y bíblicamente fundada doctrina de la creación. Esto es, creo que todo el universo (todo lo que no es Dios) es una creación que tiene ser solo porque Dios le ha dado el ser, de la nada, y que Dios sostiene su existencia en cada momento. «Crear» algo es «darle ser» a algo. Si Dios fuera a retirar su palabra creadora: «Que exista», creo que la creación dejará de ser algo y en su lugar no habría nada, la misma «nada» que la precedió. En otras palabras, soy un creacionista en toda la amplitud del término. Veo solo dos tipos de seres; Dios, que es el Creador (el dador del ser), y todo lo demás, lo que es su creación.
2. ¿Qué veo cuando miro a cualquiera de los entes de la creación; galaxias, estrellas, planetas, átomos, moléculas, células, organismos vivos? Veo cosas a las cuales se ha dado un ser que se define en parte por sus «propiedades de ser creado»; las criaturas tienen propiedades como tamaño, color, peso, composición química, temperatura, forma, y estructura. Pero el ser de las criaturas también se define de una manera

muy importante por un conjunto característico de «capacidades como ser creado» para actuar de formas particulares. Los átomos, las moléculas, las células, y los organismos, por ejemplo, poseen no solo propiedades sino la capacidad de actuar e interactuar de formas notablemente diversas. Esas capacidades para actuar son elementos esenciales de su ser.

3. Como un cristiano comprometido con la doctrina de la creación, reconozco todas esas «capacidades de las criaturas» como los dones del ser que Dios le ha dado a su creación. Una criatura no puede hacer más (ni menos) de lo que le permiten hacer las capacidades con las que Dios la ha dotado. Y si cualquiera de las capacidades de una criatura para la acción fueran retiradas o suspendidas, esta tendría un ser diferente (y menos capaz).
4. Desde esta perspectiva teológica creacionista, entonces, cada descubrimiento de una capacidad creada; incluyendo todos los descubrimientos aportados por las ciencias naturales, me ofrecen una oportunidad para alabar a Dios por su inmensa creatividad y generosidad. En el espíritu de esta perspectiva, me inclino a albergar expectativas muy elevadas en cuanto a la riqueza de capacidades con que Dios ha dotado el ser de la creación. Esta elevada expectativa se afirma cada vez que las ciencias naturales llegan a percibir otra entrada de datos en la lista de las capacidades de la creación.
5. En parte, la controversia creación-evolución es una desavenencia en cuanto a la extensión de la lista de las capacidades creadoras con las que Dios ha dotado la creación. ¿Ha sido dotada la creación con todas las capacidades que serían necesarias para hacer posible algo como la evolución de la vida? Los creacionistas especiales están convencidos que no lo está. Yo me inclino a creer que sí lo está. Creo que Dios ha dotado de forma tan generosa la creación con las capacidades de auto-organización y transformación que una continua línea de desarrollo evolutivo de la materia a la variedad total de formas de vida que existen no solo es posible, sino que de hecho ha tenido lugar.

¿Cómo llamaría a una perspectiva como esa? Como algo curioso, eso me plantea un problema menor. Deseo emplear un nombre que no acarree toda la carga negativa que se ha llegado a asociar con algunas de las terminologías más familiares del debate creación-evolución. Y como este libro está dirigido en lo fundamental a una audiencia cristiana, deseo emplear un nombre que muestre con la mayor claridad el fundamento cristiano en el que se basa mi perspectiva.

Puntos de vista similares al mío se identifican a veces con el rótulo de *evolución teísta*. Como yo la veo, esta invierte el orden de importancia de la acción divina y de lo creado. Debido a que aparece como el nombre, el término *evolución*; el cual concentra nuestra atención en la acción natural de las criaturas, parece ser la idea central. Mientras tanto, al referirse a Dios solo como un adjetivo, *teísta*, la importancia de la acción creadora divina parece ser secundaria. Pero esa inferencia sería inaceptable para mí.

Como un medio para la restauración de la relativa importancia de las acciones divinas y de las criaturas, a veces he utilizado el rótulo de *creación que evoluciona* para mi perspectiva. Pienso que este es un término mucho mejor que evolución teísta, pero todavía encierra el problema de tener que resolver todas las actitudes negativas que la mayoría de los cristianos albergan hacia cualquier cosa que suene siquiera a «evolución». Como ya he indicado, el concepto científico de evolución, definido con propiedad, no implica idea alguna que se oponga a la histórica doctrina cristiana de la creación. Sin embargo, la realidad es que muchas personas, tanto dentro como fuera de la comunidad cristiana, y tanto dentro como fuera de la comunidad científica, se han guiado por la retórica del debate creación-evolución hasta asociar la palabra «evolución» con la cosmovisión del naturalismo. Esa asociación es, según creo, el resultado de una seria incomprensión tanto de la «evolución» como de la «creación». Pero aun si la asociación de la evolución con el naturalismo es del todo infundada, como creo que lo es, esa asociación está bien establecida en nuestra cultura y es en extremo difícil de corregir.[5]

Así pues, entonces, ¿qué rótulo debo escoger para mi concepto de una creación que ha sido dotada por Dios con todas las capacidades que son necesarias para hacer posible el desarrollo evolutivo que ahora

[5]Los críticos cristianos de la evolución tienen razón al señalar que muchas personas que con frecuencia dicen hablar en nombre de las ciencias naturales, utilizan la palabra «evolución» de una manera que presupone la verdad del naturalismo. En efecto, no llegan a ver, o no reconocen con honestidad la importante distinción entre el limitado concepto científico de evolución» y la abarcadora cosmovisión de un «naturalismo evolutivo». Por lo tanto, es imperativo que los cristianos no imiten tal error, ni acepten la falsa afirmación de que «evolución» y «naturalismo» son inseparables, sino más bien insistan en el consistente reconocimiento de esa distinción.

se vislumbra por las ciencias sociales? A propósito de la discusión que se debe llevar a cabo en este libro, la llamaría *la perspectiva de la creación plenamente dotada*; una visión que reconoce el universo entero como una creación a la que, por la generosidad ilimitada y la inescrutable creatividad de Dios, le han sido dadas todas las capacidades necesarias de auto-organización y transformación para hacer posible algo tan incomprensible al hombre como un ininterrumpido desarrollo evolutivo.

La integración de las ciencias naturales y la teología

En cuanto a mi enfoque general de la integración de las ciencias naturales y la teología, pienso que de varias maneras ciencia y teología son empresas similares. Cada una está enfrascada en una actividad de formular y evaluar teorías. Para cada empresa la meta de ese teorizar es el desarrollo de un sistema de pensamiento que represente adecuadamente nuestra comprensión relativa del carácter de alguna porción o aspecto de la realidad. Ni la ciencia natural ni la teología cristiana pueden alegar que tratan de forma integral con todos los aspectos de la realidad, ni tampoco alegan que sus teorías capten la plenitud de la realidad que pretenden representar. Por ejemplo, como una empresa humana, el teorizar cristiano respecto a la naturaleza de la Deidad siempre fracasará a la hora de captar la plenitud del ser de Dios. De la misma manera, el teorizar científico en cuanto a la naturaleza del universo físico siempre resulta insuficiente para un conocimiento completo de las capacidades creadoras que contribuyen tanto a la historia del desarrollo como al funcionamiento cotidiano de la creación. En ambos casos, resulta apropiada una sana humildad intelectual.

Junto con estas amplias similitudes hay diferencias sustantivas entre la teología y las ciencias naturales. Una diferencia tiene que ver con el objeto principal de su teorizar. La teología se centra principalmente en Dios. En la medida en que la teología nos considera a nosotros los humanos (y al resto de la creación) su interés se centra en las cuestiones relativas al ser que Dios nos ha dado y dónde nos hallamos en relación con Dios.

Las ciencias naturales contemporáneas, por otro lado, se centran en el mundo natural; el mundo creado de los átomos, moléculas, células y organismos, el mundo de los planetas, estrellas, galaxias, etc. El centro de atención de la ciencia natural es aprender tanto como sea posible sobre las propiedades y capacidades de los sistemas físicos, incluyendo los organismos vivos, y cómo los sistemas que tienen esas propiedades y capacidades se han comportado en el transcurso del tiempo. Algo de este comportamiento involucra los procesos de auto-organización y transformación que han contribuido a la historia del desarrollo del universo.

Algunos autores han decidido caracterizar las ciencias naturales de una manera que les concede el derecho y la competencia para hablar de cuestiones relativas a algo más que el mundo natural o creado, aun sobre cuestiones relativas a la acción divina. Yo cuestiono con vigor tanto la sabiduría como la veracidad de esa acción. Pienso que esto exagera mucho la competencia de la ciencia natural. Ello tienta a los predicadores del naturalismo, por ejemplo, a hacer afirmaciones ridículas, en el nombre de la ciencia, sobre la realidad última de la naturaleza. Por ejemplo, algunos de ellos alegan que el universo existe por sí mismo y no necesita un creador que le dé el ser. De manera similar, muchos autores han presumido que una teología fundada en la Biblia tiene el derecho y la competencia para hablar de cuestiones relativas a propiedades y capacidades específicas de los sistemas creados y de cuestiones relacionadas con las particularidades de la historia del desarrollo de la creación. Cuestiono con vigor la sabiduría y la veracidad de una presunción como esa.

Esos dos movimientos representan intentos de ensanchar el dominio de la competencia de alguna disciplina intelectual particular, ya sea la teología o la ciencia natural. Esas movidas no son del todo sorpresivas. En esta etapa de sus historias, tanto la teología como las ciencias naturales son instituciones altamente profesionalizadas. Pero las instituciones, en especial las que han existido durante un tiempo, tienden a funcionar como estructuras de poder auto-protectoras.

Por esta razón pienso que debemos cuestionar el darle un status secundario a la relación entre ciencia y teología. Hablar de la relación entre dos estructuras de poder como la ciencia y la teología es muy probable que degenere en una encrespada batalla; un encuentro en el cual se pierde mucha energía por discutir quién debe tener el derecho de responder a una pregunta particular. Como cristianos, nuestra primera preocupación intelectual debe ser crecer en nuestro conocimiento de Dios, de nosotros mismos y del resto de la creación. En el contexto de esa preocupación vemos muchos sabios recursos, que incluyen tanto la teología cristiana como las ciencias naturales, para dar respuesta a nuestras preguntas. Las preguntas sobre los vínculos se pueden entonces formular en el contexto específico de una pregunta específica sobre la naturaleza de la creación o las maneras en que una acción divina se convierte en algo evidente. Con una pregunta particular en mente, y conscientes de cualesquiera interpretaciones relevantes con que puedan haber contribuido la ciencia y la teología, tendremos que elaborar un juicio fundado sobre la relación entre estas dos contribuciones.

Como la teología y las ciencias naturales por lo general concentran su atención en diferentes aspectos de la realidad, un conflicto auténtico es, a mi entender, bastante raro. Por lo tanto, la presunción común de que la ciencia natural y la fe cristiana son adversarios envueltos en una batalla debe ser echada a un lado. Cada una de ellas posee la competencia de manejar una lista de cuestiones sustantivas, pero las dos listas tienen poca imbricación, si es que acaso tienen alguna.

Sin embargo, eso no quiere decir que lo que la teología y las ciencias naturales tienen que ofrecernos se pueda colocar en dos compartimientos que no interactúen. Ese no es del todo el caso. El tema que tenemos delante es un caso en cuestión. Para ilustrar eso, solo hace falta que recordemos algunos de los temas centrales de la controversia creación-evolución: ¿Cómo podemos describir mejor el carácter de la acción creadora divina? ¿Por medio de una referencia a intervenciones ocasionales en las cuales se impone una nueva forma sobre los materiales primarios que son incapaces de lograr esa forma con sus propias capacidades, o por medio de una referencia a Dios que le otorga el ser a una creación plenamente dotada con la capacidades creadoras para organizarse y transformarse a sí misma dentro de una diversidad de formas de vida y estructuras físicas?

Articular las preguntas de esta manera coloca el énfasis en el tema teológico del carácter de la acción divina. ¿Pero cómo podría un teólogo tratar con responsabilidad ese tema sin otorgar una consideración respetuosa a lo que las ciencias naturales han ilustrado sobre la historia del desarrollo de la creación? Hecha por separado del resto de las empresas intelectuales, es improbable que la teología promueva el crecimiento de nuestro conocimiento de Dios y aun más improbable que promueva el crecimiento del conocimiento de Sus obras.

Pero suponga que hemos parafraseado nuestras preguntas de tal manera que centramos primero la atención sobre temas que caen dentro del dominio de las ciencias naturales. Por ejemplo, podríamos preguntar sobre las particularidades de la historia del desarrollo de las galaxias, o las estrellas, o de los planetas, o de las numerosas formas de vida que han aparecido en el transcurso del tiempo. Dado el descubrimiento de que diferentes formas de vida han aparecido en diferentes momentos, podríamos preguntar sobre la relación de esas formas de vida entre sí. ¿Están ellas relacionadas como progenitoras y descendientes? ¿Comparten todas las formas de vida un antepasado común? ¿Cuáles son las capacidades creadoras particulares de auto-organización o transformación que pueden haber funcionado para lograr los cambios que han ocurrido? ¿Es ese conjunto de capacidades lo suficiente de robusto como para hacer posible el tipo de evolución de la vida que vislumbraron ahora las ciencias sociales? Si es así, ¿cuáles son las implicaciones? Si nosotros los seres humanos estamos relacionados por genealogía con otras formas de vida, ¿qué ocurre con nuestro concepto de singularidad como seres con responsabilidad moral? ¿Estuvo planeada la aparición de nuestra especie? ¿Tiene algún propósito nuestra existencia?

Como puede usted ver con facilidad, aunque nuestra búsqueda haya comenzado con preguntas situadas por entero dentro de la competencia de las ciencias naturales, terminamos con preguntas que obligarían a una persona a ir a otro lugar en busca de respuestas. Hacia el final de nuestra lista, las preguntas son claramente preguntas sobre las cuales una teología fundada en la Biblia tiene mucho que contribuir; preguntas relativas a la singularidad y el propósito humanos, y la responsabilidad moral. Pero si aun una persona fuera a rechazar las preguntas que la teología cristiana tiene que hacer, esa persona todavía tendría que ir más allá de las ciencias naturales en busca de una respuesta. Algunos deciden ir a la cosmovisión del naturalismo. Infortunadamente, muchos (como los que predican el naturalismo evolutivo) lo hacen sin darse cuenta que han dejado el limitado dominio de la ciencia natural y se han trasladado dentro del dominio mucho más amplio de una cosmovisión integral. Los cristianos deben estar alertas sobre la vasta diferencia entre ciencia natural y la cosmovisión naturalista, y deben estar preparados para recordarles a los que proponen el naturalismo evolutivo esta diferencia. La retórica chapucera no debe quedar sin respuesta.

¿Pero qué hay sobre la pregunta a mediados de nuestra breve lista? ¿Es el conjunto de capacidades creadas lo suficiente de robusto como para hacer posible el tipo de evolución de la vida que vislumbraron ahora las ciencias naturales? Esta es una de las preguntas que está en el meollo de la controversia creación-evolución. Es una pregunta que invita a una respuesta de sí o no. Los cristianos que respondan sí favorecerán entonces la historia del desarrollo de la creación con un título como la «perspectiva de la creación plenamente dotada», o «

creación que evoluciona» o «evolución teísta». Los cristianos que digan no favorecerán una descripción creacionista especial de la historia del desarrollo de la creación con un título familiar como el de «creacionismo de la Tierra joven», o «creacionismo de la Tierra vieja», o «creacionismo progresivo», o quizás la nueva descripción llamada «teoría del diseño inteligente».

¿Sobre qué bases llegaría un cristiano a una conclusión de sí o no? ¡Una pregunta excelente e importante! Más adelante regresaremos a ella. Por ahora la cuestión es esta: Para el cristiano, la teología y las ciencias naturales se deben practicar de una manera que les permita ser empresas que se nutran una a la otra, esto es, cada una debe estar dispuesta a aprender de la otra. Cada una se debe respetar por las interpretaciones o informaciones con que puedan contribuir. Teorizar en cualquiera de las palestras se debe realizar con plena conciencia de lo que la otra pueda contribuir a nuestra cosmovisión cristiana. La particular relación e interacción de esas contribuciones tendrán que ser evaluadas caso por caso. Estas relaciones son con mucho demasiados complejas y diversas para que se simplifiquen dentro de solo un rótulo o modelo.

El papel de mi visión de la integración en la controversia creación-evolución

Mi visión de la ciencia natural y la teología cristiana funcionando como empresas que se nutren mutuamente me lleva a rechazar el formato simplista de una o la otra del debate creación-evolución. Además de sus muchos defectos, este debate sufre de lo que se llama «la falacia de muchas preguntas». Déjeme explicar brevemente lo que es esto.

Piense en todo el conjunto de preocupaciones asociadas a los términos «creación» y «evolución». Imagine que hace una lista de todas las preguntas que son tema de debate. Algunas de estas preguntas caen a las claras en el ámbito de las ciencias naturales (p.ej.: la física, la astronomía, la química, la biología, la geología, etc), mientras otras caen en la esfera de la teología. Además, se podrían identificar muchas otras categorías de preguntas: de interpretación bíblica, filosóficas, históricas, etc.

En el debate formal estándar, sin embargo, se le presenta solo un paquete de preguntas para esta larga lista de cuestiones de diversas categorías, y se le dice que tiene que escoger un paquete o el otro. Pero esa es una petición grosera desatinada. Hay que examinar una por una las diferentes respuestas para cada pregunta, cada una sobre sus propios méritos, no todo el paquete con respuestas particulares para preguntas de un tipo ampliamente diferente.

A menudo he utilizado una simple ilustración para demostrar la falacia que aquí nos ocupa. Suponga que yo fuera a alzar un pedazo de papel de colores, podría formular muchas preguntas diferentes sobre este objeto, incluso preguntas sobre la forma y el color. Suponga, entonces, que fuera a pedirle que escogiera entre dos paquetes de respuestas a estas preguntas. Manteniendo en alto un pedazo de pape azul cuadrado, podría pedirle que me dijera si el papel era (a) azul y circular, o (b) verde y cuadrado. La falacia de muchas preguntas se pondría pronto en evidencia.

Como he encontrado graves errores en el formato de esta/o la otra del debate creación-evolución y en la controversia asociada con él, estoy dedicado a desarrollar una perspectiva que mantiene un respeto tanto por la teología cristiana como por la ciencia natural, que han mostrado competencia, integridad profesional, y fidelidad a la doctrina histórica de la creación. Mientras hago esto, tengo que considerar una larga lista de preguntas muy diversas, y tengo que evaluar varias respuestas posibles para cada una de ellas. De estas respuestas, cada una debe evaluarse según sus propios méritos y con el debido respeto para la vía particular en que estas se relacionan con las otras preguntas en cuestión.

¿Suena interesante? Lo es.

¿Suena desafiante? Lo es.

¿Suena sencillo? No lo es. Y si la comunidad cristiana norteamericana quiere una solución simple y fácil para la controversia, se va a decepcionar. Una solución significativa llegará solo al costo de un considerable esfuerzo, paciencia, y perseverancia.

2. POR QUÉ IMPORTA

La importancia del tópico

Una Iglesia dividida, un testigo debilitado. Como cristianos, estamos interesados en presentar al mundo en el que vivimos un testimonio efectivo del evangelio. Pero si ese mundo oye de nosotros no solo la presentación del evangelio, sino también la algarabía entre las distintas facciones sobre los temas de la creación y la evolución, ¿cuál será su impresión? Al ver que nos gritamos unos a otros, ¿encontrarán verosímil la invitación que les dirigimos para que se unan a nosotros en la adoración de Dios y la vida en el amor cristiano?

¿Debo rechazar el juicio científico para aceptar el Evangelio? En la controversia y el debate creación-evolución, gran parte de la comunidad cristiana está comprometida con una posición que implica el rechazo, expresado a veces en términos bastante estridentes, del concepto científico de la evolución; un concepto que la vasta mayoría de los científicos naturalistas consideran una teoría en extremo creíble que ofrece una vía notablemente coherente para dar cuenta de una montaña de observaciones y datos experimentales. (No olvide la importante distinción entre el *concepto científico de evolución* y la *cosmovisión del naturalismo evolutivo*.)

Ahora bien, las conclusiones de la mayoría de la comunidad científica no son infalibles, ni siquiera en materias puramente científicas. Pero es mi criterio, y también el criterio de la vasta mayoría de los naturalistas cristianos que conozco en persona, que la comunidad científica está, de hecho, profundamente justificada en su conclusión de que el concepto científico de la evolución debe ser en extremo creíble. Algunos críticos cristianos de la evolución (con frecuencia aquellos que no tienen experiencia personal en los rigores de la investigación de laboratorio ni el teorizar científico) han expresado la opinión de que este criterio debe tomarse, no como una prueba a favor del concepto científico de la evolución, sino como una evidencia de la ingenuidad de los científicos cristianos, en especial de los que enseñan en escuelas superiores cristianas. Esos críticos han lanzado varios dardos envenenados, tales como: «A esta gente le lavaron el cerebro en su educación de graduados y son muy estrechos de mente para verlo», o «Son intelectualmente inseguros y están dispuestos a comprar la aceptación de sus colegas de ciencia seculares a cualquier precio», o «Tienen miedo de perder sus fondos de investigación si exteriorizan cualquier critica de la evolución». Perdonen mi candor, pero no puedo calificar esas acusaciones como otra cosa que expresiones de arrogancia pueril; acusaciones mal fundadas y engreídas que no hacen otra cosa que intensificar la controversia.

Un costoso resultado de la controversia y el debate es, entonces, un testimonio del evangelio muy debilitado ante el mundo con instrucción científica en el que vivimos. Si las personas con instrucción científica son inducidas a creer que a fin de aceptar el evangelio cristiano tienen también que rechazar el concepto científico que han juzgado, a través de atinados principios de evaluación, la mejor vía para dar cuenta de la relevante evidencia de la observación y el experimento; entonces creo que se ha colocado en su camino una piedra de tropiezo monumental. No quiero tener parte en la promoción de esa falsa disyuntiva de una o la otra entre el Evangelio cristiano y un concepto científico sumamente creíble.

Los falsos dilemas pueden forzar decisiones devastadoras. Pero las consecuencias de crear un falso dilema son igual de devastadoras dentro de la propia Iglesia. Un número sustancial de jóvenes de la comunidad cristiana son conducidos a creer que tienen que tomar una decisión de una o la otra entre creación y evolución. Algunos de ellos deciden seguir carreras en las ciencias naturales. En el transcurso de su educación la mayoría de ellos llegan a reconocer la credibilidad del concepto científico de la evolución. En ese momento parece como si tuvieran que tomar una decisión en la que cualquiera de las opciones comporta una pérdida devastadora: abandonar su fe o abandonar su integridad intelectual.

La fe cristiana, como se la explicaron los líderes cristianos, ha llegado a estar asociada tanto con una descripción creacionista especial de la historia del desarrollo de la creación, como con el presupuesto de que el concepto científico de la evolución era inseparable de la cosmovisión del naturalismo. De hecho, se les ha dicho por algunos de los más estridentes críticos de la evolución que la única razón de la aceptación general del concepto científico de la evolución era su utilidad para apoyar una cosmovisión naturalista. La evidencia empírica, se alegaba, era patéticamente débil y de ninguna manera podía garantizar confianza alguna en la teoría de la evolución.

Para estos estudiantes, la educación de posgrado en las ciencias podía conducir a una dolorosa desilusión. El estado de cosas actual resulta ser muy diferente de lo que se les había conducido a esperar. El estrecho enfoque de las presentaciones en el aula no ofrecía apoyo a la idea de que había algunas instituciones científicas que deseaban lavarles el cerebro para que aceptaran una cosmovisión naturalista. Y al familiarizarse con los datos actuales y con la manera en que la comunidad científica formula y evalúa las teorías científicas, incluyendo las varias teorías que encierran el concepto científico de evolución, se desvaneció la afirmación de que la credibilidad de la teoría evolutiva estaba basada, no en pruebas científicas convincentes, sino en la propaganda corrupta del naturalismo.

¿Qué hace entonces un estudiante cristiano? ¿Rechaza la fe para mantener la integridad intelectual? ¿Rechaza la integridad intelectual para mantener la fe? ¡Qué opciones tan devastadoras! Ambas están acompañadas por pérdidas sustanciales. De seguro que debe haber un camino para evitar exponer a los jóvenes a los retorcijones de tripa que acompañan a este dilema.

Implicaciones culturales e intelectuales más generales

Un ambicioso menú de avances intelectuales y culturales. Como ya he afirmado, veo la controversia y el debate creación-evolución como la consecuencia de un serio malentendido tanto de la histórica doctrina cristiana de la creación como del concepto científico de la evolución. Como tal, la controversia funciona como un factor divisivo dentro de la Iglesia y como un factor que estorba en serio su testimonio a un mundo con instrucción científica. Ella debe, en consecuencia, resolverse.

Dados los malentendidos de los que procede, la solución de la controversia requerirá, según creo, cierta cantidad de cambios sustanciales por parte de una gran porción de la comunidad cristiana. Si se logran, estos cambios efectuarían, a mi entender, un cambio significativo y constructivo en la manera que los cristianos se involucran en cierto número de temas intelectuales de hoy en día y en la manera en que la erudición cristiana podría ser tratada con respeto por la comunidad académica en general. Los cambios modificadores de la cultura que considero necesarios incluyen los siguientes:

1. La comunidad cristiana debe decidir el abandono del mal concebido formato del debate de una o la otra para las discusiones sobre los tópicos de la creación y la evolución.
2. Debe recuperar la histórica doctrina cristiana de la creación como un compromiso teológico que es esencial para la fe cristiana, pero distinto de cualquier descripción particular de la historia del desarrollo de la creación.
3. Debe estar dispuesta a conceder credibilidad al concepto científico de la evolución como una descripción instructiva de la historia del desarrollo de la creación y alentar a la comunidad científica para que desarrolle una comprensión más detallada e integral de ella.
4. Debe demostrar que la doctrina cristiana de la creación provee un fundamento mucho más sustancial para el concepto de evolución que la cosmovisión del naturalismo.

5. Debe dedicarse a alentar a sus teólogos para que nos ayuden a incorporar este concepto del desarrollo de la creación a nuestra articulación contemporánea de la fe Cristiana.

Ese es un menú bastante ambicioso, pero miremos más de cerca algunas de sus anotaciones. Como las primeras dos anotaciones ya han sido tratadas, comenzaremos con la tercera, que hace un llamado a favor de una actitud positiva hacia el concepto científico de evolución. Pero antes de que se pueda considerar esa meta como asequible, tendrían que ocurrir dos cosas. Primera: una porción mayoritaria de la comunidad cristiana tiene que convencerse de que las Escrituras, particularmente los primeros capítulos de Génesis, no requieren en absoluto que se acepte una descripción creacionista especial de la historia del desarrollo de la creación. (Trataré en forma breve esta cuestión bíblica en una sección posterior de este capítulo.) Segunda: esas mismas personas tienen que llegar a albergar un respeto mucho más elevado por la integridad intelectual de la comunidad científica del que ahora están dispuestas a conceder.

La consistencia como meta. La inconsistencia en las actitudes que ahora muestran muchos cristianos hacia las ciencias es muy desconcertante. Los cristianos actúan por lo regular de una manera que implica un trato de gran confianza en la competencia y la integridad profesional de las ciencias naturales; confianza en sus presupuestos operativos, en su metodología, en su forma de reunir e interpretar los datos, y en su formulación y evaluación de las teorías relativas a la naturaleza y el funcionamiento del universo hoy en día. Cuando nos enfermamos, queremos tener acceso a lo mejor de la ciencia médica. Cuando volamos en un avión, confiamos nuestras vidas a los científicos aeronáuticos e ingenieros que lo diseñaron. Cuando utilizamos nuestras computadoras, nos maravillamos ante lo que la comunidad de científicos e ingenieros en computación han logrado. Cuando vemos televisión o hablamos por un teléfono vía satélite, nos complace aprovecharnos de los notables instrumentos que los científicos de las comunicaciones han desarrollado.

¿Pero qué pasa cuando la misma comunidad de científicos naturalistas, al emplear las mismas suposiciones y metodología, y aplicar los mismos principios de formulación y evaluación de teorías, dedica alguna atención a reconstruir la historia del desarrollo del universo? Cuando los geólogos, químicos, astrónomos, y físicos concuerdan en que la evidencia observada respalda de manera convincente la conclusión de que el planeta tierra se formó hace cuatro mil millones y medio de años en el contexto de un universo que surgió hace aproximadamente quince mil millones de años, ¿cuál es la respuesta de la comunidad cristiana? De manera notable, la mayor parte, en específico el campo del creacionismo especial de la Tierra joven, decide rechazar la conclusión que alcanzó la vasta mayoría de los científicos naturalistas sobre la base de creencias a priori que proceden de una lectura particular del texto bíblico; una lectura que está en sí misma basada en un conjunto particular de suposiciones y estrategias interpretativas. Debido a cierto número de razones, que discutiré más adelante, encuentro en absoluto indefendible esta actitud inconsistente.

¿Por qué los cristianos deben llegar a aceptar la credibilidad del concepto científico de la evolución de la vida como una descripción instructiva de la historia del desarrollo de la creación? Si este fuera algún concepto novedoso o no probado, o si representara un punto de vista especulativo poco común que sostiene una minoría de la comunidad científica, sería apropiado presentar aquí una cuidadosa y articulada defensa de su credibilidad. Pero el concepto científico de la evolución de la vida no es nuevo ni está por probar, tampoco es ninguna teoría sectaria que solo sostiene una minoría de las personas que trabajan en las ciencias de la vida. Se trata de un concepto maduro considerado por casi todos los biólogos como algo que está muy bien establecido. Es una conclusión consistente por entero con la conclusión alcanzada por los físicos en cuanto a la historia del desarrollo del universo de galaxias, estrellas y planetas. Esto no quiere decir que todas las preguntas importantes hayan tenido respuesta o que conozcamos todos los detalles concernientes a lo que tuvo lugar en la historia de la vida sobre la Tierra. Con toda probabilidad ese nunca será el caso. Pero lo que sí es el caso es que *las personas más instruidas sobre los datos y sus posibles interpretaciones concuerdan de modo notable en lo relativo a la credibilidad del concepto general de la evolución de la vida.* Ese estado de cosas es, creo, muy significativo, y sería extremadamente arrogante que alguien fuera del campo de la biología lo descartara de un tirón.

Otra definición. El punto cuatro de arriba es probable que repercuta sobre la mayoría de los lectores como algo en extremo inusual. ¿Quién consideraría alguna vez la posibilidad de que el concepto científico de evolución pueda encontrar más apoyo en un medio que se nutre de la doctrina cristiana de la creación que en el escenario de una cosmovisión naturalista? Esto puede sorprenderlo, pero encuentro que es una proposición muy defendible, una que ha sido gravemente desestimada por la mayoría de los cristianos en el contexto de la controversia creación-evolución.

Al iniciar mi desarrollo de esta proposición encuentro necesario introducir algunos nuevos conceptos y términos. Estos conceptos y alguna de la terminología que decidí emplear puede que no sean familiares, pero no serán en lo absoluto difíciles de dominar. (La terminología más familiar ha sido empleada durante mucho tiempo con poco éxito. ¿Por qué no probar un nuevo método y ver si podemos terminar con el actual estancamiento?) La primera cosa que necesito definir es el concepto de *economía del desarrollo de la creación.* Cuando digo «economía» no piense en conceptos como «austeridad» ni «frugalidad». Antes bien, piense en las maneras en que hablamos de la *economía* global, o en los sistemas *económicos.* En este contexto el término «economía» denota un sistema complejo e interrelacionado de recursos y capacidades que funcionan para hacer posible la producción y distribución de una vasta serie de bienes y servicios. Concéntrese en especial en la referencia a los recursos y capacidades que deben actuar para hacer fructífero el resultado.

Por «economía del desarrollo de la creación» me refiero a un conjunto particular de recursos y capacidades con que ha sido dotada la Creación por Dios; esos recursos y capacidades que constituyen su ser. Más específicamente, imagínese hacer una lista de todos los recursos y capacidades de la Creación que contribuyen a su aptitud para organizarse o transformarse a sí misma en una diversidad de estructuras físicas y formas de vida. Entre los renglones de su lista estarían los siguientes:

- Partículas fundamentales llamadas «quarks» que tienen la capacidad de interactuar de una forma que lleva a la formación de cosas con nombres mucho más familiares como «protones» y «neutrones».
- Los protones y neutrones poseen las capacidades de interactuar y formar la minúscula estructura física que llamamos «núcleo atómico».
- Los núcleos atómicos tienen las capacidades de actuar, interactuar, y transformarse de varias maneras que llevan a la formación de diferentes núcleos atómicos.
- Los núcleos atómicos y los electrones interactúan y se organizan a sí mismos de tal manera que producen estructuras todavía más elevadas llamadas «átomos».

- Los átomos tienen la capacidad de interactuar químicamente entre sí y formar una serie diversa de moléculas; de manera similar, las moléculas tienen la capacidad de actuar e interactuar de manera que conducen a la formación de moléculas diferentes, a menudo más complejas,.
- En el más amplio contexto del espacio, las masivas nubes de átomos y moléculas actúan e interactúan para formar las inmensas estructuras físicas de interés para la astronomía: galaxias, estrellas, planetas, etc.
- De nuevo en el contexto microcósmico, las moléculas biológicas importantes tienen las capacidades de auto-organizarse en conjuntos moleculares complejos. (Según el criterio de la vasta mayoría de los científicos, algunos de estos sistemas moleculares alcanzaron los atributos de sistemas vivos en el transcurso de la historia del desarrollo de la tierra.)
- Las células vivas tienen una rica diversidad de capacidades para diferenciarse, desarrollarse y funcionar como partes de complejos organismos multicelulares.
- Los organismos vivientes poseen una diversidad comparativamente rica de capacidades para el desarrollo, la adaptación y la transformación en formaciones de vida relacionadas. (Según el criterio de casi todos los biólogos, incluyendo los biólogos cristianos que conozco en persona, estas capacidades son suficientes para hacer posible un antepasado común de todas las criaturas vivas.)
- En un momento dado, una diversidad de organismos tienen la capacidad de funcionar como miembros de ecosistemas complejos dentro del contexto de algún medio físico particular.

Una nueva manera de enunciar el tema. Sentado este concepto de la economía del desarrollo de la creación, ahora estamos en condiciones de volver a formular una de las cuestiones sobre la cual la comunidad cristiana está profundamente dividida. Es una cuestión relacionada con el carácter del desarrollo de la historia de la creación. Es probable que usted encuentre mi formulación un poco inusual, pero escogí parafrasearla de una manera que, a mi entender, no solo llega al meollo del tema más directo, sino que también ayuda a ver la forma que están relacionados el debate y la controversia creación-evolución.

Entonces, esta es mi versión del tema en cuestión en el debate/controversia: *¿Es lo suficiente robusta la economía del desarrollo de la creación* *(o lo que es lo mismo, está ella dotada con todas las capacidades necesarias) para hacer posible que la creación se organice y transforme a sí misma desde formas elementales de la materia al pleno ordenamiento de estructuras físicas y formas de vida que han existido en el transcurso del tiempo?*

Esta es una pregunta que solo tiene dos respuestas posibles. ¿Qué pasa si respondemos que no? ¿Qué estaríamos entonces diciendo de la creación o sobre el carácter de la actividad creativa de Dios? En efecto, estaríamos diciendo por lo menos lo siguiente sobre la creación: que nunca estuvo lo suficiente equipada con las capacidades necesarias como para hacer posible la secuencia de procesos de auto-organización y transformación que ahora vislumbran las ciencias naturales. Eso eliminaría la consideración no solo del moderno concepto científico del desarrollo evolutivo, sino también del concepto de San Agustín, ofrecido hace quince siglos en su comentario *El significado literal de Génesis*, de una creación dotada con las capacidades para formar las varias clases de criaturas, no en una secuencia, sino de forma paralela. Agustín vislumbró una creación que al inicio llegó a existir en cierto estado amorfo pero dotada, como parte del ser que Dios le dio, con el potencial de exhibir una diversidad de formas creadas y con las capacidades de actualizar esas formas sin ningún nuevo acto creador divino en el transcurso del tiempo. Toda creación; esto es, toda donación del ser, fue hecha al principio. Las capacidades (Agustín las llama «principios seminales» o «razones causales») con las que estaba dotada desde el comienzo la creación hicieron posible lo que ocurrió con el tiempo.[6]

Otra manera de enunciar las implicaciones de la respuesta negativa es decir que ella implica que la economía del desarrollo de la creación está marcada por la presencia de brechas; vacantes formadas por la ausencia de ciertas capacidades, especialmente el tipo de brechas que harían imposible la continuidad evolutiva (y también la actualización paralela de San Agustín). ¿Pero por qué habría brechas en la economía del desarrollo de la creación? ¿Por qué estarían ausentes ciertas capacidades creadoras? En la perspectiva creacionista solo hay una respuesta general. Todas las capacidades creadoras son dadas por Dios. En

[6]Algunos de los que proponen la descripción creacionista especial del desarrollo de la historia de la creación han conjeturado que bien se podría considerar el creacionismo especial una de las «liberaciones de la fe», esto es, una creencia que se sostuvo universalmente en la comunidad cristiana primitiva. Para los resultados de una investigación que desafía este supuesto común, vea Howard J. Van Till, «Basil, Augustine, and the Doctrine of Creation's Functional Integrity», *Science and Christian Belief* 8 (Abril 1966): 21-38.

consecuencia, si algunas capacidades están ausentes, entonces la cuestión sería que Dios con toda intención decidió retenerlas.

Por supuesto, Dios es libre de hacer cualquier cosa que sea consistente con su ser divino, y nosotros las criaturas nunca seremos por completo capaces de entender las decisiones de Dios. No obstante, encuentro embarazoso desde el punto de vista teológico imaginar a Dios que decide retener en los comienzos ciertos dones de la creación, e introduce de esa manera brechas dentro de la historia del desarrollo de la creación; brechas que después, con el transcurso del tiempo, los actos de la creación especial tienen que obviar.

De los milagros y el obviar de las brechas. Recuerde nuestra definición operativa de la *creación especial*: un acto creativo de Dios que se realiza en el transcurso del tiempo, en el cual Dios, actuando algo así como un artesano o trabajador manual, impone una nueva forma a los materiales primarios a los que primero les dio el ser, formas que los materiales primarios no tenían posibilidades de lograr si usaban solo sus propias capacidades. Un cristiano que se incline a favorecer la descripción de la creación especial de una acción creadora divina, creo que tiene que pensar cuidadosamente sobre lo que se ha dicho en torno a la acción creadora de Dios. El creacionismo especial, tanto en su variedad de la Tierra vieja como de la Tierra joven, implica, según creo, por lo menos lo siguiente: (1) que al principio Dios decidió con toda intención retener algunas capacidades creadoras particulares de la creación, e introdujo con ello brechas en la economía de su desarrollo; (2) que en una sucesión de momentos posteriores (algunos dicen que más allá de los miles de años, otros dicen millones), estas brechas en la economía del desarrollo de la creación tuvieron que ser obviadas por actos de la creación especial, y (3) en un acto de creación especial, Dios se sobrepuso a lo que antes le había dado el ser y lo hizo hacer algo diferente, o más allá, de lo que su ser creado le permitía lograr. El creacionismo especial coloca un énfasis considerable sobre la acción creadora de Dios como un despliegue de poder y deseo de forzar lo material a asumir formas de las que éste no estaba dotado lo suficiente para actualizar con sus capacidades dadas por Dios.

Hay una creencia común de que la acción *creadora* de Dios por necesidad cae en la categoría de acción *milagrosa*. Sin embargo, yo creo que se debe distinguir con claridad entre estos dos tipos de acciones divinas. Como yo lo entiendo, un milagro es «un acto extraordinario de Dios que se lleva a cabo en presencia de observadores humanos con algún propósito específico de revelación o redención». Piense en todos los actos de Dios a los cuales se refieren las Escrituras específicamente como milagros. ¿No se ajustan a esta descripción de milagro? Contraponga este concepto de milagro con el concepto de creación como donación del ser. Note cuán diferentes son estos conceptos. Deseo mantener la fe en ambos, pero al hacerlo encuentro necesario respetar sus diferencias.

De vuelta a la cuestión de si la economía del desarrollo de la creación es lo suficiente robusta como para «hacer posible que la creación se organice y transforme a sí misma de elementales formas de la materia al pleno ordenamiento de estructuras físicas y formas de vida que han existido en el transcurso del tiempo». ¿Qué pasa si la respuesta es sí? ¿Qué podría implicar eso en relación con el carácter de la creación? Cierto número de respuestas se podrían ofrecer aquí: (1) que, aun cuando hay brechas en nuestro limitado conocimiento humano de la economía del desarrollo de la creación, no hay brechas en la propia economía; (2) que la historia del desarrollo de la creación se parece más a un tapiz tejido de una vez que a un chapucero edredón de piezas cosidas juntas; (3) que el concepto de Agustín de una creación ricamente dotada tanto con potencialidades para las formas y las estructuras como con medios para lograr que sean el tema general de esa tapicería, aun si la investigación científica fracasa a la hora de confirmar la descripción particular de la actualización paralela; y (4) que el concepto científico de la evolución, aunque está más allá de nuestra limitada capacidad de comprensión humana, puede proveer a los cristianos con la más precisa descripción de la historia del desarrollo de la creación aún formulada.

Una respuesta afirmativa a nuestra pregunta también tiene implicaciones en cuanto al carácter de la actividad creadora divina, a saber: (1) que la esencia de la creación no es la imposición de la forma, como un trabajador manual o un artesano sobrenatural haría, sino la donación del ser, que es un excepcional acto divino; (2) que la creatividad de Dios, en la conceptualización inteligente del ser de la creación, excede con mucho nuestra capacidad para comprenderlo; y (3) que la generosidad de Dios al darle esa robusta medida del ser a la creación excede con mucho nuestra capacidad para concebirla. Así pues, en el contexto de un compromiso hacia la doctrina histórica de la creación, tanto lo robusto de la economía del desarrollo de la creación como lo fructífero de la historia de su desarrollo atestigua la grandeza del Creador que le da el ser.

Entonces, piense por un momento en cuán robusta debe ser la economía del desarrollo del universo a fin de que algo como la evolución de la vida o cósmica pueda constituir una posibilidad genuina. ¿Cómo podría ser que «algo» no solo pueda existir en lugar de la nada, sino que «algo» que existe esté dotado con un conjunto de capacidades para el desarrollo tan asombrosamente robustas que sea capaz de haber actualizado todo el conjunto de sus estructuras y formas de vida con el tiempo? ¿Podría ser suficiente algo menos que la creatividad y generosidad de Dios? ¿Podría tener sentido postular de hecho, como hacen los que predican el naturalismo, que el universo existe por casualidad que solo casualmente tiene una economía de desarrollo asombrosamente robusta? ¿Provee el naturalismo algo que se asemeje ni de lejos a una explicación? ¿Está ahora claro por completo que la creencia cristiana en un creador provee un marco muy superior en el cual se halla que el concepto científico de evolución es una posibilidad creíble?

También piense por un momento en lo fructífero de la historia del desarrollo del universo. Si nuestra comprensión científica es más o menos correcta, entonces todo el conjunto de criaturas que ahora existen, tanto estructuras físicas como formas de vida, es el resultado de criaturas que hacen lo que están dotadas para hacer. Pero considere el resultado. ¡Qué notable conjunto de criaturas! Ese conjunto nos incluye a nosotros, criaturas que somos mucho más que meras máquinas de supervivencia. Estamos dotados más allá de toda comprensión. Hasta tenemos la capacidad de reflejar lo que somos y de quién somos. Estamos dotados con la capacidad de comunicarnos con nuestro Creador-Redentor. Estamos dotados con las capacidades de distinguir el bien del mal y de escoger el bien. ¿Cómo puede ser que el resultado de la historia del desarrollo del universo sea tan fructífero como para incluir criaturas con responsabilidad moral? ¿Podría ser suficiente algo menos que la bendición de Dios?

¿Qué quiero decir aquí por «bendición»? En esencia, lo mismo que en el uso común cristiano del término. Suponga que lo llevan al cuarto de operaciones de un hospital para una cirugía y estuviera todavía lo suficiente despierto como para ofrecer una breve oración y pedir la bendición de Dios para esa cirugía. ¿Qué le pediría a Dios que hiciera? ¿Qué se sobrepusiera a las manos del cirujano o que las obligara a realizar la cirugía de manera diferente a la forma de actuar para las que estaban dotadas y entrenadas? ¿A forzar las células de su cuerpo para hacer cosas más allá de sus capacidades creadas? Si esa fuera su oración, ¿por qué no saltarse la cirugía y evitar el dolor y los gastos que la acompañan? No, pienso que al pedir la bendición de Dios estaría usted pidiendo a Dios que actuara de tal manera que la suma de todas las acciones de las criaturas; las acciones de todo el equipo quirúrgico y de cada átomo, molécula, célula, y órgano de su cuerpo, condujera a un resultado fructífero. En este espíritu, veo la increíble productividad de la historia del desarrollo de la creación como una prueba, elevada y clara, de la bendición ininterrumpida de Dios. Este acto de bendición tiene un carácter excepcionalmente divino; no posee una contraparte en lo creado. No viola el ser que ya se le ha dado a las criaturas, sino confirma que sus acciones lograrán un resultado fructífero.

Al haber desechado la idea de una bendición divina, ¿cómo podría uno que predica el naturalismo comenzar a explicar la asombrosa productividad que se observa en el resultado de la historia del desarrollo del universo? ¿Tendría realmente sentido postular que esto representa nada más que un estupendo golpe de suerte? ¿Provee el naturalismo algo que se asemeje de cerca a una explicación? ¿No está ahora lo suficientemente claro que la creencia cristiana en un creador provee un marco muy superior en el cual dar cuenta de lo fructífero de la historia del desarrollo del universo?

En su libro, *The Blind Watchmaker* («El relojero ciego»), el biólogo Richard Dawkins afirma que: «Aunque el ateísmo haya sido *por lógica* defendible antes de Darwin, éste hizo posible ser un ateo realizado desde el punto de vista intelectual».[7] Encuentro esa afirmación por completo injustificada, nada más que una fanfarronada retórica. Yo diría exactamente lo opuesto. Si el universo está de hecho lo suficiente dotado para hacer posible el desarrollo evolutivo, y si el resultado de ese desarrollo incluye criaturas como nosotros, que somos capaces de reflejar todo lo que ello significa, entonces nada menos que la creatividad, la generosidad y la bendición de Dios podría bastar como la explicación intelectual y espiritual satisfactoria. Dawkins, junto con todos los demás predicadores del naturalismo, no tiene nada que ofrecer. En su fanfarrona retórica no hay nada que temer para el cristiano.

Respuestas cristianas a la retórica del naturalismo. ¿Cuál es el desafío retórico más común lanzado a los cristianos por los que predican el naturalismo evolutivo? La esencia del desafío más común es esta: *Si no hay brechas en la economía del desarrollo del universo, entonces qué necesidad hay de un Creador?* La particular forma de expresarlo variará de autor a autor, pero este es, creo, el elemento central en el ataque del naturalismo evolutivo sobre la creencia en un creador.

Más aún, se alega de ordinario que las ciencias naturales ofrecen una gran cantidad de pruebas que favorecen lo que yo llamaría el «

[7]Richard Dawkins, *The Blind Watchmaker* (New York: Norton, 1986), 6.

robusto principio de la economía del desarrollo»; la expectativa de que el universo tiene «lo suficiente» (en mi vocabulario, «una economía del desarrollo lo suficiente robusta») como para hacer posible la evolución.

Las estrategias cristianas para responder a este desafío naturalista se clasifican en dos grandes tipos. La aproximación más familiar en la comunidad cristiana evangélica es aceptar el reto como algo significativo e involucrarse en un esfuerzo para demostrar la presencia de brechas fundamentales en la economía del desarrollo de la creación. A partir de la supuesta presencia de estas brechas se infiere que, en consecuencia, debe haber habido una serie de episodios ocasionales de extraordinarios actos divinos para obviar esas brechas. (Los rótulos empleados para estos actos extraordinarios incluyen *mandato de creación, intervención milagrosa, intervención sobrenatural, conjunto extranatural, inyección de información* y términos similares.) Esta estrategia se halla en el núcleo de la «ciencia de la creación» (un movimiento que por varias décadas buscó emplear su propia forma de ciencia en apoyo del creacionismo especial de la Tierra joven) y del más reciente movimiento llamado «teoría del diseño inteligente» (más sobre esto después en este capítulo).[8] Ambos movimientos buscan demostrar, apelando a una reevaluación de la evidencia de la observación y el experimento, que el concepto científico de evolución es insostenible. Y, por supuesto, si se desacredita la evolución, lo mismo también ocurre con el naturalismo evolutivo. Caso resuelto. ¡Ganan los cristianos!

El otro tipo de estrategia de respuesta; la que presento en este capítulo, es exponer el desafío naturalista como que no es nada más que la aburrida opción de esta/o la otra que caracteriza el debate creación-evolución, y argumentar que la base más firme para la credibilidad del robusto principio de la economía del desarrollo es un compromiso con la histórica doctrina cristiana de la creación. El desafío naturalista está basado sobre la familiar premisa (una que está bien anclada en la cultura norteamericana) de que una persona tiene solo dos opciones: ya sea el creacionismo especial, con su presupuesto de que hay brechas en la economía del desarrollo de la creación, o el naturalismo evolutivo, con su reafirmación de que una cosmovisión naturalista provee una explicación «intelectualmente satisfactoria» del robusto principio de la economía del desarrollo.

[8]Para una descripción de la «ciencia de la creación» por personas que la favorecen con vigor, vea Henry M. Morris y Gary E. Parker, *What is Creation Science?», ed. revisada y expandida (El Cajon, Calif.: Master Books, 1987).*

Debe ser obvio que toda crítica que hemos hecho en cuanto al formato o/o del debate de creación-evolución se aplica ahora también con igual fuerza al desafío naturalista. Ese es un punto negativo importante, pero el punto positivo que la acompaña pienso que es aún más importante, a saber que la más apropiada y efectiva respuesta al desafío naturalista es decir que si no hubiera brechas en la economía del desarrollo del universo, entonces ese estado de cosas notable debe llevar a una persona a reconocer el universo como una creación intelectualmente concebida y dotada a plenitud, a la que le ha dado su ser un Creador en extremo creativo y generoso. Sin la histórica doctrina de la creación como su fundamento, el robusto principio de la economía del desarrollo representaría un estado de cosas muy improbable. De esa manera, reconocer la credibilidad de ese principio no provee una prueba contra la creencia en un Creador como el dador del ser. Por el contrario, ello provee una prueba a favor de esa creencia.

Por qué rechazo todas las formas de creacionismo especial

Mis razones para rechazar todas las formas de creacionismo especial podrían ser el tema de todo un libro, pero déjeme ofrecer algunas réplicas breves.

Consideraciones bíblicas. Soy un firme creyente en la histórica doctrina de la creación bíblicamente fundada. No obstante, también me mantengo firme en mi creencia de que las Escrituras de manera alguna requieren que favorezca o adopte la descripción creacionista especial de la historia de la creación.[9]

Consideraciones científicas. Uno mis fuerzas con los creacionistas especiales de la tierra viaja, y rechazo cualquier forma de la posición de la Tierra joven porque creo que la evidencia empírica contra ella es simplemente abrumadora. El universo sí provee en realidad una riqueza de medios para llegar a una medida confiable de su edad. Esto está tan bien establecido que creo innecesaria una discusión ulterior sobre esta materia. Para aquellas personas que a pesar de todo tienen que hacer eso, hay más que suficiente literatura disponible.[10]

¿Qué hay acerca de las distintas variantes del creacionismo especial de la Tierra vieja, incluyendo la teoría del diseño inteligente? Aquí

[9]Vea Howard J. Van Till, *The Fourth Day* (Eerdmans, Grand Rapids, 1986).

[10]Vea, por ejemplo, Howard J. Van Till, Robert Snow, John H. Stek, y Davis A. Young, *Portraits of Creation* Eerdmans, Grand Rapids, 1990).

el principal tema científico es si hay suficiente evidencia empírica ya sea para aceptar como para rechazar el robusto principio de la economía del desarrollo. ¿Tiene el universo «lo que necesita» para hacer posible un pleno desarrollo evolutivo, o faltan algunas capacidades clave?

Lo primero que debemos recordar es que resulta imposible desde la perspectiva humana *probar*, en un sentido estricto y lógico, ya sea una respuesta de sí o no. Para probar cualquiera de ambos casos se requeriría primero que conociéramos todo proceso y evento que formaron parte de la historia del desarrollo del universo entero. Está claro que no conocemos eso, ni tampoco será nunca posible conocerlo. Aún más, para probar una respuesta afirmativa se requeriría que fuéramos capaces de demostrar que se puede dar cuenta de estos procesos y eventos en los términos de las capacidades conocidas de las criaturas; y para probar una respuesta negativa tendríamos que demostrar tanto que todas las capacidades de las criaturas se conocen como que este conjunto de capacidades es insuficiente para dar cuenta de la historia del desarrollo del universo. De ninguna manera es posible conocer todo esto a un grado tal como para declarar que tenemos una prueba para cada respuesta.

¿Con qué nos conformamos entonces? Como una prueba decisiva es absolutamente imposible, tendremos que conformarnos con un juicio bien fundado. ¿Quién debe hacer ese juicio? Es obvio que las personas que estén dotadas con los conocimientos suficientes para hacerlo. ¿Quiénes son las personas que con mayor probabilidad estarán en esa posición? ¿Los eruditos bíblicos? ¿Los teólogos? ¿Los filósofos? ¿Los profesores de Derecho? ¿Gente no instruida ni experimentada en la investigación científica?

Presumo que mi argumento está bastante claro. Las personas cuyo entrenamiento profesional y experiencia radique en las ciencias naturales pueden pronunciar un juicio científico mejor fundado ¿Pero qué debe hacer una persona situada fuera de las ciencias cuando haya discrepancias entre los científicos? Buena pregunta. Si hay una profunda división dentro de la comunidad científica con un gran número de científicos calificados por igual a ambos lados de una cuestión específica relacionada con la interpretación de los datos o la evaluación de una teoría, entonces, yo recomendaría suspender el juicio. No obstante, si es una cuestión de un pequeño número de personas que objeta un juicio sostenido por la vasta mayoría de los científicos, consideraría que la posición mayoritaria tiene muchas más probabilidades de estar correcta. ¿Está alguna vez equivocado el juicio de la mayoría? Sí, eso es posible. Sin embargo, también se debe señalar que el juicio acertado casi siempre se genera desde dentro de la comunidad científica, no desde afuera por alguien que no sea científico.

A veces nosotros los cristianos estamos tentados a pensar que tenemos acceso a una información privilegiada, digamos sacada de las Escrituras. Algunos cristianos van tan lejos como para afirmar que las Escrituras proveen suficientes detalles en cuanto a las particularidades de la historia de la creación (p. ej., su cronograma) de manera que las conclusiones que se sostienen de forma tan confiada en la comunidad científica, se deben desechar como es debido con poca consideración por el bien fundado juicio de esa comunidad. Considero personalmente a esos reclamos embarazosos, y ellos llevan a muchos científicos a cuestionar la integridad intelectual de la comunidad cristiana.

Consideraciones históricas y filosóficas. La historia de las ciencias naturales modernas está marcada por la acumulación de una colosal conciencia de las notables capacidades creadoras que encierra la economía del desarrollo del universo. En su investigación de la historia del desarrollo del universo, la práctica científica de asumir la verdad de lo que yo llamo el robusto principio de la economía del desarrollo ha demostrado ser la estrategia más fructífera nunca ideada para hacer avanzar nuestro conocimiento sobre cómo las cosas llegaron a ser de la manera que son. Aún más, como argumentamos antes, la histórica doctrina cristiana de la creación es mucho más capaz de proveer una base racional para este principio que el naturalismo. Entonces, ¿por qué se querría aferrar un cristiano a la idea que ella es menos del ciento por ciento verdadera, y de que a pesar de todos los dones dados a la creación, una pequeña fracción, digamos un 0.001 por ciento, han sido retenidos de manera que el desarrollo evolutivo esté bloqueado por brechas que se deben obviar por ocasionales actos de creación especial?

Con toda franqueza, tengo que admitir que no se puede probar la ausencia de brechas. No conocemos, ni es posible conocer ahora, todos los procesos y eventos que encierra el desarrollo de la historia de la creación. No conocemos, ni conoceremos nunca, todos los elementos de la economía del desarrollo de la creación. Tampoco conocemos con certeza si se puede dar cuenta de cada proceso y evento en la historia del desarrollo de la creación en términos de las capacidades de las criaturas. Por lo tanto, es *lógicamente* posible que las brechas sí existan, y en consecuencia es *lógicamente* posible que estas brechas puedan haber sido obviadas por actos de creación especial.

Eso es por completo cierto, pero suponga que yo fuera a pedir un juicio similar, no sobre la historia del desarrollo de la creación, sino sobre su funcionamiento cotidiano. Suponga que fuéramos a definir la economía del funcionamiento de la creación como todo el conjunto de capacidades de las criaturas que funcionan en el día a día de la creación. Pienso, por ejemplo, en todas las cosas que tienen que ser capaces de hacer los átomos, las moléculas y las células a fin de que nosotros experimentemos un solo día de vida en el contexto de este universo.

Formulemos ahora una serie de preguntas sobre esta economía del funcionamiento del universo y sobre nuestro conocimiento de ella. ¿Tenemos conocimiento de cada fenómeno físico, químico o biológico que ocurre en el universo durante un día de nuestras vidas? ¿Conocemos en este momento todas las capacidades creadas que contribuyen a la economía del funcionamiento del universo? ¿Podemos probar si cada fenómeno que involucra átomos, moléculas y células en el transcurso de un día se puede explicar por completo en términos de las capacidades que encierra la economía del funcionamiento del universo? Está claro que la respuesta es no, igual que lo es para la misma serie de preguntas relativas a la economía del desarrollo de la creación y nuestro incompleto conocimiento de ella.

En este momento estoy seguro que ve hacia dónde voy. Dado este estado incompleto del conocimiento, ¿están los cristianos inclinados entonces a postular brechas en la economía del funcionamiento de la creación? ¿Están los cristianos inclinados a suponer la necesidad de actos divinos especiales en el transcurso de cada día para obviar estas supuestas brechas? ¿Están también los creacionistas especiales inclinados a ser «funcionalistas especiales»? Si nosotros los cristianos no estamos en lo absoluto inclinados a saltar del reconocimiento de las brechas a la perspectiva del funcionalismo especial, entonces por qué saltar de las brechas en nuestro conocimiento de la historia del desarrollo de la creación a la perspectiva del creacionismo especial? ¿Está justificada esta inconsistencia?

Consideraciones teológicas y prácticas. El creacionismo especial se inclina a involucrarse en el infructífero debate creación-evolución. Además de las distintas deficiencias del debate arriba citado, una más merece mención. Esta tiene que ver con su enrevesado sistema de puntuación. Dada la manera en que se definen las posiciones de esta/o la otra, todo descubrimiento científico de una capacidad creada que hace que el robusto principio de la economía del desarrollo tenga mayores posibilidades de ser cierto se acredita al naturalismo evolutivo paralelo. Mientras tanto, la verdad del cristianismo, representada en el debate por el creacionismo especial, parece depender de su capacidad para probar la presencia de brechas en la economía del desarrollo del universo. Dada la velocidad a la que crece nuestro conocimiento científico de las capacidades del desarrollo del universo, no asombra que quienes predican el naturalismo amen este sistema de puntuación. Lo que me asombra es que tantos cristianos hayan aceptado también esta escala invertida.

En esencia, lo que la perspectiva del creacionismo especial concede a los que predican el naturalismo, en especial en el contexto del debate creación-evolución, es la posesión de un robusto principio de economía del desarrollo. El formato esta/o la otra del debate implica que nuestra creencia cristiana de que el mundo es una creación sería falsa si es cierto el robusto principio de la economía del desarrollo. ¡Absurdo! Nunca, *nunca* se les debe permitir a los que predican el naturalismo que presuman de ser dueños de ese principio. Esa es una de las razones por las que argumenté antes en este capítulo que la histórica doctrina cristiana de la creación provee una base muy superior para la credibilidad del robusto principio de la economía del desarrollo de la que el naturalismo nunca será capaz de proveer. Qué trágico en extremo, entonces, que se le permita con tanta frecuencia al naturalismo reclamar la posesión del concepto de un universo dotado a plenitud. Cuán irónico es que los cristianos decidan defender la descripción de una creación no tan plenamente dotada.

Debido a que la posición creacionista especial incluye la suposición de que existen las brechas en la economía del desarrollo de la creación, hay una inclinación natural hacia la búsqueda de evidencia empírica a favor de la presencia de esas brechas. Otra vez, note la triste ironía de los cristianos que buscan, y esperan encontrar, evidencia de dones retenidos. Mientras los proponentes del naturalismo están involucrados en un esfuerzo positivo para descubrir aun más de las capacidades de desarrollo del universo, algunos proponentes de la ciencia de la creación y el diseño inteligente están envueltos en el negativo esfuerzo de buscar evidencias de los dones de desarrollo retenidos.

¿Por qué esta preocupación a fin de preservar un lugar (en las brechas) para que Dios actúe? ¿Por qué fijarse con tanta atención en el tipo de «efectos especiales» que, como con frecuencia dice un cristiano escéptico de la evolución, «marcan la diferencia»? Hay por lo menos dos aspectos problemáticos en esta estrategia. Primero: ella encierra la implicación, intencionada o no, que los actos de Dios se pueden realizar solo cuando hay brechas en las economías del desarrollo o el funcionamiento de la creación. Sin embargo, de acuerdo a lo que conozco, la teología cristiana ortodoxa nunca ha limitado la acción de Dios de esa manera. Dios tiene libertad para actuar de cualquier manera consistente con su propio ser. Como Dios no necesita brechas en las cuales obrar, la eliminación de las brechas en la economía del desarrollo no sitúa ningunas restricciones adicionales a Su acción. Segundo: si se quisiera hablar de una acción divina que «marca la diferencia», entonces se tiene que postular cuál sería el caso sin la presencia de la acción divina. ¿Pero cómo sabría una persona lo que habría tenido lugar sin una acción especial divina? Aún más, si la acción creadora divina se limita a obviar las brechas en la economía del desarrollo de la creación, entonces la implicación es, intencionada o no, que ya sea lo que tenga lugar fuera de esas brechas no depende de la continua acción de Dios de momento a momento; por ejemplo, la de sostener y bendecir. Estos son grandes problemas que tienen que ser abordados, aunque raramente lo son, por los proponentes de la creación especial o el diseño inteligente.

Mi peregrinaje personal

Nací en una comunidad cristiana que hace un fuerte énfasis en ser fiel a Dios en las creencias propias, en la vocación propia, y en la sana integración de las dos. De ese modo se me enseñó, tanto de palabra como con el ejemplo, que la fe y las búsquedas intelectuales no son adversarios que compiten, sino compañeras de una indagación cooperativa para comprender. Me criaron en una atmósfera en la cual se concedía un gran valor a la integridad intelectual y a la meta de articular la propia teología cristiana de una manera que ensanchara el conocimiento propio en todos los campos intelectuales, incluyendo las ciencias naturales.

En el hogar, en la iglesia y en las escuelas cristianas privadas recibí una sólida educación cristiana, por la cual estoy muy agradecido. Sin embargo, siempre he sentido que nunca se ha respondido por completo a cierto número de preguntas importantes e interesantes. Eso está bien; piense qué le sucedería a la curiosidad intelectual si ese no fuera el caso.

Tras una maestría en física en el Calvin College, proseguí a obtener un diploma en física en la Universidad Estatal de Michigan y, tras la investigación de postgrado me uní al final a la facultad de física de Calvin, donde he enseñado tanto física como astronomía.

Muy enfrascado tanto en las ciencias naturales como en la teología cristiana, observé con considerable interés que resurgía el debate creación-evolución. Pero el hondo interés pronto se transformó en una profunda insatisfacción por la manera en que se presentaban como adversarias las ciencias naturales y la creencia cristiana. Tras hacer observaciones cada vez más despectivas sobre las fallas de este infructuoso debate y sus impactos negativos sobre el testimonio cristiano a un mundo con información científica, tuve que tomar una decisión: ya fuera mantenerme callado sobre ello o tratar de hacer algo para mejorar la situación.

Decidí convertirme en un participante pleno en las discusiones relativas a la fe cristiana y las ciencias naturales. Dada mi instrucción, procedí sobre la base del supuesto que la teología y las ciencias deben funcionar como socias en una empresa cooperativa y mutuamente informativa. Durante las últimas décadas he tenido una participación muy activa, he hablado y escrito sobre una diversidad de temas en la palestra de la fe-ciencia.

Aunque el creacionismo de la Tierra joven estaba presente, y aún lo está, dentro de la denominación de mi comunidad, ello nunca me impresionó como algo que fuera defendible desde el punto de vista bíblico ni científico. Una evaluación más cuidadosa ha fortalecido en gran medida esa impresión temprana.

En los años cincuenta leí el libro *Beyond the Atom Más allá del átomo*, del profesor del Colegio Calvin John DeVries, y también la obra mejor conocida de Bernard Ramm: *The Christian View of Science and Scripture El punto de vista cristiano sobre la Ciencia y las Escrituras*. Estos dos libros argumentan a favor de la necesidad de tomar en cuenta el juicio de la comunidad científica (la cual, debe notarse, incluye un gran número de cristianos) cuando se formule una descripción de la historia del desarrollo de la creación. La descripción particular que estos autores favorecen era cierta versión del creacionismo de la Tierra vieja.

Desde ese momento he estado cada vez más convencido de que la descripción de la creación especial de la historia del desarrollo de la creación no se podía defender bien como algo requerido por las Escrituras, sino mejor alentado por un sano criterio científico. Decirle esto a la comunidad cristiana, en especial a la porción evangélica conservadora de esa comunidad, no ha sido fácil ni ha estado libre de riesgos. No obstante, lo considero importante para continuar el esfuerzo, y para hacerlo con vigor. A lo largo del camino he encontrado un gran número de cristianos que han provisto en aliento y la fuerza necesarios para llevarlo adelante.

3. FILOSOFÍA DE LA CIENCIA

¿Cómo afecta mi ciencia a mi teología?

Además del concepto de las ciencias naturales que está implícito a lo largo de este capítulo, permítame comentar aquí sobre dos asuntos relativos a la metodología científica: (1) la teoría de la evaluación, y (2) el naturalismo metodológico.

Cómo se evalúan las teorías. A riesgo de simplificar en exceso, una de las principales actividades de las ciencias naturales es la formación y evaluación de teorías relativas a la manera en la cual funciona o llegó a formarse algún sistema físico. Para comenzar nuestra breve consideración de esta empresa tenemos que recordar primero que nunca conoceremos todo sobre cualquier sistema físico. Por lo tanto, siempre será imposible postular más de una teoría para explicar lo que sí sabemos sobre ese sistema. En el lenguaje de la filosofía, todas las teorías científicas están «insuficientemente determinadas por los datos».

Al contrario de un malentendido muy común, la ciencia nunca *prueba* que una teoría es correcta a base de excluir todas las demás posibilidades. En su lugar, lo que la comunidad científica trata de hacer es llegar a un consenso fundado sobre cuál teoría es «la mejor» de acuerdo con una lista de criterios evaluativos de una teoría. ¿De dónde viene esta lista? De la experiencia. Los criterios que por lo general son fructíferos se mantienen. Los otros se desechan.

Dado el número de teorías que se pueden proponer para explicar algún fenómeno, estas teorías están sujetas a cierto número de interrogantes difíciles, como los siguientes: ¿Tiene la teoría en cuestión una relevancia directa para las propiedades observables del sistema o el comportamiento? ¿Es posible que alguna observación específica altere la teoría? ¿Hace la teoría predicciones cualitativas o cuantitativas certeras en relación con el comportamiento observado o inferido del sistema? ¿Tiene la teoría propuesta una coherencia interna? ¿Es la teoría propuesta consistente con otras teorías relevantes que se estiman en extremo verosímiles? ¿Está la teoría en cuestión limitada a solo un aspecto de un sistema de comportamiento, o da una explicación coherente de varios fenómenos simultáneamente? ¿Unifica la teoría dentro de un sistema explicativo lo que antes se pensaba que eran fenómenos no relacionados? ¿Qué bien funciona la teoría a la hora de estimular nuevos programas o investigaciones fructíferas? ¿Tiene la teoría algunas cualidades estéticas atractivas tales como belleza, elegancia, simplicidad, etc.?[11]

[11]Para un examen más detallado de los criterios evaluativos de esta teoría, vea el cap. 2 de Van Till et al., *Science Held Hostage* (n. 3 arriba), o el capítulo 5 de Van Till et al., *Portraits of Creation* (n. 10 arriba).

¿Es fácil de entender este ejercicio de evaluación de teorías? ¿Está garantizado que da la respuesta «correcta» siempre? No, pero funciona muy bien y no puede desecharse sin un fundamento muy sustancial para hacerlo. Una persona que esté escéptica respecto al juicio fundamentado de la comunidad científica tiene que hacer mucho más que afirmar nada más: «Como la ciencia establecida no puede ofrecer una prueba absoluta, estoy libre para rechazar su teoría, aun si no soy capaz de proponer un sustituto específico que tenga una fuerza explicativa comparable».

¿Está la ciencia comprometida con el naturalismo? Restrinjamos un poco el campo de la preocupación. Suponga que usted es un cristiano involucrado en la formulación y evaluación de teorías relativas a la historia del desarrollo de la vida sobre el planeta tierra. ¿Qué tipos de elementos explicativos debe estar preparado para incorporar dentro de su teoría? ¿Debe limitarse usted mismo, como hacen las ciencias naturales, solo a explicaciones «naturales» , esto es, a las acciones de los átomos, moléculas, células y organismos, etc.? ¿O debe un científico cristiano sentirse libre para proponer también la ocurrencia de actos divinos extraordinarios (como «la creación especial» o «el diseño inteligente»), en especial en los casos para los cuales no se pueda formular en este momento una explicación «natural» específica? ¿Sería esta una buena manera de mostrar que hay evidencia científica para una acción divina que ha «marcado la diferencia»? ¿Deben los cristianos desarrollar una «ciencia teísta» que sea diferente de la «ciencia secular»?

Un aspecto característico e importante de la metodología científica contemporánea es su compromiso con lo que ha llegado a denominarse, en especial por cristianos críticos de la evolución, «naturalismo metodológico». ¿Pero cuál es el concepto exacto que este extenso término representa, y es algo que un cristiano debe darle la bienvenida o rechazar?

Es desafortunado que se haya utilizado el término en una diversidad de maneras tal que es difícil identificar su significado exacto. Permítame concentrarme en los dos significados principales para ilustrar de nuevo la importancia de las definiciones. Primero: a veces representa la idea de la ciencia *natural*; por admisión propia, tiene la competencia de proponer solo teorías que apelan a los fenómenos *naturales*. Como la ciencia natural no tiene competencia para abordar cuestiones relativas a la acción divina, ya sea extraordinaria o no, su metodología está limitada a tratar solo con fenómenos que se pueden explicar apelando a las capacidades de los átomos, moléculas, células, etc.

Comprendido esto, si un cristiano desea proponer una teoría relativa a la historia del desarrollo de la vida que sí hace referencia a alguna forma de creación especial, esa teoría no sería una teoría científica en el sentido común del término. Antes bien, sería un ejemplo de un intento más integral que uno desearía llamar «ciencia teísta». Puede que sea una teoría superior; puede que no. Eso tendría que juzgarse sobre la base de criterios apropiados, y las ciencias naturales tendrían que admitir su limitada competencia en esta evaluación.

Definido de esta manera, el naturalismo metodológico funciona en la mayoría de los casos para llamar la atención al limitado alcance de la ciencia natural y a qué tipo de actividad teórica tiene la competencia de realizar. A diferencia de la *cosmovisión* del naturalismo, no hay nada en el término «naturalismo metodológico» que prohíba la formulación de teorías más integrales que apelen a una acción divina extraordinaria. Solo que esas teorías necesitarían identificarse como algo distinto a una teoría de las ciencias *naturales*.

Si esta fuera toda la historia del naturalismo metodológico, podríamos contentarnos con tratarlo como un término más bien neutral, ni bueno ni malo, solo como un recordatorio del alcance limitado de las teorías que éste es capaz de evaluar. En el contexto de la controversia creación-evolución, sin embargo, el término «naturalismo metodológico» conlleva un impacto mucho más retórico del que implicaría nuestra primera definición. Entonces, ¿cuál es el segundo (y, yo añadiría, el retóricamente travieso) significado? Este tiene una estructura como un pastel de varias capas. En la base de esta estructura de varias capas está el supuesto que el término «naturalismo» (cuando no lo califica ningún adjetivo que lo limite) se referiría por lo común a la *cosmovisión* naturalista completa, como ha sido la práctica constante en este capítulo. En el siguiente nivel, sin embargo, está incluida la implicación de que la metodología de la ciencia natural solo podría ser una consecuencia de esa cosmovisión naturalista. (¿Por qué limitar la actividad teórica científica solo a la consideración de los fenómenos naturales? Porque se sostiene que el naturalismo dice que ese es el único tipo de fenómenos que existen.) Por último, llegamos a la capa de arriba, adornada de forma llamativa: la sugerencia de que se puede tomar la metodología científica sin su fundamento naturalista y llamarla «naturalismo metodológico».

Empleado de manera retórica, la implicación es que la metodología científica contemporánea es la hija de una madre soltera: la cosmovisión naturalista. El naturalismo metodológico (abreviado a veces

MN) se presenta nada más que como un naturalismo (N) disfrazado. ¿Qué podría llevar a un cristiano a aceptar a este lobo vestido de oveja? ¿Torpeza mental? ¿Cobardía? ¿Inseguridad profesional? ¿Pragmatismo egoísta? Todas estas cosas se han ofrecido como explicación.

¿O es posible que alguno de los imprecisos cañonazos de la controversia creación-evolución haya seriamente equivocado los fundamentales temas teológicos, filosóficos y científicos que están en juego? Dada mi preparación en ciencias sociales, y dada mi herencia de valorar la sana reflexión teológica, he llegado a la conclusión, enunciada en el mismo comienzo de este capítulo, de que las profundas incomprensiones son de hecho la raíz causal de la controversia.

Una de estas incomprensiones concierne a lo que puede servir como una base adecuada para la metodología científica contemporánea, en particular cuando esta se aplica a teorizar sobre la historia del desarrollo del universo. En el corazón de esta metodología está la expectativa operativa de que todas las estructuras y formas que alguna vez han existido son el resultado de procesos y eventos hechos posibles por un notable conjunto de capacidades para la auto-organización y la transformación. ¿Cómo se podría justificar este robusto principio de la economía del desarrollo? ¿Cómo podría ser tan asombrosamente fructífero el resultado de la historia del desarrollo del universo? Como discutí antes, la única garantía suficiente que puedo ver para estas posibilidades es la histórica doctrina cristiana de la creación; al universo se le han dado sus ricos dones por un Creador.

El naturalismo es el aprieto embarazoso de tener que asumir estas posibilidades *sin nada que se asemeje a una base adecuada*. No obstante, en el calor del debate creación-evolución, los críticos cristianos de la evolución han cometido el serio disparate de no aprovechar este estado de cosas. En lugar de demostrar la superior aptitud de la fe cristiana para asegurar el principio que contiene una visión muy alta de las capacidades de la creación, los críticos de la evolución han decidido aceptar el concepto de una creación no tan plenamente dotada y empeñarse en buscar los dones retenidos.

Entonces, ¿estoy aquí con un argumento a favor de aceptar la metodología del naturalismo? No, por supuesto que no como una metodología científica arraigada en una cosmovisión naturalista. Veo al naturalismo como impotente, incapaz, de generar alguna base convincente para presumir que el universo es tan capaz como parece ser. Aquí sostengo una opinión a favor de una metodología científica que proviene de un compromiso hacia la histórica doctrina de la creación.

Estoy a favor de una metodología científica que ve, en la insondable creatividad y la ilimitada generosidad de Dios, la posibilidad de una creación plenamente dotada con robustas economías funcionales y de desarrollo. ¿Está la ciencia comprometida con el naturalismo? De ningún modo. Aquellos cuya retórica lo sugiere, ya sea en su prédica a favor del naturalismo o en su prédica contra la evolución, no han cavado debajo de la superficie de las similitudes metodológicas dentro del subsuelo de los compromisos de una cosmovisión.

A partir de cierta cantidad de consideraciones bíblicas y teológicas, visualizo una creación que surgió en un estado relativamente amorfo, pero rebosante de asombrosas potencialidades para alcanzar una rica diversidad de formas en el transcurso del tiempo. A partir también del vocabulario de las ciencias naturales, visualizo una creación hecha surgir por Dios y dotada no solo con un espacio que pueda ser rico en posibles estructuras y formas, sino también con capacidades para actualizar estas potencialidades por medio de la auto-organización en núcleos, átomos, moléculas, galaxias, nebulosas, estrellas, planetas, y las formas de vida que habitan por lo menos en un planeta, quizás más.

Sin embargo, para que esto sea posible, la economía del desarrollo de la creación tiene que ser muy robusta y sin brechas, sin que le falte ninguno de los recursos o capacidades necesarias para lograr esta tarea transformadora y de organización. Esta economía bien robusta es, según creo, una vívida manifestación del hecho de que el universo es producto, no de un mero accidente o casualidad, como consideraría el naturalismo, sino de un *diseño*, esto es, el universo exhibe las marcas de ser el producto de *una concepción inteligente*. Desde la perspectiva cristiana, esto no resulta sorpresa, porque la economía del desarrollo del universo, todas las capacidades creadoras que contribuyen a ella, son un símbolo de la generosidad del Creador en sus dones de ser activo.

¿Qué hay con la teoría del diseño inteligente? Igual que muchos términos clave en la controversia creación-evolución, la palabra «diseño» tiene muchos significados que rara vez se distinguen unos de otros.

Las referencias a la idea de que el mundo lleva las marcas de estar «diseñado» se asocian quizás con mayor frecuencia al nombre del clérigo inglés del siglo XVIII, William Paley. En su clásica obra, *Natural Theology* («Teología Natural», 1802), Paley empleó la analogía de un reloj y un relojero. Si una persona encontrara un reloj sobre el suelo, señaló él, ¿lo reconocería de inmediato esa persona como algo que había sido diseñado? Y no sería entonces más razonable admitir esto como evidencia de la activa existencia de un relojero que lo ha diseñado? Así también, quizás tal vez más, cuando contemplamos los notables rasgos de alguna criatura viviente que está adaptada por completo a las peculiaridades de su entorno, ¿no debemos reconocer esta criatura como «diseñada»? Y si es así, ¿entonces no debemos reconocer de inmediato la necesidad de que haya un «Diseñador»?

Conscientes por completo de las limitaciones del creacionismo de la Tierra joven, pero decididos a ofrecer una perspectiva teísta que fuera efectiva para responder a quienes en la actualidad predican el naturalismo evolutivo, algunos cristianos se han convertido desde hace poco en defensores de una aproximación que ellos desean llamar «teoría del diseño inteligente».[12] La estrategia básica del movimiento del diseño inteligente es esta: Escoja y considere, a la luz de la información derivada de las ciencias naturales, formas de vida específicas y subsistemas bióticos. Entonces haga la pregunta: ¿Se puede ahora, con la ciencia actual (a menudo restringida a algún vocabulario conceptual particular, análogo al de la bioquímica, como en el libro *Darwin's Black Box* de Michael Behe), construir una explicación completa y creíble de cómo esa forma particular de vida o subsistema biótico llegó a actualizarse en un estilo gradualista darviniano? Si no es así, argumentan los teóricos del diseño inteligente, entonces el resultado del diseño inteligente tiene que ser, no un proceso evolutivo inconsciente, naturalista y carente de propósito.

¿Qué significa tener, en específico, «un diseño inteligente»? ¡Buena pregunta! Y sin enunciar una definición ingenua, es posible que surja la confusión. En el uso contemporáneo, ser «diseñado» significa ser *concebido de forma inteligente*. El diseño requiere la acción intencional de una mente. Por ejemplo, piense en un «equipo de diseño» que desarrolle el concepto de un nuevo modelo de automóvil. En este sentido del término, todos los cristianos ven el universo como diseñado. Creemos que el ser de la creación ha sido concebido por Dios de manera inteligente, con claros propósitos en mente.

[12]La literatura representativa escrita desde esta perspectiva incluye libros por el profesor de leyes Phillip E. Jonson, *Darwin on Trial* (InterVarsity Press, Downers Grove, Ill., 1991), y *Reason in the Balance* (Downers Grove Ill.: InterVarsity Press, 1995); una colección de ensayos editados por el profesor de filosofía J. P. Moreland, *The Creation Hypothesis* (InterVarsity Press, Downers Grove, Ill., 1994); y el libro *Darwin's Black Box* (Free Press, New York, 1996) por el bioquímico Michael J. Behe. Una lista de los que proponen el diseño inteligente incluiría también a Stephen Meyer, Paul Nelson, y William Dembski.

Sin embargo, para sus proponentes el concepto de diseño inteligente encierra un segundo elemento que lo iguala en lo esencial al anterior concepto de Paley, que estaba basado en la metáfora del *artesano*. Una persona, el artesano, tanto concibió como construyó lo que se propuso. El relojero de Paley, por ejemplo, planificó y fabricó (ensambló las partes artesanales) del reloj. El Diseñador de Paley (como este relojero) se presumía que poseía tanto la mente (para concebir, o proyectar) como el equivalente divino de las «manos» (el poder para manipular o forzar los materiales primarios dentro de la forma deseada.)

El concepto moderno del diseño inteligente incluye no solo la idea de que alguna forma de vida particular (o algún aspecto del funcionamiento biológico de un organismo) ha sido inteligentemente concebido con un propósito por una mente. También incluye la idea de que la primera configuración de esa forma de vida o subsistema biótico tiene que haber sido realizada por algún agente extranatural (a menudo no especificado) . Toda la evidencia y la argumentación que favorecen la conclusión del diseño inteligente están centradas en la afirmación de que esta especie o sistema biológico particular no podía haber sido configurado la primera vez por medios naturales. Diseño inteligente significa tanto *concebido de forma pensada* como *configurado por un agente extranatural.*

Para poner la tesis del diseño inteligente en el vocabulario de este capítulo: Nuestro presente fracaso a la hora de comprender bien cómo algunas especies particulares o subsistemas bióticos llegaron a formarse primero se toma como evidencia suficiente de que su forma se impuso por medio de la acción de un diseñador inteligente. Implícita en esta tesis está la expectativa de que hay brechas en la economía del desarrollo de la creación que tienen que ser obviadas por medio de actos del diseño inteligente; actos que compensan las insuficientes capacidades de los materiales primarios. Si esto es así, entonces el concepto científico de evolución ha sido desacreditado, al igual que el naturalismo evolutivo. De vuelta a la misma línea de pensamiento de esta/o la otra, que encierra el creacionismo especial: Los ejemplos científicos están elaborados de una manera mucho más sofisticada, pero las características generales son las mismas que en el creacionismo especial.[13]

[13]Para más información sobre mi evaluación de este movimiento, vea la reseña de mi ensayo, «Special Creationism in Designer Clothing: A Response to The Creation Hypothesis», *Perspectivas on Science and Christian Faith* 47 (1995): 123-31.

Cómo esta filosofía de la ciencia afecta mi visión de la teología y las Escrituras

Primero, se debe notar que la lectura de las Escrituras y la teología de todo el mundo se afectan de alguna manera por su concepto de la creación o de la ciencia natural. Mi meta personal es que esto se haga de una manera todo lo consciente que sea posible de manera que esté en condiciones de evaluar de forma crítica tanto el proceso como el resultado.

En la próxima sección de este capítulo recordaré al lector de que aun el texto de las Escrituras ha sido afectado de manera sustancial por los vocabularios conceptuales de sus autores humanos. Mi deseo de respetar estas influencias históricas y culturales me llevan a resistir la tentación de forzar el texto bíblico a fin de proveer respuestas a preguntas modernas que solo se pueden contestar con un vocabulario conceptual igualmente moderno. Dirigir preguntas inapropiadas a las Escrituras es invitar respuestas no esenciales que oscurecerían la verdad y un mensaje de vital importancia.

4. TEOLOGÍA Y ESCRITURA

¿Cómo mi teología afecta mi ciencia?

Creo que toda Escritura es de inspiración divina y por lo tanto es «útil para enseñar, para redargüir, para corregir, para instruir en justicia, a fin de que el hombre de Dios sea ... enteramente preparado para toda buena obra» (2 Timoteo 3:16-17). Las Escrituras representan, según creo, un relato auténtico del encuentro divino-humano. Creo que Dios nos ha dado y todavía nos da a conocer su presencia, y que las Escrituras proceden de una forma muy importante y representativa de esos encuentros divino-humanos. Como sugieren los versículos de 2 Timoteo, estos escritos son en especial útiles para que los cristianos se instruyan «en justicia'.

No obstante, tengo que expresar un considerable grado de inconformidad con la manera en que numerosos cristianos han decidido extrapolar algunas cosas mucho más allá de las palabras de las propias Escrituras, amontonando sobre las palabras de 2 Timoteo muchos alegatos construidos por los seres humanos relativos al texto bíblico. Algunos van tan lejos como para afirmar que Dios se propuso proveer a los cristianos en el texto bíblico de información infalible, y por lo tanto obligatoria, sobre todo tipo de materias (incluyendo las ciencias naturales) con las cuales podría parecer tener relación, aunque solo fuera de forma tangencial. En su forma extrema, esta práctica de hacer afirmaciones demasiado exageradas en relación con la naturaleza y el uso apropiado del texto bíblico lleva a un biblicismo que bordea con la bibliolatría, esto es, con una desmesurada elevación del status del texto, lo cual podría llevar a la idolatrización del texto. Cuando una persona gasta más energías en la defensa estridente de alegatos ideados por los seres humanos sobre el Libro que en vivir con humildad de acuerdo con las verdaderas enseñanzas del Libro, algo anda muy mal. Como he sido víctima de ataques difamatorios que en parte proceden de ese espíritu, creo que me he ganado el derecho de comentar sobre los peligros que manan de un afán muy desorientado, dirigido a promover un dañino concepto de las Escrituras revestido con el manto de una piadosa actitud hacia la Palabra de Dios.

Déjeme ofrecer aquí solo tres ejemplos de prácticas que encuentro en particular problemáticas. Cada una emana, creo, de un fallo a la hora de reconocer algún rasgo importante del propio texto escrito. Las Escrituras tienen que ser leídas e interpretadas de una manera que reconozca su carácter real. En mi opinión, la violación de este principio y la irreal imposición de demandas sobre el texto bíblico que la acompaña constituyen un serio perjuicio que prevalece en la comunidad de creyentes cristianos. No importa lo piadosas y buenas que puedan ser las intenciones, se puede hacer un gran daño al testimonio cristiano.

Primero, la comunidad cristiana de América del Norte a menudo no reconoce de manera adecuada el contexto histórico y cultural de las Escrituras cuando fueron redactadas. Ahora tenemos el privilegio de contar con una multitud de traducciones modernas y versiones del texto bíblico. Hay mucho que decir a favor de este estado de cosas, pero también hay un peligro que lo acompaña. Cuando leemos un texto en una versión moderna, es fácil olvidar que el texto original se escribió, no solo con un vocabulario de *palabras* provistas por diferentes idiomas, sino también con un vocabulario de *conceptos* muy diferentes que proceden de un escenario histórico y cultural bien específico. Los conceptos son una expresión de la cultura de algún lugar y tiempo específicos. El vocabulario conceptual del español moderno es una expresión de la moderna cultura occidental. Por consiguiente, es inevitable que nuestra lectura e interpretación de una traducción moderna de las Escrituras esté influenciada tanto por nuestro vocabulario conceptual como por los vocabularios conceptuales de los autores; y quizás por algo más.

En consecuencia, si queremos leer las Escrituras con el propósito de instruirnos «en justicia», se nos llama a mostrar total respeto hacia el escenario histórico y cultural en el cual se escribió el texto. Dada la importancia de esa instrucción, ¿se podría justificar algo menos que eso? ¿Y qué pasa si deseamos ir más allá de la instrucción «en la justicia» bíblica? Por ejemplo, ¿qué pasa si deseamos introducir cierto número de cuestiones intelectuales en las Escrituras? ¿Y qué tal si algunas de estas cuestiones estuvieran inevitablemente enmarcadas en el vocabulario conceptual de la cultura occidental contemporánea? ¿Qué pasaría si algunas de estas preguntas estuvieran motivadas por los descubrimientos de las ciencias naturales modernas?

Por lo menos debemos notar dos cosas. Primero: no tratamos con la primaria función de «instruir en justicia» de las Escrituras, sino con una función secundaria: satisfacer nuestra curiosidad intelectual. Segundo: al hacerlo, no solo se nos permite emplear todas nuestras capacidades intelectuales y recursos informáticos, sino que somos alentados a hacerlo. No debemos sentirnos obligados a comprometer nuestra integridad intelectual de ninguna manera. Algo esencial en este empeño sería prestarle atención a las vastas diferencias entre nuestro propio vocabulario conceptual y los distintos vocabularios conceptuales de los autores bíblicos.

¿Cómo funcionarían en la práctica estos principios? Sólo déjeme apuntar en dirección hacia donde se encontrarán las respuestas a esta pregunta y comenzar con un ejemplo tomado de la astronomía. Como los autores bíblicos no tenían el concepto de «galaxia» ni de «expansión espacial», sería absurdo sugerir que la palabra «firmamento» en Génesis 1 se refiere a una «propagación del espacio» que tiene algún tipo de conexión con la teoría cosmológica moderna de que las galaxias ahora se alejan porque el monto del espacio entre galaxias en el universo se expande.[14] De igual manera, como los autores bíblicos no tenían conceptos operativos de la variabilidad genética, los sistemas moleculares que se organizan a sí mismos, el espacio de la fase genómica, o la selección natural, me parecería como del todo inapropiado esperar que el texto bíblico ofreciera algún discernimiento inigualable en la evaluación de las varias teorías específicas que contribuyen al moderno

[14]Se toma este ejemplo de un libro cristiano de ciencias para sexto grado titulado *Observing God's World* (A Beka Book Publication, Pensacola, 1978), 82.

concepto de evolución de la vida. Personas con conocimientos y competencia suficientes tendrán que evaluar e interpretar a la luz de la evidencia empírica las teorías particulares relativas a la expansión espacial y la evolución de la vida. No veo garantía alguna en la idea de que las Escrituras podrían proveer a los cristianos con una vía rápida a través de este complejo y exigente proceso. Alegar otra cosa es arriesgarse a propiciar una falta de respeto hacia las Escrituras planteando reclamos no realistas en torno a ellas.

Una segunda práctica, muy relacionada con lo anterior y contra la que tenemos que estar en guardia en relación con nuestra lectura e interpretación de las Escrituras es la frecuente incapacidad de reconocer y apreciar el rico y variado arte literario que se encuentra en las Escrituras. Suponga, por ejemplo, que ya se hubiera reconocido en su escenario cultural original alguna porción particular de las Escrituras como una forma de literatura altamente alegórica, quizás hasta poética. Entonces, resulta bastante obvio que si alguien de una cultura diferente no reconociera este arte literario y procediera a leerla como si fuera la muestra de un discurso factual, se desfiguraría de mala manera su lectura e interpretación. Ningún cristiano recomendaría una práctica como esa, ni aun el más estricto partidario de la infalibilidad del texto.

Pero suponga que vamos a tomar un ejemplo más relevante (y más difícil): Génesis 1. ¿Qué forma de literatura es esta? Seguro que es algún tipo de narrativa (o «historia»), pero eso todavía abarca un gran terreno literario. ¿Cómo se relaciona esta clase de historia con la literatura de sus días? ¿Cuál es el propósito y la función de esta historia en relación con el resto de las Escrituras? ¿Qué se intentaba trasmitir al lector o al oyente? Mucho depende de las respuestas a estas preguntas. Dentro del contexto de la controversia creación-evolución, dos grupos de respuestas se centran alrededor de juicios muy diferentes respecto a qué género literario (forma) representa este relato.

Está claro que se ha incorporado dentro del primer capítulo de las Escrituras una descripción particular de la historia del desarrollo de la creación. ¿Es esta descripción en sí misma el mensaje, y todavía sirve de norma a fines del siglo XX? ¿Es Génesis 1 algo como una fotografía documental, o se asemeja más a una semblanza artística? ¿Es Génesis 1 una *crónica* factual muy concisa de la historia del desarrollo de la creación? Debe leerse, en consecuencia, no como un ejemplo de algo escrito en la forma de la literatura artística del Antiguo Cercano Oriente, sino como una lista menos artística de las particularidades de la historia del desarrollo de la creación? A muchos cristianos se les ha enseñado a creer esto y en consecuencia a extraer del texto respuestas a distintas preguntas sobre el qué y el cuándo ocurrió. Los creacionistas de la Tierra joven parecen estar en especial convencidos de que esta es la lectura fiel del texto.

Muchos otros cristianos están convencidos de que este es un ejemplo de *teología hecha historia.* En esta perspectiva, se debe reconocer que la forma *literaria* de Génesis 1 tiene mucho parecido con otras muestras disponibles de la literatura del Antiguo Oriente Próximo, pero el *mensaje trasmitido* por esta pieza de arte antiguo es dramáticamente diferente. Debido a la manera en que forma y contenido tienen una relación estrecha, hay que ofrecerle total consideración a ambos en nuestro empeño por comprender el texto. En su forma, Génesis 1 tiene la apariencia de una semblanza de la historia del desarrollo de la creación, un relato de cómo por medio de la acción divina el cosmos llegó a ser lo que es. Como tal, es una pieza de la literatura histórica *primitiva* del Antiguo Oriente Próximo. Pero en su concepto del carácter de la deidad, y en su concepto de quiénes somos nosotros y dónde se halla nuestro mundo en relación con la deidad, el mensaje de Génesis 1 exhibe una diferencia del día a la noche respecto a las cosmovisiones del politeísmo del Antiguo Oriente Próximo.

Como las líneas que abren el documento de un pacto, Génesis 1 nos ofrece la respuesta a uno de las más profundas e importantes preguntas que podemos formular: ¿Quién es este Dios que viene a hacer un pacto con nosotros y dónde estamos nosotros y los poderes de este mundo en relación con él? Al responder esta pregunta las Escrituras replica: «El Dios que viene a hacer un pacto contigo es Uno y el Único Dios. No hay muchos dioses, algunos experimentados como poderes ambientales que amenazan la existencia humana, sino que hay un solo Dios y él es el Creador de todo lo demás. Todo lo que no es Dios es parte de la creación. Los poderes de este mundo no son deidades malignas que buscan nuestra muerte, sino miembros de una creación que ha sido concebida con inteligencia y dotada a plenitud con las capacidades para proveer a todas las necesidades de las criaturas». En esta

[15]Para un desarrollo más extenso de mi lectura de las Escrituras, especialmente de Génesis 1, vea los primeros cinco capítulos de *The Fourth Day* (n. 1 arriba). Para la perspectiva profesional de un especialista en el Antiguo Testamento, vea el capítulo de John Stek, «What Says the Scripture?» en Van Till et al., *Portraits of Creation* (n. 10 arriba).

visión, la que yo adoptaría, Génesis 1 provee los elementos de la doctrina histórica de la creación, uno de los fundamentos de la fe cristiana.[15]

Por último, la tercera práctica problemática de la que tenemos que guardarnos en nuestra lectura e interpretación de las Escrituras es la frecuente incapacidad para reconocer que las Escrituras, aunque en efecto proveen el fundamento para nuestra instrucción «en la justicia», constituyen solo una de las fuentes provistas para nuestro crecimiento intelectual. Si se provee una multiplicidad de recursos intelectuales para el crecimiento de un conocimiento cristiano de Dios y sus obras, entonces cualquier práctica que eleve un recurso a fin de excluir o disminuir efectivamente todas las demás fuentes es, en mi opinión, contraproducente. No importa cuán piadoso se enuncie el intento, la práctica de crear un cuadro del desarrollo de la creación solo a partir del texto bíblico es simplemente indefendible. El lema de la Reforma *Sola Scriptura* nunca se quiso malinterpretar de esa manera.

¿Cómo se podrían aplicar estas consideraciones a las descripciones especiales de la historia del desarrollo de la creación? La base última de todas esas descripciones es una lectura particular del texto bíblico, una lectura que comienza con la creencia; una creencia que encuentro injustificada, que la forma literaria de Génesis 1 no es una forma de historia primitiva (una forma de «teología hecha historia»), sino más bien una crónica. Si no fuera por esa lectura del texto de las Escrituras, no existiría la difundida creencia en el creacionismo especial que vemos hoy. Toda defensa de una reinterpretación de la evidencia empírica procede de ese previo compromiso interpretativo. La descripción del creacionismo especial de la Tierra joven tiene al menos el mérito de intentar seguir una estrategia interpretativa consistente en los primeros capítulos de Génesis. Si esto fuera de hecho una crónica, entonces habría que aceptar también como particularidades históricas la cronología así como los demás elementos descriptivos. No obstante, a fin de mantener esa cronología, el juicio tanto de los creacionistas especiales de la Tierra vieja como de prácticamente toda la comunidad científica tiene que ser tirado por la borda. Por otro lado, el creacionismo especial de la Tierra vieja, por su decisión de aceptar la cronología de la historia cósmica derivada de la ciencia, está en la posición, en extremo complicada de intentar la interpretación de algunos de los elementos descriptivos del relato de Génesis (interpretados como episodios de creación especial) como particularidades históricas, pero tratando la cronología del relato de los siete días como figurada. No veo una base convincente para esta estrategia interpretativa dual.

En resumen, creo que las Escrituras son relatos de inspiración divina de auténticos encuentros divino-humanos, escritos en el vocabulario conceptual de los autores humanos, y que todavía tienen gran valor para «instruir en justicia». En nuestra lectura e interpretación de las Escrituras, tanto para la instrucción en la justicia, como para el crecimiento intelectual, es imperativo que le prestemos la debida atención al escenario histórico y cultural del texto, que apreciemos la riqueza y variedad del arte literario que se encuentra en las Escrituras, y que reconozcamos que las Escrituras constituyen solo una de las muchas fuentes provistas por Dios para nuestro crecimiento.

En todo esto también resulta imperativo que resistamos la tentación de extrapolar del justificado concepto de «inspiración divina» el concepto no bíblico de «escritura divina». La retórica asociada al concepto de «escritura divina» puede ser ofensivo y arrogante (recuerde la calcomanía de parachoques: «Dios lo dijo, yo lo creo, eso lo resuelve todo») y alentar un biblicismo insano que bordee la idolatría.

El uso de las Escrituras en la formulación y evaluación de las proposiciones teológicas

Al llegar a este punto del capítulo ya se han dicho muchas cosas pertinentes a la cuestión de cómo se debe usar las Escrituras en la formulación y evaluación de las proposiciones teológicas. Veo la teología como un empeño intelectual, motivado por el deseo de crecer en nuestro conocimiento de Dios y sus obras, que se involucra en la formulación y evaluación de teorías, en especial las teorías relativas a Dios y a nuestra relación con Él. Como tal, la teología tiene que ser elaborada de una manera que apele a todos los recursos de importancia potencial para el conocimiento; las Escrituras, la creación, nuestra continua experiencia de encuentros divino-humanos, y toda la serie de experiencias de vida humanas. Aunque el texto bíblico pueda desempeñar un papel especial, nunca se le debe tratar como la única fuente de conocimiento de relevancia teológica. Desarrollar una teología solo sobre la base de un texto antiguo es invitar al desarrollo de una teología inadecuada, informada de manera insuficiente, y hasta quizás desinformada.

Debido a que la teología se nutre de distintas fuentes; fuentes que son en sí mismas activas y están en crecimiento, la teología no puede ser estática. Nunca estará completa. La teología tiene que continuar en crecimiento mientras se acumulan las experiencias divino-humanas y ocurren en el contexto de novedosas circunstancias. También la teología tiene que crecer mientras crezca nuestro conocimiento del carácter de la creación y la historia de su desarrollo.

Una vez escuché a un teólogo de mi comunidad decir que ahora la mayor parte de la teología ya estaba hecha; nada nuevo se debía esperar. No creo en eso ni por un momento. Tener una teología estática que deje de crecer sería una tragedia. De hecho, pienso que la teología cristiana está ahora hace tiempo atrasada para un arranque de desarrollo estimulado por nuestro conocimiento creciente de la creación y la historia de su desarrollo.

Una de las trágicas consecuencias de la controversia creación -evolución es que muchos teólogos cristianos en la práctica se han desmotivado de la empresa de rearticular la fe a la luz de lo que las ciencias naturales han descubierto sobre el carácter evolutivo del desarrollo histórico de la creación. Si las ciencias tienen razón en su fundado juicio respecto a la robusta economía del desarrollo de la creación, ¿qué bueno saldría de suprimir la reflexión teológica sobre este estado de las cosas? ¿O qué valor tendría una teología con la cabeza metida en la arena? Yo alentaría a la mayoría de jóvenes cristianos con talentos intelectuales a considerar el reto de actualizar nuestra reflexión teológica en su compromiso con la ciencia contemporánea.

Cómo esta visión de la teología y las Escrituras afecta mi visión de la ciencia

Dado mi compromiso con la doctrina histórica de la creación fundada en la Biblia, estoy obligado a practicar la ciencia natural de una manera consistente por completo con esa doctrina. Una consecuencia de esto es que mis proposiciones relativas al carácter de las economías del funcionamiento y el desarrollo del universo tienen que ser consistentes con mi creencia de que el universo es una creación a la que ha dado el ser el Dios de quien dan testimonio las Escrituras. La metodología científica que decidí emplear también tiene que ser consistente con esa creencia.

Como ya he argumentado en forma extensa, estoy inclinado por mi perspectiva teológica a albergar grandes expectativas respecto a las capacidades de desarrollo con las cuales se ha dotado a la creación. A la luz de estos compromisos y expectativas, no estoy del todo sorprendido al ver que la comunidad de científicos naturalistas ha encontrado que lo que llamo el robusto principio de la economía del desarrollo es un presupuesto fructífero en su empeño de formular y evaluar teorías científicas relativas a la historia del desarrollo del universo.

Todas las cuestiones respecto a las particularidades de las capacidades y propiedades físicas de la creación (todos los recursos y capacidades específicos que encierran sus economías de funcionamiento y desarrollo), deben dirigirse a la propia Creación y pueden investigarse por medio de las ciencias naturales. Los vocabularios conceptuales del texto de las Escrituras están tan alejados de esta empresa que un cristiano no tiene bases para suponer que ningún detalle sustancial se podría derivar de la Biblia.

5. EPISTEMOLOGÍA

La solución de las tensiones aparentes entre la ciencia y la teología

Como científico sí sostengo muchas creencias fundadas en la ciencia y sistematizadas con la razón, respecto a las propiedades físicas, las capacidades y la historia del desarrollo del universo. Como cristiano también sostengo muchas creencias bíblicas fundadas y teológicamente sistematizadas sobre Dios, sobre mí mismo, y sobre el resto de la creación. Creo que la formulación y evaluación de ambos conjuntos de creencias debe hacerse inteligentemente, y que hay que permitir que cada conjunto de creencias funcione en la evaluación de los otros.

¿Se le debe dar un estatus superior a cualquiera de estos dos conjuntos de creencias, en particular cuando parece que hay tensión entre ambos? Por supuesto, es imposible darle una respuesta simple a esta pregunta. Dentro de cada conjunto, se sostienen creencias particulares con muy diferentes niveles de confianza. Esa es una inevitable consecuencia de nuestra condición humana; no somos omniscientes. En el área de las creencias fundadas en la ciencia, por ejemplo, sostengo la teoría atómica de la materia con un grado de confianza muy alto, pero hay que sostener con un mayor sentido de experimentación las teorías particulares respecto a la precisa secuencia de los eventos en la explosión de una supernova. En el campo de las creencias teológicas basadas en la Biblia, sostengo la doctrina de la creación sin reservas, pero veo nuestra reflexión sobre el carácter de la vida después de la resurrección como algo de naturaleza más especulativa.

De esa manera, cuando aparecen tensiones, la creencia que se sostiene con más confianza, independientemente del conjunto de que esta proceda, es probable que se mantenga y que la otra se modifique. No se puede establecer una simple pauta por anticipado. Tanto nuestro conocimiento de Dios como nuestro conocimiento de la creación son incompletos e imperfectos. Nuestra interpretación de las Escrituras y la interpretación de la evidencia empírica están sujetas a error. En todos los casos lo apropiado es la humildad intelectual.

UNA CARTA PARA SUSANA

Querida Susana:

Desde tu llamada telefónica de ayer he estado pensando muchísimo en tu difícil situación. Escuchas afirmaciones contradictorias de personas que respetas. Ahora te encuentras desconcertada sobre cómo tomar decisiones entre distintas alternativas. No puedo tomar estas decisiones por ti; tú tendrás que hacerlo por ti misma. ¿Lo que puedo hacer es sugerir algunos principios básicos que se deben tener en mente. Los incluyo abajo:

1. Tómate el tiempo suficiente para evaluar las alternativas con cuidado. No te precipites ni permitas que te presionen para que tomes decisiones apresuradas.

2. Estate atenta a la falacia de muchas preguntas. No aceptes la retórica simplista de esta/o la otra en el debate creación-evolución. Trata cada cuestión según sus propios méritos.

3. Utiliza todos los dones y recursos que Dios te ha dado en el espíritu de una fe que busca comprender. Estás dotada con un agudo intelecto y numerosos recursos a los cuales recurrir para evaluar lo que cada perspectiva alega ofrecer. No comprometas tu integridad intelectual.

4. Escucha más atenta a las personas cuya preparación y experiencia profesional las capacita para asistirte en la formulación de juicios atinados sobre cada tema particular. Eso es lo que tengo que hacer con frecuencia. Sobre la base de mi preparación profesional en

física estoy preparado para hacer mi propia evaluación de muchas teorías en cosmología o astrofísica. En esa área del teorizar científico encuentro atinado y fructífero el robusto principio de la economía del desarrollo.

En el área de la biología, sin embargo, pienso que mi mejor estrategia es depender del fundado juicio de respetados colegas cristianos en biología. Lo que escucho de ellos es que el robusto principio de la economía del desarrollo parece ser igual de atinado y fructífero en su formulación y evaluación de teorías sobre la historia del desarrollo de la tierra.

5.Recuerda que el concepto científico de evolución no es un enemigo de la fe cristiana. Reconocer la credibilidad de este concepto, como hacen la mayoría de los científicos hoy en día, de ninguna manera invierte la balanza hacia un rechazo de la histórica doctrina cristiana de la creación. De hecho, si alguien, como tu atea amiga Clarice, te vuelve a sugerir que la posibilidad de la evolución hace más atractivo el naturalismo, aquí hay algunas preguntas que debes hacerle:

a. Clarice, ¿por qué hay algo (p. ej.: el universo) en lugar de la nada? ¿Es capaz «la nada» de transformar su nadería en alguna forma de «algo»? ¿Realmente esperas que tome esa proposición en serio? ¡Vuelve a la realidad, Clarice!

Susana, el más fundamental significado de «crear» es dar el ser. Sólo un creador puede darle el ser a algo a partir de la nada. Esa es una de las razones para creer que el universo es una creación a la cual le ha dado el ser un Creador.

b. Está bien, Clarice, supongamos por un momento que, pese al hecho de que no tenga sentido hablar de una «nada» que tiene la capacidad de transformarse a sí misma en «algo», sucede que sin embargo existe un «algo». ¿Cuál es la posibilidad de que este «algo» no solo exista sino que también esté dotado con una economía del desarrollo lo suficiente robusta como para transformarse a sí mismo de algún estado primitivo en un universo con galaxias, planetas, átomos, y moléculas? ¿Casualidad, dices? ¿Solo un gran golpe de suerte, dices? ¿Realmente esperas que yo acepte estas respuestas seriamente? ¡Por favor, Clarice!

Susana, las ciencias naturales sí asumen la solidez de lo que yo llamo el principio de la economía robusta del desarrollo. Pero la familiaridad de un científico con esa suposición nunca deberá adormecerlo hasta el punto de pasar por alto qué notable estado de cosas eso representa. Ello debe remitir a cualquiera a un estado de temor reverencial y debe forzar a una persona a preguntar: ¿Cómo puede ser esto? ¿Cómo puede estar tan bien dotado el ser del universo? ¿Puede algo menos que la inefable creatividad y la ilimitada generosidad de Dios ser suficiente?

c. Por último, Clarice, aun si yo pudiera imaginar un universo con una rica serie de capacidades para la auto-organización y transformación, ¿quién podría imaginar que el resultado de la historia de su desarrollo sería tan asombrosamente fructífero como para dar lugar a una sucesión ininterrumpida de formas de vida en el transcurso del tiempo, y que al final aparecerían criaturas con responsabilidad moral como nosotros? ¿No es esto algo más que un accidente divertido? ¿Pudo surgir una cosa como esa sin una concepción inteligente o sin un propósito? ¿Te valoras a ti misma tan poco, y esperas que yo haga lo mismo? ¡Vamos, Clarice! (De paso, si estás interesada, tengo algunos amigos que me gustaría conocieras.)

Una vez más, Susana, pienso que nosotros los cristianos tenemos que retar a los que proponen el naturalismo con mucho más vigor y confianza de lo que normalmente hacemos. A ellos les resulta fácil asumir con ligereza que el universo tiene lo que necesita para dar lugar a nuestra formación en el contexto de la evolución de la vida. Pero suposiciones a la ligera no son explicaciones intelectuales ni espirituales satisfactorias. ¿Cómo pudo ser tan fructífero el resultado de la historia del desarrollo evolutivo? Somos mucho más que meras máquinas de sobrevivir. ¿Puede algo menos que la bendición de Dios ser suficiente para explicar esto?

6.Recuerda que los problemas surgen cuando las personas dejan de honrar el verdadero carácter de las Escrituras y en su lugar plantean demandas irreales al texto bíblico. De hecho, si alguien como tu amigo biblicista Charlie, alguna otra vez te sugiere que las Escrituras por las claras prohíben una creencia en el concepto de una Creación que se desarrolla, aquí hay algunas preguntas que debes hacerle:

a. Charlie, en tu lectura de las Escrituras, ¿has tomado en cuenta del hecho que ellas fueron escritas, no solo en un momento y un lugar muy diferentes al de aquí y ahora, no solo en una lengua con palabras muy diferentes a las nuestras, sino en un vocabulario conceptual muy diferente?

b. Charlie, en tu lectura de las Escrituras, ¿has tomado en cuenta el hecho de que fueron escritas en una diversidad de formas literarias? ¿Has apreciado la riqueza del arte que se despliega en el texto bíblico? ¿Tus principios interpretativos toman esto en consideración adecuadamente?

c. Charlie, cuando le pides a las Escrituras mucho más que la instrucción para la justicia que ellas proveen, y cuando las lees con el propósito de estimular el crecimiento intelectual, ¿has tomado en cuenta el hecho de que Dios nos ha provisto múltiples recursos para nuestro desarrollo intelectual? ¿Tienes el cuidado de dirigir al texto bíblico solo aquellas preguntas que se pueden contestar con su propio vocabulario conceptual? ¿Estás prestando la adecuada atención, por ejemplo, a lo que se ha descubierto a través de la investigación científica sobre el carácter de la creación y sobre la historia de su desarrollo?

Susana, nunca permitas que nadie te haga sentir culpable por desafiar la descripción de la creación especial que parece dominar en la comunidad cristiana occidental. Entre los cristianos se han respetado durante mucho tiempo otras descripciones. Evalúa cuidadosamente la perspectiva de la creación plenamente dotada como una que alienta un elevado punto de vista sobre la creatividad y la generosidad de Dios y el carácter plenamente dotado de la creación a la que él le ha dado el ser.

¿Qué hay de ese nuevo movimiento del diseño inteligente? Primero: no es en realidad nuevo. De muchas maneras es parecido a la advocación de un diseño hecha hace dos siglos por William Paley, pero con algunas diferencias. Por ejemplo, ahora está embellecido con más ejemplos científicos sofisticados pero, irónicamente, con un compromiso mucho menos sustancial hacia las cuestiones teológicas relevantes. Segundo: debes preguntarle a los que proponen el diseño inteligente cómo esperan ellos vencer las inherentes limitaciones de argumentación que por necesidad tiene la siguiente fórmula: Si la comunidad científica no puede ahora, dentro de los confines de su conocimiento limitado y vocabularios limitados, dar una explicación completa y convincente de la generación de la forma de vida X o el subsistema biótico Y, entonces X o Y se pudieron haber configurado primero solo por la acción coercitiva de algún agente extranatural no identificado. A esto se le llama por lo común «apelar a la ignorancia», un tipo de argumentación que rara vez convence.

Susana, has tenido un difícil acertijo ante ti. Que Dios bendiga tus mejores esfuerzos por utilizar todos los recursos y capacidades que se te han dado, y que algún día llegues a una solución intelectual y espiritual satisfactoria. Y cuando, por la gracia de Dios, lo hagas, quizás seas capaz de hablarles a tus amigos de tu magnificado temor reverencial por el Creador del cielo y la tierra, Aquél que le ha dado el ser a la Creación plenamente dotada.

RESPUESTA A HOWARD J. VAN TILL

Walter L. Bradley

El Dr. Van Till rechaza el encuadre de todo el debate de los orígenes como una simple disyuntiva entre creación y evolución, al crear, como lo hace (en la mente de Van Till) una falsa dicotomía. Van Till cree que «Dios ha dotado de manera tan generosa la creación con capacidades para la auto-organización y transformación que una línea ininterrumpida de desarrollo de la materia inerte a toda una serie de formas de vida no solo es posible sino que de hecho ha tenido lugar», y llama a esta posición «la perspectiva de la creación plenamente dotada». Alega que esa es una posición que le permite mantener al mismo tiempo su fe cristiana y su integridad intelectual.

Como Van Till cree que en este momento no se puede justificar desde el punto de vista empírico (o científico) que la materia está lo suficiente «dotada» como para auto-organizarse y transformarse a sí misma de simples moléculas inanimadas a formas de vida muy complejas, tales como el *Homo sapiens*. Es difícil comprender por qué alega que abandonar el debate lo ayuda a mantener su integridad intelectual. Todos los investigadores del origen de la vida reconocen que la formación de la más simple de las células vivientes bajo condiciones de la tierra temprana realistas es casi imposible de imaginar.[1] La explosión

[1]C. B. Thaxton, W. L. Bradley, y R. L. Olsen, *The Mystery of Life's Origin: Reassessing Current Theories* (Lewis and Stanley, Dallas, 1992); J. Horgan, «In the Beginning...,» *Scientific American* Febrero 1991, 117; Robert Shapiro, *Origins: A Skeptic's Guide to the Creation of Life in the Universe* (Summit Books, Nueva York, 1986); Leslie E. Orgel, «The Origen of Life on the Earth», *Scientific American*, October 1994, 77; *The Search for Life's Origins*, preparado por el National Research Council Committee on Planetary Biology and Chemical Evolution (National Academy Press, Washington, D. C., 1990).

cámbrica del filo de casi todos los grandes animales en un muy breve período de cinco millones de años sigue siendo hoy uno de los mayores misterios en la investigación de los orígenes.[2]

En su reciente libro *Climbing Mount Improbable Subir al Monte Improbable,*[3] Richard Dawkins, el biólogo ateo de fama internacional, reconoce correctamente que a menos que la parte trasera del «Monte Improbable» tenga un sendero al parecer suave desde la base a la cima que abarque muchos y muy breves pasos, entonces no hubiera podido ocurrir la macro evolución. Pero, estamos lejos de demostrar la existencia de un sendero como ese. Todo lo contrario, el bioquímico Michael Behe ha ofrecido numerosos ejemplos a nivel molecular de sistemas de muchos componentes que no pueden funcionar ni proveer ninguna ventaja selectiva hasta que todas las partes componentes evolucionen de manera independiente, un prospecto que es increíble e improbable.[4] Behe llama a esos sistemas «complejos irreductibles». Si la hipótesis de Behe prueba que es así, entonces se descubre que la parte trasera del Monte Improbable de Dawkins tiene de hecho muchos escalones grandes, o discontinuidades que después de todo no pueden ser escaladas por medio de la mutación o la selección natural. Pasar del origen de la vida al primer sistema viviente puede representar el ejemplo más profundo de complejidad irreducible.

Es muy posible obviar el dilema del Dios-de-las brechas que parece estar en el corazón de las preocupaciones de Van Till si se argumenta a priori que Dios es la causa primera sobre la que en última instancia recae la responsabilidad de la creación. Entonces el debate se centra apropiadamente en cómo Dios lo hizo, no en si lo hizo. Llevó Dios la creación a su estado actual al obrar nada más que por la vía de sus patrones, llamados las leyes de la naturaleza (lo cual implica una autonomía que las leyes no tienen), o utilizando alguna combinación de la vía de sus patrones y en ocasiones de la vía sin patrones (lo que llamamos milagroso o sobrenatural). Tal aproximación permite una franca pesquisa y una búsqueda de la verdad, antes que abandonar la búsqueda de la verdad a favor de adoptar un supuesto metafísico sobre cómo Dios debe haberlo hecho, pese a la significativa evidencia en contra. La suposición de Van Till de que los cristianos que se muestran escépticos de la evolución biológica y química están motivados por

[2]Robert F. Deán, «Paradoxes in Darwinian Theory Resolved by a Theory of Macro-Development, *Perspectives on Science and Christian Faith* 48 (Septiembre 1996): 154.

[3]Richard Dawkins, *Climbing Mount Improbable* (W.W. Norton, Nueva York, 1996).

[4]Michael J. Behe, *Darwin's Black Box* (Free Press, Nueva York, 1996).

ciertas interpretaciones estrechas de las Escrituras, combinadas con ignorancia científica, es a todas luces incierta en lo que atañe a los llamados creacionistas del diseño inteligente como yo, quienes, a diferencia de Van Till, están preocupados por la falta de suficientes datos empíricos para apoyar una «creación plenamente dotada».

Por último, Van Till alega, sin ninguna justificación racional, que el «naturalismo evolutivo... puede tener la apariencia de apoyo científico solo en conexión con un debate creación-evolución en el cual la posición de la creación esté representada por los creacionistas especiales». El naturalismo evolutivo es un evidente disparate metafísico, del todo independiente de lo que puedan creer los cristianos que es cierto sobre la creación.

Van Till también argumenta que los creacionistas insisten en que los no cristianos tienen que rechazar su creencia en la evolución como un prerrequisito para llegar a ser cristianos. Pero este es un argumento de paja. Ningún cristiano sensible haría una exigencia como esa. Las personas llegan a ser cristianas creyendo las cosas correctas sobre Jesucristo, bastante aparte de lo que creen sobre la evolución. Lo mismo se aplicaría a temas mucho más importantes tales como lo inspirado de las Escrituras. De la misma manera, no hay razón por la cual no se le pueda presentar a un estudiante cristiano información bíblica y científica de los orígenes y alentarlo a no ser dogmático sobre este tema, incluyendo la aceptación no crítica de la evolución teísta de Van Till, o la creación plenamente dotada.

La solución propuesta por Van Till es en esencia aceptar el reclamo de la comunidad científica de un universo en el cual las causas naturales pueden explicarlo todo, y entonces atribuir este resultado a la inicial asignación de Dios de propiedades especiales a la materia, lo que en última instancia, de acuerdo con Van Till, explica las muchas complejidades del universo físico y en especial, de los sistemas vivientes. Mientras que una idea como esa puede ser en principio atractiva, en la práctica parece tener problemas insuperables que se pueden comprender con facilidad por medio de la siguiente ilustración:

Suponga que quiero lanzar una pelota de goma desde la torre inclinada de Pisa en Italia, de tal manera que le pegue a un amigo que camine debajo por la plaza. Para tener éxito, tengo que predecir el momento exacto en el que la bola alcanzará al suelo y a mi amigo. La fundamental ley física que se aplica a este fenómeno es la ley de la atracción gravitacional de Newton, que toma la siguiente forma en los cálculos diferenciales:

$$F = G\, m_1\, m_2 / r^2 = m_1\, a = m_1\, d^2 h / d\, t^2 \qquad (1)$$

donde m_1 y m_2 son la masa de la pelota y la masa de la Tierra, r es la distancia desde la pelota al centro de la tierra, y G es la fuerza constante de la gravedad. F es la fuerza gravitacional que acelera la pelota. Si notamos que $a = Gm_2 / r^2 = -g$, la cual es 32,2 pies/seg^2 hacia abajo, entonces la ecuación (1) se puede simplificar en:

$$d h^2 / d t^2 = -g \qquad (2)$$

con una solución para esta ecuación diferencial que es

$$h(t) = -g t^2 / 2 + v_0^t + h_0 \qquad (3)$$

donde v_0 y h_0 son la velocidad inicial de la pelota y la altura de la torre. Los detalles de la masa no tienen importancia. No obstante, note las cuatro cosas que hacen falta para predecir el tiempo en que la pelota alcanzará el suelo: (1) la forma que asume la Naturaleza, como se indica por las ecuaciones 1 y 2 a partir de las que se puede obtener la solución indicadas en la ecuación 3; (2) el valor de la constante universal G (y de la constante derivada –g); (3) las propiedades de la materia o sistemas de materia tales como la masa de la tierra (m_2) y la masa de la pelota (m_1) en la ecuación 1; (4) la velocidad inicial de la pelota cuando se suelta (v_0), y la altura de la torre (h_0).

Note que la constante universal y las propiedades de la materia se diferencian de las condiciones iniciales requeridas. En general, los fenómenos físicos en la Naturaleza, incluyendo el origen de los sistemas físicos como la vida, están determinados por (1) las leyes de la Naturaleza; (2) las constantes universales como la velocidad de la luz (c) o de la fuerza de gravedad (G); (3) las propiedades fundamentales de la materia, tales como la masa del protón y la unidad de la carga y las propiedades derivadas de la materia tales como las afinidades químicas; y (4) las condiciones iniciales que están asociadas con la distribución de la materia y la energía en los sistemas físicos, que de ahora en adelante llamaré información. Cada uno de estos componentes es una parte necesaria del diseño de Dios, y ellas explican nuestro hospitalario hogar sobre la tierra y las numerosas formas de vida que allí se encuentran.

Van Till y yo estaríamos de acuerdo en que Dios es responsable directo de (1) y (2); no obstante, Van Till alegaría que solo las propiedades de la materia (3) pueden de algún modo proveer la necesaria información para dar cuenta de todas las estructuras complejas que se encuentran en la Naturaleza (4). Por ejemplo, hasta hace poco se argumentaba mucho que las propiedades (3) de las moléculas de los aminoácidos (sus afinidades químicas respectivas) eran responsables de la muy específica secuencia o información (4) que da a la proteína sus propiedades catalíticas. No obstante, junto con dos coautores, he demostrado que tomadas como un todo, la secuencia de las moléculas de los aminoácidos en 250 proteínas reales es, en esencia, fortuita.[5] De esa manera, las propiedades químicas de los aminoácidos no pueden explicar la información de ricas propiedades en las moléculas de proteínas complejas. Hay muchos ejemplos de problemas similares en la naturaleza, desde las increíbles condiciones iniciales requeridas para que el «Big Bang» nos ofreciera un universo apropiado como casa, hasta la formación de moléculas complejas tales como el ARN[7] [«ácido ribonucleico»] y la proteína[8] necesarios para el primer sistema viviente. Es esta infusión de información la que parece que no se puede explicar solo a través de las ciencias naturales y las propiedades de la materia. Las propiedades de mi pelota nunca pueden determinar su posición inicial ni velocidad. De la misma manera, solo las propiedades de la materia son incapaces de proveer la necesaria información para explicar la complejidad del universo o de la misma vida.

Las tendencias de auto-organización en la naturaleza a las que alude Van Till son de dos tipos: (1) aquellas que se basan en las propiedades fundamentales de la materia, con los cristales como el mejor ejemplo; y (2) aquellas que se basan en condiciones simples (o de demarcación) tales como los torbellinos o flujos conductivos de calor. No hay buenos ejemplos de cómo las propiedades de la materia pueden producir los muy elevados requerimientos de información del Big Bang o los orígenes de la vida.

Van Till asegura que la gran mayoría de los científicos cree que las moléculas de importancia biológica tienen las capacidades de auto-organización para convertirse en las formas complejas con los atributos de los sistemas vivos, un resultado que él atribuye a las propiedades que Dios les ha dado. No obstante, numerosos artículos recientes en la literatura científica ofrecen una descripción diferente y

[5]R. A. Kok, J. A. Taylor, y W. L. Bradley, «A Statistical Examination of Self-Ordering of Amino Acids in Protein», *Origins of Life and Evolution of the Biosphere* 18 (1988): 135.

[6]William Lane Craig y Quentin Smith, *Theism, Atheism, and Big Bang Cosmology* (Clarendon Press, Oxford, 1993).

[7]Vea Orgel en la n. 1 arriba, y R. Shapiro, «Prebiotic Ribose Synthesis: A Critical Analysis», *Origins of Life and Evolution of the Biosphere* 18 (1988): 71.

[8]Vea n. 1 arriba.

mucho más pesimista.[9] ¿Por qué entonces tantos científicos como Van Till creen en un origen naturalista de la vida? La explicación más probable la ofrece James E. Platt, profesor de ciencias biológicas en la Universidad de Denver. En un reciente articulo en el *American Biology Teacher* dirigido a la manera en que la mayoría de los textos de la escuela intermedia y superior trata el origen de la vida, advierte:

> Estas presentaciones suenan a menudo como historias de «fue justo así» y son culpables de significativas extrapolaciones excesivas sobre lo que sabemos del origen de la vida sobre este planeta. Sin detenerme en los detalles, admitiré con toda confianza que los argumentos sobre el origen de la vida están llenos de dificultades que por lo general no se tratan en los textos introductorios. Inclusive iría más allá y, a riesgo de incurrir en la ira de algunos de mis colegas, sugeriría que las principales razones por las que la mayoría de los científicos creen en una explicación naturalista del origen de la vida no es tanto porque encuentran la evidencia a favor de escenarios particulares del todo convincentes, sino más bien porque creen apasionadamente en el principio de que el mismo proceso natural que ha mediado en la evolución de la vida a partir de formas simples habría funcionado para producir estas formas simples.[10]

En sus repetidas referencias a las creencias de muchos científicos en un origen naturalista de la vida (y la evolución), está claro que Van Till quiere dar a su lector la extraviada impresión de que estos científicos profesionales, como le gusta llamarlos, creen como él debido a la preponderancia de la evidencia, cuando de hecho sus creencias, como las de Van Till, están basadas en presunciones filosóficas. Situaciones similares concurrirían también, por ejemplo, en los casos de la explosión cámbrica y la cosmología del Big Bang.

La fuerte preferencia de Van Till por una Naturaleza que evoluciona basada en sus propiedades (o dotación) y su aversión hacia cualquier «intervención» de Dios, su economía sin brechas, bordea con una cosmovisión deísta. El deísmo es la visión de que Dios creó un universo que funciona independiente, como un reloj de cuerda, en contraste con el teísmo cristiano que ve a Dios como Creador y

[9]Ibid.

[10]James E. Platt, *American Biology Teacher* 55 (Mayo 1993): 264.

Sostenedor, comparable con un reloj eléctrico. Su descripción de cómo oraría por su cirujano fue de tono sospechosamente deísta. Cuando tuviera una cirugía, no vacilaría en orar que Dios le diera a mi cirujano el entendimiento y las habilidades sobrenaturales que fueran necesarias para ofrecerme un resultado óptimo. Si vemos a Dios como responsable de lo natural y de lo sobrenatural (lo que Van Till reconoce en una parte de su trabajo), entonces la visión de lo sobrenatural como la intervención de Dios en la Naturaleza se ve como incorrecta, pues Dios es responsable directo de todo lo que sucede. Dios solo hace la mayoría de las cosas por la vía de los patrones (leyes de la naturaleza, con constantes y propiedades universales de la materia), mientras que en ocasiones hace algunas cosas por una vía sin patrones, y no solo en la llamada historia de la redención. Por último, su manera de rotular la creación como «menos que plenamente dotada» donde puede que se necesite información específica para los nuevos sistemas es muy peyorativa.

En resumen, el objetivo de Van Till en relación con el mantenimiento de la fe cristiana y la integridad intelectual se sirve mejor a través de la búsqueda de la verdad por medio de una honesta pesquisa dentro del mundo natural sin ninguno de los presupuestos de Van Till, permitiendo que Dios nos hable a través de su Palabra y su mundo. ¡Sólo el tiempo dirá si son reales las brechas de información!

RESPUESTA A HOWARD J. VAN TIL

John Jefferson Davis

Al escribir desde mi propia perspectiva del *creacionismo progresivo*,[1] encuentro muchas cosas en el ensayo del Dr. Van Till con las que estoy de acuerdo. Concuerdo vigorosamente con su punto de vista de que el objetivo principal de las Escrituras no es la Naturaleza considerada en sí misma, con sus propiedades y capacidades, sino más bien «dónde estamos en relación con Dios» y cuestiones de responsabilidad moral. También encuentro que el modelo de la complementariedad, antes que el de conflicto o separación, es la manera más adecuada para entender la relación entre la teología cristiana y las ciencias naturales.

Concuerdo con Van Till en que demasiadas discusiones creación-evolución han sido entorpecidas por supuestos dicotómicos de «esta/o la otra» sobre los medios que puede haber escogido Dios para crear en algún caso determinado. Seguro que tiene razón cuando sugiere que cada caso debe examinarse uno por uno sobre la base de sus propios méritos.

Su observación de que el azar no excluye por necesidad los más elevados propósitos de un agente racional es valiosa, y es consistente con la doctrina bíblica de la providencia, según la cual Dios puede urdir eventos al parecer casuales dentro de su propósito divino.[2]

[1]Este término se utiliza para designar el punto de vista de que el universo y la tierra son muy antiguos, y que Dios ha creado durante largos períodos de tiempo a través de una variedad de medios, que incluyen tanto los actos creativos especiales como algunos procesos evolutivos. En una generación anterior, este punto de vista estuvo representado, por ejemplo, por Bernard Ramm, *The Christian View of Science and Scripture* (Eerdmans, Grand Rapids, 1954).

[2]Para unas reflexiones teológicas sobre el concepto de causalidad, vea D. J. Bartholemew, *God of Chance* (SCM Press, Londres, 1984).

También saludo el reconocimiento expresado por Van Till de la falibilidad humana. Tiene de seguro razón al reconocer que tanto nuestras interpretaciones de la Naturaleza como nuestras interpretaciones de las Escrituras están sujetas a error, y que la humildad intelectual «es lo apropiado en todos los casos». Prestarle atención a esta admonición habría evitado mucho resentimiento innecesario en la historia de la interacción de la Iglesia cristiana con las afirmaciones científicas.

No obstante, difiero de Van Till tanto en mi comprensión de la teología bíblica de la creación como en ciertos aspectos empíricos de la historia de la vida sobre la tierra. Creo que las afirmaciones del autor sobre la histórica doctrina de la creación se habrían beneficiado a partir de un análisis más detallado de la terminología bíblica de la creación. Un estudio terminológico del importante vocablo hebreo *bara*, por ejemplo, utilizado cuarenta y nueve veces en el Antiguo Testamento y diez veces en Génesis con el sentido de «crear», implica que algo que no tenía existencia previa llega a existir a través del mandato de Dios. La palabra implica una acción divina, un acto de creación más allá del poder humano. El énfasis recae en la *novedad* del objeto creado.[3] Mi preocupación teológica es que el énfasis del autor por la «integridad funcional» y «las capacidades creadoras dadas por Dios» al orden creado hace demasiado hincapié en la *continuidad* de la obra creadora de Dios en el orden natural y muy poco en los puntos de *discontinuidad* que pueden manifestar el *señorío* y la *trascendencia* del Creador sobre la Creación. Otra manera de expresar esta preocupación es preguntar si la noción de Van Till de la Creación hace demasiado énfasis en la inmanencia de Dios en la Creación y muy poco en la trascendencia de Dios.

A través de la Historia, la teología cristiana ha intentado reconocer este equilibrio entre la inmanencia y la trascendencia de Dios en la Creación a través de los términos *providencia ordinaria, providencia extraordinaria* y *milagro*. El Dios de la Biblia es libre de relacionarse con el orden natural en cualquiera de estas tres maneras. En la providencia ordinaria, Dios obra de forma inmanente a través de las leyes de la naturaleza, tales como hacer que la hierba crezca para el ganado (Salmo 104:14), o crear animales a través de los procesos biológicos ordinarios la gestación (Salmo 104:24, 30). En la providencia extraordinaria Dios reencauza las fuerzas de la Naturaleza con un propósito redentor,

[3]Helmer Ringgren, «bara», *Theological Dictionary of the Old Testament*, eds. G. Johannes Botterweck y Helmer Ringgren, trad. John T. Wills (Eerdmans, Grand Rapids, 1975), 2:242-49.

tal como provocar que un viento impulse codornices desde el mar para alimentar a los israelitas durante la peregrinación por el desierto (Números 11:31). En los milagros Dios trasciende o suspende las leyes ordinarias de la Naturaleza con un propósito redentor, ilustrado por el hacha que flotó (2 Reyes 6:6), la alimentación de los cinco mil por Cristo, o su resurrección corporal.

Mi preocupación es que la noción de Van Till de la creación pueda minimizar de manera inadvertida el papel de la *providencia extraordinaria* y el *milagro* en nuestra comprensión de los textos bíblicos al reducir, en efecto, la obra creadora de Dios a la categoría de «providencia ordinaria»; excepto en el caso del origen del universo espacio-temporal en el Big Bang. Esto podría llegar a ser, desde el punto de vista teológico, un *deísmo funcional* en la visión de la creación de alguien, con Dios involucrado en la Creación solo en un comienzo remoto, y en lo adelante en el papel de *sostenerla.* Esto parecería un empobrecimiento de la riqueza y de la variedad de las formas testimoniadas en la Biblia en que Dios se relaciona con el orden natural, y parecería algo menos contundente en la provisión de un freno contra las intrusiones del naturalismo. Si el orden natural está tan bien dotado con propiedades para la auto-organización, ¿entonces qué necesidad hay para la «hipótesis de Dios»?.

¿No hay un peligro en enfatizar la integridad funcional de la creación de esa manera que erosiona el carácter claramente sobrenatural de enseñanzas bíblicas tales como el nacimiento virginal y la resurrección corporal de Jesús? Sería útil obtener ulteriores aclaraciones sobre estos puntos del Profesor Van Till.

Cuando examino el registro de la historia de la vida sobre la tierra, veo más evidencias de *discontinuidad* de las que ve Van Till. En este espacio limitado mencionaría solo dos ejemplos sobresalientes: (1) los orígenes de la primera célula viva («biogénesis»); y (2) los orígenes de los filos y las formas de vida mayores («la explosión cámbrica»). En ambos casos yo vería la mejor explicación de los datos empíricos en términos de la obra de creación especial de Dios, antes que en la mera continuidad evolutiva.

En relación con el tema de la biogénesis, o los orígenes de la vida, aunque es cierto que desde los famosos experimentos de Stanley Miller y Harold Urey en 1953, ya se habían sintetizado en el laboratorio los aminoácidos (uno de los componentes básicos de la vida), todavía se mantiene el caso de que la cuestión sobre los «orígenes de la vida» está muy lejos de una solución de laboratorio. La síntesis de ácidos mucho más complejos, como el ARN y el ADN, y las proteínas complejas necesarias para la vida, bajo condiciones que verdaderamente reproduzcan las condiciones de la tierra primitiva, no ha rendido resultados satisfactorios en más de los cuarenta años transcurridos desde los experimentos de Millar. Las sugerencias especulativas de actuales investigadores del origen de la vida, como Stuart Kauffman, que habla de las propiedades de «auto-organización» de la materia, permanecen sin verificar en el laboratorio.[4] Estoy de acuerdo con la evaluación de la investigación en esta área más bien sombría y realista de Leslie Orgel, él mismo un destacado investigador en este campo, quien concluyó que las muchas hipótesis respecto al origen de la vida son «cuando más fragmentarias», y que todos los detalles de cómo surgió la vida «puede que no se revelen en el futuro cercano».[5] Yo sugeriría que el Profesor Van Till ha invocado con demasiada facilidad cierto concepto de la creación plenamente dotada sin tratar de manera adecuada con los problemas pormenorizados de la cuestión biogenética.

Otro notable ejemplo de discontinuidad en la historia de la vida es «la explosión cámbrica», de hace unos 570 millones de años, cuando los principales filos aparecen en el registro fósil sin obvios precursores. Complejos organismos pluricelulares como los trilobites, los corales, y los crustáceos aparecen formados por completo en un lapsio de unos diez millones de años de tiempo geológico que ha sido llamado el «Big Bang» de la historia de la vida. Resulta notable que, de acuerdo con Don A. Eicher y Lee McAlester, «no hay record fósil de los orígenes de estos filos, pues ya estaban bien separados y muy aparte cuando aparecieron por primera vez como fósiles».[6] La llamada fauna ediacárica, formas tempranas que datan de hace aproximadamente 640 millones de años, incluyendo las medusas, los corales blandos, y los gusanos segmentados, no poseían caparazón ni esqueletos y no representan antecesores plausibles de los filos cámbricos.[7]

Los trilobites están entre los organismos más estudiados del registro cámbrico Estos crustáceos, con cuerpos segmentados y duros

[4]S. A. Kauffman, *The Origins of Order* (Oxford University Press, Nueva York, 1993).

[5]Leslie E. Orgel, «The Origin of Life on the Earth», *Scientific American* (Octubre 1994), 83. Las teorías de los orígenes de la vida y la investigación de laboratorio se examinan y evalúan servicialmente en Charles B. Thaxton, Walter L. Bradley, y Roger L. Olson, *The Mystery of Life's Origin* (Philosophical Library, Nueva York, 1984).

[6]Don L. Eicher y A. Lee McAlester, *History of the Earth* (Prentice Hall, Englewood Cliffs, N. J., 1980), 236.

[7]Esta fauna ediacárica se describe en E. N. K. Clarkson: *Invertebrate Paleontology and Evolution* (Allen & Unwin, Londres, 1986), 48.

carapazones que de alguna manera se asemejan a los modernos cangrejos herradura, son también notables por sus complejos ojos compuestos. Los ojos de los trilobites, algunos de los cuales son tan complejos como los de los insectos contemporáneos, aparecen de repente en el registro fósil y son el sistema visual más antiguo conocido en toda la historia de la vida.[8] El registro fósil no brinda evidencias de pequeños pasos darwinianos que lleven a las complejas estructuras de los ojos de los trilobites.

La hipótesis de Van Till de una creación plenamente dotada no parece tratar adecuadamente las evidencias específicas de *discontinuidad* en la historia de la Tierra, como en los casos del origen de la vida y la explosión cámbrica. Creo que el modelo de creación progresiva se ajusta mejor a los datos bíblicos y a los empíricos, al reconocer tanto los elementos de continuidad como de discontinuidad en la historia de la obra creadora de Dios. El modelo de la creación progresiva, al reconocer las señales de una intervención divina especial, no apela a un Dios de las brechas, que se basa simplemente en la ignorancia humana, sino a una «mejor explicación» de *lo que realmente sabemos* sobre la historia de la vida y sus eras de novedad y nueva complejidad.

[8]H. B. Whittington, *Trilobites* (Woodbridge, U. K.: Boydell Press, 1992), 84-85; y Riccardo Levi-Setti, *Trilobites* (Chicago University Press, Chicago, Ill., 1975), 23ss.

RESPUESTA A HOWARD J. VAN TILL

J. P. Moreland

Estoy agradecido al Profesor Van Till por una sólida y clara contribución a esta discusión. Si yo fuera a adoptar alguna forma de evolución teísta, la que con más probabilidad abrazaría sería la de Van Till por la forma cuidadosa en que está desarrollada. Aún así, sigo convencido de que la evolución teísta es inadecuada, en vistas de toda la evidencia relevante, como que es un compromiso muy dañino a la luz del cientismo que caracteriza el clima intelectual contemporáneo y al cual la aproximación de Van Till contribuye de manera inadvertida. Mi repuesta se centra en dos temas importantes.

VAN TILL SOBRE LOS EXPERTOS RELEVANTES

Van Till alega que, aunque la mayoría puede estar equivocada, aún así es más razonable basar nuestros puntos de vista científicos en valoraciones sostenidas por la mayoría de aquellos que tienen preparación profesional en las ciencias naturales y cuando lo hagamos, vamos a aceptar la teoría general de la evolución. Cuando un pequeño número de personas (en especial cuando muchas de ellas proceden de campos no científicos) impugnan lo que la mayoría de los científicos sostiene, debemos irnos con la mayoría. De ese modo Van Till aconseja a Susana a prestar mayor atención a la opinión de la mayoría expresada por profesionales capacitados en las ciencias naturales.

Está claro que hay cierta verdad en este consejo. Pero todos sabemos que un grupo de los practicantes en algún campo pueden estar ciegos de dos maneras. Primero: su preparación puede adoctrinarlos de manera tan concienzuda para que vean algún fenómeno de cierta forma, que simplemente no pueden considerar otras formas de ver los datos, ni pueden oír a otros que ofrezcan interpretaciones alternativas. En resumen, un grupo homogéneo puede cegarse por la fuerza social de su uniformidad y desarrollar mentalidades cerradas a la sugerencia de que sus puntos de vista pueden ser inadecuados. Segundo: cuando el fenómeno en cuestión está en el centro de cuestiones éticas y religiosas y el punto de vista mayoritario realiza una labor importante para la comunidad de practicantes en la justificación de sus estilos de vida éticos y religiosos, esto puede cegar a esos practicantes.

Ninguno de estos factores implica que el punto de vista mayoritario sea falso o irracional, pero está claro que aquí hay peligros y la aceptación científica de la evolución se ajusta a ambos criterios. Como esto es así, y como no es verdad que la teoría evolutiva se haya confirmado por la evidencia o empleado fructíferamente para acumular nuevos descubrimientos empíricos que no puedan explicarse sin la teoría evolutiva, entonces no hay inconsistencia cuando las personas confían en sus doctores o expertos en computación para que les hablen de medicina y software, pero no confían en que los científicos evolucionistas les describan los mecanismos que generaron a los seres vivientes.

¿Cómo podemos decir si la mayoría de los científicos expertos son la autoridad relevante sobre la cuestión evolutiva o si aquellos que disienten (incluyendo una minoría de científicos y aquellos que están en campos como la ley y la filosofía fuera de la ciencia) nos proponen una alternativa legítima? Sugiero las siguientes directivas. En primer lugar, si Van Till piensa que la mayoría de los actuales científicos naturalistas tienen más autoridad que los que disienten, entonces tiene que contestar dos preguntas: (1) ¿En concreto qué hechos científicos entienden mal los que disienten? (2) ¿En concreto qué erudición especial tienen en realidad los científicos que les ayude a interpretar esos hechos? Si Van Till no puede contestar estas preguntas, entonces sugiero que se eche a un lado su consejo a Susana.

En segundo lugar, la historia de la ciencia muestra que a menudo hay alguien que está fuera de un paradigma mayor (p. ej.: un joven científico y, en raros casos, alguien fuera de la ciencia) que tiene la distancia intelectual de la teoría principal para ver sus fallas y considerar alternativas. Pienso que los defensores de la Tierra joven y la Tierra vieja cumplen esa función.

Aún más, pienso que la macroevolución se acepta en gran medida por razones sicológicas y no por factores racionales. En específico, el cientismo rampante en la cultura, combinado con la creencia de que el creacionismo especial es religión antes que ciencia, significa que la evolución es la única visión de los orígenes que puede reclamar el respaldo de la razón. Todas las supuestas creencias extracientíficas tienen que desplazarse hacia la parte trasera del ómnibus y se las relega al nivel de opiniones privadas y subjetivas. Si dos teorías científicas compiten por la lealtad de la gente, entonces los científicos con más preparacion profesional serían receptivos, por lo menos en principio, a la evidencia relevante del asunto de que se trate. ¿Pero qué sucede si una teoría rival tiene carácter científico y la otra no se considera en absoluto una teoría científica? Si abandonamos la teoría científica a favor de la no científica, entonces, dada la hegemonía intelectual de la ciencia, esto equivale a abandonar la razón en sí misma. Dada esta situación se crea un callejón sin salida de mentalidades cerradas y la aceptación de la evolución por la mayoría de los científicos se puede explicar mediante la sociología.

Por último, Van Till no sigue su propio consejo. La gran mayoría de su artículo trasmite sus puntos de vista sobre materias en filosofía, teología y exégesis bíblica. Como Van Till está capacitado en ciencias y no en estos otros campos, su propio consejo requeriría, pienso, que se abstuviera de hablar con autoridad sobre estos tópicos y, en su lugar, someterlos a la mayoría de los expertos entrenados en estos otros campos. Ahora, bien, a través de la historia de la Iglesia, la vasta mayoría de esos expertos en la Iglesia han sostenido puntos de vista contrarios a los de Van Till. Lo que es salsa para la oca es salsa para el ganso. Si él puede hablar con alguna autoridad de materias exegéticas, entonces por qué tratar de silenciar a Phillip Johnson alegando que un abogado no puede hablar con ninguna autoridad de temas biológicos?

Mi consejo a Susana es este: Cuando los factores anteriores estén presentes como es claro que lo están en la controversia creación-evolución, *¡caveat emptor* (se advierte al comprador) cuando llega el momento de aceptar el juicio de la mayoría de los científicos! Susana, si hubiéramos seguido el consejo de Van Till en los estudios religiosos durante las décadas de los sesenta y setenta, se nos habría pedido que aceptáramos reconstrucciones liberales del Jesús histórico. Desde mi punto de vista, Susana, la mayoría de los profesores de estudios religiosos que buscan al Jesús histórico en las últimas décadas están en el mismo bote que arriba se describe, como la mayoría de los científicos que aceptan la macroevolución. Gracias a Dios que la mayoría de los disidentes inteligentes han puesto a nuestra disposición alternativas razonables en ambos casos.

VAN TILL SOBRE EL DISEÑO INTELIGENTE

Entre las críticas de Van Till a la teoría del diseño inteligente, se deben mencionar dos. Primero: él alega que este enfoque no reevalúa la evidencia de la observación y el experimento a fin de mostrar que el concepto científico de la evolución es insostenible. Por otro lado, alega que este enfoque no es realmente nuevo sino solo un renacer más sofisticado de la aproximación de Paley de hace dos siglos. Aparentemente, Van Till quiere decir que esto implica que la actual teoría del diseño inteligente solo es un reciclaje de un enfoque antiguo y fallido. Esto no es de ninguna manera cierto. Primero: el actual movimiento del diseño inteligente emplea una gran variedad de argumentos del tipo diseño (p. ej.: inferir la mejor explicación, y argumentos de probabilidad de tipo bayesiano), en tanto que Paley solo empleó un argumento estándar a partir de una analogía. Más aún, el reciente movimiento del diseño inteligente utiliza argumentos muy sofisticados (como reconoce Van Till) y apela a nuevos tipos de evidencia (p.ej., la teoría de la información y la fina sincronización del universo). De manera que la crítica cronológica de Van Till está muy lejos de la verdad.

Segundo: Van Till alega en reiteradas ocasiones que lo que defienden el diseño inteligente fundamentan su inferencia de un diseñador solo sobre la base de un argumento que parte de la ignorancia, esto es, a partir del mero hecho que la ciencia actual no puede explicar algo, los defensores del diseño inteligente infieren de manera incorrecta que se requiere un Dios para explicarlo. Ahora, aun si eso fuera así, ello no significa que el argumento sea malo. Todo depende de si hay un prolongado patrón de intentos científicos para abordar el problema en cuestión de forma que haya surgido un patrón explicativo y que este patrón sea groseramente inadecuado. Si es así, el programa de investigación en cuestión está en un período de crisis, y los críticos del programa están en su derecho de señalar esto y proponer un enfoque diferente. De manera que es simplista criticar todas las inferencias a una explicación basándose sobre evidencia negativa contra una explicación rival. Sólo un examen de cada caso particular puede decidir lo apropiado de una línea de razonamiento como esa.

No obstante, lo más importante, los defensores del diseño inteligente no basan sus argumentos solo sobre evidencia negativa. Ellos alegan que tenemos por lo regular una experiencia del diseño inteligente y del ensamblaje directo de algo por un agente cuando examinamos los artefactos fabricados por agentes humanos. De esto aprendemos ciertas señales características de los productos del diseño inteligente y la acción directamente intencional (p. ej.: la combinación de una amplia variedad de partes diferentes que funcionan juntas para algún fin; la ocurrencia de un evento que es muy improbable y exhibe una especificidad no casual). Si tenemos razones teológicas para esperar que el mundo natural contenga productos como esos, y si descubrimos productos que conllevan estas características, entonces muy bien puede justificarse una inferencia de diseño.

El propio Van Till se preocupa respecto a persuadir a los naturalistas a que se conviertan en cristianos y utiliza argumentos de la teología natural para respaldar sus esfuerzos (p. ej.: ¿Cómo algo puede venir de la nada sin una primera causa divina? ¿Cómo puede la creación tener rasgos tan absolutamente improbables de asombrosa productividad en la historia del desarrollo de la creación y la intrincada ocurrencia de sus variadas capacidades sin que Dios las haya proporcionado como dones de la creación?). Los defensores del diseño inteligente lo aplauden en esto y no ven motivo para retener esos argumentos cuando se trata de episodios específicos (p.ej., el origen de la vida) dentro de la historia del desarrollo de la creación.

RESPUESTA A HOWARD J. VAN TILL

Vern S. Poythress

El Dr. Van Till tiene razón es su más importante argumento de que la evolución teísta merece una audiencia respetuosa. Algunos sólidos teólogos de anteriores generaciones, como B. B. Warfield, han concedido que (posiblemente con excepciones) la evolución podría haber sido el *medio* por el cual Dios hizo surgir las actuales clases de cosas vivas. Van Till también está en lo correcto en cuanto a que, si la evolución teísta fuera cierta, sería una manifestación espectacular de la sabiduría y el poder de Dios, antes que una prueba a favor del naturalismo.

Es desafortunado que Van Till eche a perder su caso al presentar la evolución teísta mezclada con defectuosas ideas de su cosecha. Déjeme señalar dos defectos principales.

Primero: al parecer Van Till no acepta excepciones a la forma general en que Dios procede. Él afirma: «Todas las formas actuales de vida tienen un antepasado común…,» y «Una línea continua de desarrollo evolutivo… ha tenido lugar de hecho». A Van Till le habría ido mejor de haber aceptado excepciones. Proscribir las excepciones está en contradicción con su creencia en la posibilidad de los milagros y su punto de vista de que la ciencia se debe limitar ser tentativa en sus reclamos. Aún peor, los puntos de vista de Van Till contradicen Génesis 2. Génesis 2:21-22 dice que «le sacó [a Adán] una costilla y le cerró la herida. De la costilla que le había quitado al hombre, Dios el SEÑOR hizo una mujer y se la presentó al hombre…» (La palabra hebrea para «costilla» a veces puede significar también «costado», «tabla» o «cámara lateral». El contexto aquí muestra que se trata de una costilla o una pieza del costado del hombre, pues más adelante Dios «le cerró la herida».) La Biblia indica no solo que Dios hizo a Eva, sino *cómo* lo llevó a cabo. No utilizó una concepción y un nacimiento normales.

Dios obra de cualquier forma que escoja. Tenemos que aceptar que él podía crear a Adán y a Eva por medios diferentes a los que utiliza con otras criaturas. Esta admisión clave destruye el dogmatismo con el cual se pone en marcha la principal corriente de científicos con arrolladores postulados evolucionistas. Por otra parte, aceptar excepciones trae la evolución teísta a las inmediaciones de una posición de creación especial. Considere que en un caso donde la Biblia ofrece la información más detallada sobre *cómo* Dios creó, a saber, con la creación de Eva, éste pone en marcha medios excepcionales. Este hecho sugiere que quizás Dios creó la mayoría de los demás grupos de seres vivientes a través de medios excepcionales. La diferencia entre la evolución teísta y la creación especial se reduce entonces a un debate cuantitativo acerca de cuántas excepciones hubo en los procesos reproductivos normales.

El segundo defecto es que el punto de vista de Van Till sobre la interacción de Dios con el mundo promueve el deísmo, no una visión Trinitaria bíblica. Quizás no fue esa su intención, pero la mayoría de los lectores lo entenderán a él de esta manera. En una visión deísta, Dios da lugar al momento inicial de la creación, pero después no se involucra en lo fundamental. Dios «le da cuerda al reloj» en un acto original de creación; después, el reloj marcha «por sí mismo». Por contraste, la Biblia indica que Dios *siempre* participa en el control, dirige, habla, e interactúa con sus criaturas: «Haces que crezca la hierba para el ganado» (Salmo 114;140; «Tú traes la oscuridad, y cae la noche» (104:20); «Él cubre las nubes del cielo» (147:8); «Extiende la nieve cual blanco manto» (147:16). La Biblia se concentra en particular en la interacción de Dios con los seres humanos: «El Señor envió a Natán para que hablara con David» (2 Samuel 12:1); «En las manos del Señor el corazón del rey es como un río: sigue el curso que el Señor le ha trazado» (Proverbios 21:1). Uno podría multiplicar los pasajes.

En estas acciones Dios es tan consistente y está tan en armonía consigo mismo que a veces podemos describir lo que hace por medio de las llamadas leyes científicas. Pero hay límites. Las leyes son conjeturas humanas aproximadas; son incompletas; se centran casi siempre solo en un aspecto (mecánico, geológico, biológico, etc.) antes que en el cuadro general; y puede que tengan excepciones cuando Dios decide cambiar los patrones por sus propios motivos. Los actos originales de creación, la vida de Cristo, y la segunda venida de Cristo son esas variaciones. Ellas encierran eventos de novedad espectacular, de manera que los supuestos dogmáticos de una continuidad mecánica con el presente son en extremo inapropiados.

Infortunadamente, Van Till no se introduce dentro de esta enseñanza bíblica. Y de esa manera su exposición deja a los lectores con la impresión de que se debe optar entre dos malas opciones: (1) O Dios «interviene» dentro de un mecanismo a fin de «forzarlo» en sentido contrario a su verdadera estructura (el Dios de las brechas); o Dios permanece apartado del mecanismo y deja que este funcione «por sí mismo» (una receta para el deísmo). La descripción de Van Till falsamente sugiere que la acción de Dios encerraría disrupción «desde afuera», y en consecuencia implicaría una lamentable deficiencia en la bondad y la integridad del orden creado. Cometió este error porque utilizó una imagen defectuosa de Dios. Dios no es un artesano que irrumpe *desde afuera* en un mecanismo independiente. Más bien, él es omnipresente, está presente «dentro» (Jeremías 23:24). Es un Padre y un agente personal, constantemente activo hasta el presente (Salmo 139:13; 104:2-3, 30; Jeremías 18:1-10; Mateo 6:25-34; Juan 5:17; etc.).

Van Till oscurece los temas fundamentales cuando habla sobre las «propiedades» y «capacidades» de las cosas creadas. ¿Qué quiere decir? La mayoría de las personas entenderían que esto se refiere a propiedades y funciones descriptivas en conformidad con las diversas leyes conocidas. Estas leyes son «metodológicamente naturalistas», y así nunca se elevan por encima del cuadro del universo como un mecanismo. Fuerzas impersonales y interacciones inconscientes controlan las cosas. Puede que Dios haya puesto en marcha todo el universo y ejercido su sabiduría. Pero lo que tenemos después es independiente. Dios ha entregado las capacidades sobre la creación como un regalo de una vez por todas del pasado distante. Ahora la creación ejercita esas capacidades y Dios solo tiene que asegurarse de que todo siga existiendo.

Por contraste, dentro de la visión bíblica, las capacidades solo pueden ser una forma abreviada de los decretos y especificaciones y acciones que gobiernan lo que sucede en el mundo, día a día. Cualquier cosa que suceda, ya esté en conformidad o no con las expectativas científicas modernas, expresa el completo control de Dios sobre el mundo.

Fíjese en la propia declaración de Van Till: «Una criatura no puede hacer más (ni menos) de lo que le permiten las capacidades con que Dios la ha dotado». Dentro de una visión bíblica, esta declaración es una perogrullada. Una criatura puede hacer solo que Dios especifica. Jesús convirtió el agua en vino (Juan 2:1-11); Eliseo hizo que un hacha flotara (2 Reyes 6:6); el cuerpo de Jesús resucita de entre los muertos y se transforma (1 Corintios 15). Todos estos eventos *por definición* son logros de las «capacidades» dadas por Dios, si ese término es solo una forma abreviada de los posibles planes y acciones de Dios.

Pero por supuesto, esta palabra clave, «capacidades», pronto se desliza de nuevo dentro de un significado diferente y opuesto. «Capacidades» significa entonces *solo* aquellas posibilidades que se explican en los confines del naturalismo metodológico, donde se acostumbra a analizar las regularidades que se observan hoy. Las regularidades naturales de hoy terminan por establecer confines artificiales para lo que Dios hace.

Un punto final. Sobre la cuestión de la evolución, no respaldo la idea de Van Till de simplemente confiar en los especialistas científicos para determinar la teoría más viable. Por diversas razones el actual entrenamiento científico predispone en serio a las personas a esperar explicaciones por completo naturalistas. No hace falta que esté involucrada deshonestidad intelectual alguna, sino solo la asimilación de suposiciones e interpretaciones aceptadas, y la falta de una alternativa atractiva que ajuste dentro del mismo marco de suposiciones. Para el lector que desee explorar más sobre esto, sugiero la lectura del libro de Michael Denton *Evolution: A Theory in Crisis* (Bethesda, Md.: Adler & Adler, 1985).

En suma, la tendencia deísta en Van Till no es aceptable. La evolución teísta es una posibilidad teológica, si se aceptan excepciones. Pero es poco probable sobre bases científicas.

CONCLUSIÓN

Howard J. Van Till

Supongo que deba estar más o menos agradecido por la declaración del Profesor Moreland de que si tuviera que adoptar alguna forma de evolución teísta, escogería mi versión. Sin embargo, como aclaré bien en mi capítulo que encuentro el rótulo de «evolución teísta» no solo inadecuado, sino engañoso, no estoy muy divertido por su decisión de volver sobre ese epíteto retóricamente ofensivo como un rótulo de mi perspectiva. La arremetida de mi capítulo no era cristianizar la evolución, sino celebrar la generosidad del Creador y lo dotado de la creación.

En mi consejo a Susana sugerí que a una persona se le diera el buen consejo de respetar el juicio fundado de la comunidad de científicos profesionales respecto a la evaluación de las teorías científicas. La respuesta del profesor Moreland fue la de que aun cuando esto sería en condiciones normales un consejo sano, el teorizar evolutivo se debe tratar como una excepción a esa por lo general buena regla. ¿Por qué? Porque, piensa Moreland, «la macroevolución se acepta en gran parte por razones sociológicas y no por factores racionales».

Muchas personas en la comunidad cristiana al parecer desean que el juicio de Moreland sobre esto sea una lectura verdadera y justa de la manera en que son las cosas. No lo creo ni por un momento. Después de interactuar por más de tres décadas con un gran número de biólogos cristianos, estoy del todo convencido de que la evaluación de la teoría científica se hace con tanta o mayor competencia, honestidad y racionalidad en la esfera de la evolución de la vida como en cualquier otra esfera de la ciencia natural. La idea de que el juicio de la comunidad científica; una comunidad que incluye un sustancial número de cristianos, puede ser desechado aquí como una mera distorsión sociológica es, creo, una atractiva ilusión que tiene que ser disipada de manera conclusiva. Esta ilusión sirve para tranquilizar a aquellas personas que desean mantener alguna forma de creacionismo especial a despecho del juicio científico, pero ella es, según creo, una ilusión de todas maneras.

Moreland es, como esperaba que fuera, un crítico de mi valoración respecto al movimiento del diseño inteligente. Al rechazar mi comparación con la aproximación de Paley, Moreland señala que el movimiento actual emplea argumentos mucho más sofisticados y apela a nuevos tipos de evidencia, tales como «la fina sincronización del universo».

La apelación de Moreland a la fina sincronización del universo me deja sin embargo perplejo. ¿Por qué? Porque ella ilustra justo lo opuesto de lo que intenta probar. Permítame ofrecer una explicación muy breve. La teoría cosmológica contemporánea de la historia del desarrollo del espacio, de los elementos, y las galaxias, estrellas, y planetas nos ha llevado a darnos cuenta de que cambios muy pequeños en los valores de cualquiera de las diversas propiedades del universo habrían impedido nuestra llegada a la escena. Minúsculas modificaciones en la velocidad de la expansión cósmica, la potencia de la fuerza de la gravedad, la velocidad de la luz, o aun la colocación de los niveles de energía, por ejemplo, habrían alterado de forma tan drástica la historia del desarrollo del universo que ninguna forma de vida, y por cierto que no la nuestra, se habría convertido en realidad. En la forma de hablar convencional, el universo aparece exquisitamente bien sintonizado para nuestra aparición.

Concuerdo de corazón con esa línea de pensamiento. El carácter de fina sincronización de la naturaleza del universo sí me lleva de hecho a concluir que ello es el producto, no de la casualidad, sino de una concepción inteligente. En otras palabras, el universo es una creación que ha sido concebida por una Mente increíblemente creativa. Pero aquí está truco: La fina sincronización para la que Moreland reclama atención es necesaria solo en el contexto de una historia del desarrollo que se limita a ser consistente con lo que he llamado el robusto principio de la economía del desarrollo. La fina sincronización de las propiedades y capacidades del universo es una evidencia, no de la necesidad de episodios de ensamblaje extranatural (un rasgo básico del diseño inteligente), sino de la idea que el universo es una creación que ha sido plenamente dotada con una economía del desarrollo robusta y sin brechas. La fina sincronización elimina la necesidad de intervenciones ocasionales que impongan formas.

Moreland juzga que el argumento del diseño inteligente se puede reforzar más allá de la apelación estándar a la evidencia negativa (lo que lo llamo una apelación a la ignorancia) por la comparación positiva de sistemas seleccionados de criaturas con artefactos que sabemos han sido tanto diseñados como *ensamblados* por agentes humanos, pero esa analogía tiene, creo, un serio defecto: Los artesanos humanos están limitados de formas en que no lo está el Creador. Los artesanos humanos están limitados a reconfigurar los materiales disponibles. Nosotros no podemos *darle el ser* a nuevas sustancias de la manera divina excepcional en que el Creador le ha dado el ser a la creación.

Tampoco podemos nosotros los humanos prever toda la gama de potencialidades en las acciones de sustancias a las cuales el Creador les ha dado el ser. Por eso continuamos haciendo investigaciones científicas; para descubrir más de esas capacidades y potencialidades creadas. Y tener expectativas tan elevadas como esas que encierra el robusto principio de la economía del desarrollo parece algo del todo apropiado. Que Moreland llame a esta perspectiva de la creación plenamente dotada «un compromiso muy peligroso a la luz del cientismo que caracteriza el clima intelectual contemporáneo» es, considero, groseramente injusto con la posición que presenté en mi capítulo.

Como Moreland, el Profesor Poythress comienza su respuesta a mi capítulo con lo que a primera vista parece un cumplido: «El Dr. Van Till tiene razón en su argumento más importante, que la evolución teísta merece una audiencia respetuosa». Sin embargo, una vez más el maloliente rótulo de «evolución teísta» se utilizada para darle nombre a mi perspectiva. Ni una sola vez se emplea mi propia designación de ésta como la «perspectiva de una creación plenamente dotada». Y lo que es todavía más serio: Poythress no ha dado con el propósito central de mi capítulo. Mi propósito principal era llamar la atención, no hacia la viabilidad de ninguna teoría científica particular, sino hacia la ilimitada generosidad y insondable creatividad del Creador.

En opinión de Poythress, uno de los dos serios defectos de mi punto de vista es que este «contradice Génesis 2» respecto a la forma específica en la cual llegó a existir la primera mujer. Presumo que él quiso decir que mi punto de vista contradice su *interpretación preferida* de Génesis 2. De hecho esto habría sido una declaración exacta. De acuerdo con numerosos eruditos bíblicos en la comunidad cristiana evangélica, yo sí leo los primeros capítulos de Génesis como una literatura que trasmite verdades de gran profundidad teológica en un estilo literario que es más una semblanza artística que un documento fotográfico.

Al comentar sobre si el autor humano de Génesis 2 deseaba una lectura literal de la historia de la formación de Eva a partir de una costilla de Adán, Henri Blocher dice: «Pero la presencia de uno o varios juegos de palabras arroja dudas sobre cualquier intención literal de parte del autor; estos revelan un autor que no es de manera alguna ingenuo, sino que utiliza un lenguaje ingenuo a favor de efectos calculados».[1] De manera similar, Gordon J. Wenham comenta que: «De hecho, todo el relato de la creación de la mujer tiene un sabor poético: ciertamente es un error leerlo como el relato de una operación clínica o como un intento de explicar algún rasgo específico de la anatomía de un hombre».[2] Al hablar de manera más general sobre su lectura de los primeros capítulos de Génesis, John R. W. Stott señala que «mi propia posición es aceptar la historicidad de Adán y Eva, pero permanecer agnóstico sobre algunos detalles de la historia…»[3] Ahora, el profesor Poythress tiene el derecho de sostener una interpretación diferente, pero que afirme nada más que esta lectura particular es la única aceptable representa olvidar la diversidad que caracteriza a la comunidad cristiana y permitir que las preferencias personales sustituyan el candor y la modestia intelectuales.

La segunda objeción expresada por Poythress (también por Bradley y Davis) es que mi punto de vista «promueve el teísmo», una perspectiva que visualiza un Dios distante que ni actúa ni interactúa con la creación. Este es un malentendido común de mi punto de vista, y tengo curiosidad por saber por qué tantos cristianos se inclinan a asociar una creación plenamente dotada con un Dios inactivo. Por qué, por ejemplo, expresarían todos —Poythress, Bradley, y Davis—, un temor de que mi posición pueda invitar y ser reconfortante para el deísmo? ¿Acaso es que si no hay brechas en la economía del desarrollo de la creación, entonces Dios tiene que estar inactivo en ella? Absolutamente no, y pienso que la manera más rápida de disipar esa inferencia errónea es formular la pregunta siguiente: ¿Ha sugerido alguna vez la teología cristiana ortodoxa que Dios es capaz o está dispuesto a actuar

[1]Henri Blocher, *In the Beginning* (InterVarsity Press, Downers Grove, Ill., 1984), 98-99.

[2]Gordon J. Wenham, *Genesis 1—15* en *World Biblical Commentary*, 2 vols. (Word, Waco, 1987), 1:69.

[3]John R. Stott, *Understanding the Bible* (Zondervan, Grand Rapids, 1979), 233.

en el mundo solo dentro de las brechas, ya sea en la economía del desarrollo como en la economía del funcionamiento de la creación?

De acuerdo a todo lo que sé, la respuesta es un sonoro ¡No! En consecuencia, si no se requiere la presencia de esas brechas para «dar lugar» a la acción divina, entonces la ausencia de tales brechas no importa en absoluto. Fin de la historia.

A partir de la posición ventajosa de creer que Dios le dio el ser a una creación plenamente dotada con una robusta economía del desarrollo, Dios es aún tan libre como nunca para actuar de cualquier manera que sea consistente con su naturaleza y voluntad. La creación plenamente dotada, y complementada con una economía del desarrollo sin brechas, de ninguna manera impide a Dios actuar como quiera hacerlo. Como he dicho en numerosas ocasiones, el tema en cuestión no es: ¿Actúa de veras Dios en la Creación o interactúa con ella? Antes bien, la cuestión es: ¿Cuál es el carácter de la Creación en la que Dios actúa y con qué Dios interactúa?

Se debe felicitar a los profesores Bradley y Davis por su cortesía al emplear, en sus respuestas a mi capítulo, la terminología que en realidad desarrollo allí. No obstante, una excepción en la respuesta de Bradley merece un breve comentario porque es indicativa de un problema más general. En el contexto de reflexionar sobre actitudes hacia lo que yo llamo el concepto robusto de la economía del desarrollo, Bradley pregunta: «¿Por qué tantos científicos como Van Till creen en un origen naturalista de la vida? Bien, creo yo de hecho en «un origen *naturalista* de la vida? Por supuesto, eso depende del significado funcional del término clave «naturalista».

Muchos términos que por lo común se emplean en discusiones sobre la ciencia natural y la teología cristiana tienen significados múltiples que hay que diferenciar con cuidado a fin de evitar malos entendidos o falsas representaciones. Las palabras «naturalista» y «naturalismo» están entre ellas. En algunos contextos la palabra ‘naturalismo» funciona como la denominación de una amplia e integral cosmovisión que niega la realidad de Dios. No obstante, este amplio significado de «naturalismo» (o de su adjetivo asociado, «naturalista») tiene que distinguirse de un significado estrecho, y también comúnmente empleado, que se refiere solo a la idea de centrar la atención en lo que se puede decir de las propiedades, capacidades, y acciones del mundo natural (yo prefiero el término «creado»), sin hacer ningún compromiso sobre el carácter o la realidad de la acción divina en ese mismo mundo.

¿Qué creo yo respecto a la formación de la primera forma de vida en la creación? Creo que solo mediante la generosa provisión de Dios de las necesarias capacidades para la auto-organización y transformación de lo creado, pudo ésta ocurrir de alguna forma que llamaríamos «naturalista» en el estrecho sentido de no necesitar intervención divina para obviar las brechas en la economía del desarrollo de la creación. Asumiré que ese era el significado que Bradley deseaba. El problema es que muchos otros autores, y sus lectores, han decidido de manera maliciosa hacer caso omiso de la profunda diferencia entre este benigno significado y el significado pernicioso que seguiría si la palabra «naturalista» se tomara en su sentido amplio y negador de Dios.

Comentarios similares se podrían hacer con respecto al término «naturalismo metodológico» como la denominación de una metodología o estrategia de ordinario empleada por las ciencias naturales. Si el término «naturalismo» se tomara dentro de los límites de su sentido estrecho, no necesitaría encontrar el término «naturalismo metodológico» objetable en sí. No obstante, si en el contexto de la utilización de este término la palabra «naturalismo» se ha empleado con más frecuencia para denotar una cosmovisión general contraria al teísmo, entonces se trasmitiría un mensaje por completo diferente: que el apuntalamiento de la metodología científica proviene, no del concepto de las robustas capacidades de la economía de la creación, sino de los presupuestos de una visión de la realidad que niega a Dios. El lector tiene que estar siempre alerta ante estas sutilezas retóricas en el discurso ciencia-teología.

El profesor Davis, al escribir desde su propia perspectiva del *creacionismo progresivo* (en la cual los episodios de creación especial desempeñan un papel) a las claras desea reservarle un lugar a las «discontinuidades del desarrollo» (súbitas apariciones de nuevas formas a través de medios extraordinarios más allá de las capacidades únicas de las sustancias creadas) en la historia del desarrollo de la creación. Pero pienso que hace eso a un alto costo. De acuerdo con Davis, estas discontinuidades son en especial importantes porque ellas «pueden manifestar el *señorío* y la *trascendencia* del Creador sobre la creación». Cuando dice esto, pienso que Davis expresa un extendido sentimiento dentro de la comunidad cristiana evangélica. Por supuesto, el intento es encomiable. Todos los cristianos deben ver el señorío y la trascendencia del Creador manifiestos en la Creación.

¿Pero esas cualidades de la relación Criatura-creador deben verse solo (o aun principalmente) en las discontinuidades del desarrollo? Si es así, qué tragedia sería, porque la abrumadora mayoría de los fenómenos que tienen lugar dentro del desarrollo y el continuo funcionamiento de la creación se caractericen por la continuidad en la acción de lo creado. ¿Deben verse el señorío y la trascendencia del Creador solo como las excepciones respecto a este patrón general? Quizás los proponentes de las diversas versiones del creacionismo progresivo presentadas en este libro estén satisfechos con el estado de las cosas, pero yo no. Esa es una de las razones de mi sólida preferencia por la perspectiva de la creación plenamente dotada. Deseo tener motivos no solo para celebrar la creatividad y generosidad de Dios, sino también su señorío y trascendencia en *todo* lo que la Creación está dotada para hacer, no en algún número limitado de excepciones que llamarían la atención, de estar presentes, hacia los dones retenidos.

El profesor Davis nos pide que contemos dos fenómenos particulares como evidencia concluyente del tipo de discontinuidades que él tiene en mente: (1) la aparición de la primera célula viva, y (2) la «explosión cámbrica» de nuevos filos durante un período de varios millones de años hace aproximadamente 600 millones de años. Por supuesto, David tiene razón al señalar (como hizo Bradley) que estos son fenómenos notables para los cuales nuestro entendimiento científico presente está incompleto (como también es el caso para numerosos fenómenos fuera de la esfera de la evolución de la vida). ¿Pero son ellos una evidencia concluyente para la falta de continuidad? Absolutamente no. En el mejor de los casos son prueba de la falta de entendimiento.

Como argumenté antes, no tenemos una base positiva para saltar de una prueba de falta de entendimiento a la conclusión de que debe haber brechas en las economías del desarrollo y el funcionamiento de la creación. Este es el clásico argumento que parte de la ignorancia y ningún monto de retórica lo cambiará. Nuestra ignorancia respecto a esos notables fenómenos como la primera aparición de la vida o la explosión cámbrica de nuevas formas no es ciertamente la falla de los creacionistas especiales o progresivos. Pero bien que se podría culpar a estos creacionistas por el intento de proponer el argumento de la ignorancia como si tuviera la fuerza probatoria para verificar la hipótesis de las discontinuidades en el desarrollo de la creación.

Para terminar, invito al lector a unirse a mí en la celebración de lo bien dotada que está la creación como una manifestación de la insondable creatividad e ilimitada generosidad de Dios. Y unirse también a mí en la experiencia del señorío y la trascendencia del Señor sobre la creación, no en las excepciones en la dotación de la creación, no en un reclamo de pruebas sobre los dones retenidos, sino en todo don de existencia que le ha dado Dios a la notable creación de la que somos una parte integral.

Posdata

REFLEXIONES FINALES SOBRE EL DIÁLOGO

Richard H. Bube
Phillip E. Johnson

REFLEXIÓN 1

Richard H. Bube

INTRODUCCIÓN

En lo esencial hay tres marcos de interpretación que los cristianos han usado para exponer el significado de Génesis.

1. La *visión completamente literal*, denominada a veces la *visión literalista*, asevera que Dios creó todas las cosas por medio de un *fiat* instantáneo, que trajo todas las cosas de la nada a la plena existencia en seis días de veinticuatro horas hace cosa de diez mil años. Esta visión se enfrenta a dificultades fundamentales en el campo de la interpretación bíblica y está en discordancia con las descripciones científicas de la historia de la Tierra. Los esfuerzos para apoyar esta posición han comportado proposiciones como: (1) la teoría de las brechas, que sugiere un largo período de tiempo entre Génesis 1:1 y 1:2; (2) la teoría de la edad aparente, que sugiere que se creó el mundo hace diez mil años, pero con la apariencia de ser mucho más antiguo, y (3) la teoría de la geología del diluvio, que buscó encontrar explicaciones de los datos científicos sobre la antigüedad de la Tierra a través de los efectos de un diluvio universal. Esta posición rechaza la posibilidad de que algún tipo de proceso natural que la ciencia puede describir (macro evolución) estuviera involucrado en el origen de las diferentes especies vivas. En este libro este punto de vista está representado por el capítulo «Creacionismo de la Tierra joven».

2. La *visión esencialmente literal* concuerda con la visión literal completa en que mantiene el carácter histórico esencial de Génesis 1-3, pero acepta que en el texto ocurren descripciones figurativas no literales. El énfasis se hace en *armonizar* el texto bíblico literal con las descripciones científicas. Las dos variantes estándar son : (1) *las teorías*

cronológicamente exactas de los días-edades, las cuales interpretan que cada día en el relato de Génesis corresponde a un largo período de tiempo durante el cual tuvieron lugar desarrollos por medio de procesos naturales entre momentos específicos de creación por *fiat*; de ello el nombre de *creacionismo progresivo*; y (2) *las teorías de los días-edades no cronológicas*, las cuales permiten ordenar los eventos de Génesis 1 en algún marco distinto al cronológico (tópico, litúrgico, etc.). Este punto de vista por lo general rechaza la posibilidad de que los seres humanos llegaran a existir como resultado de un proceso natural la ciencia puede describir. En este punto de vista el conocimiento científico actual impide una visión completamente literal de Génesis, pero el compromiso con una interpretación bíblica tradicional hace que sea esencial una armonización de la descripción. En este libro este punto de vista está representado por el capítulo «Creacionismo progresivo».

3. *La visión esencialmente no literal* estima que el contenido de Génesis 1 es una genuina revelación de Dios, pero también considera que cualquier intento detallado de armonizar esta descripción con una descripción científica está mal encaminado, simplemente porque aquella no se escribió con el propósito de informarnos sobre las teorías científicas del siglo XX. De muchas maneras el punto de vista esencialmente no literal considera esas descripciones científicas de los orígenes como complementarias de las descripciones teológicas de los orígenes. De alguna forma este punto de vista puede considerar Génesis como un tipo de historia inspirada o parábola, revelada para dar a conocer las verdades teológicas fundamentales esenciales para la Humanidad. Se considera que el registro bíblico revela las verdades fundamentales sobre la creación, pero la pregunta de cómo Dios realizó su obra de creación se deja abierta, y los desarrollos científicos nos comunican lo principal de nuestros conocimientos. Los defensores de esta posición están dispuestos a aceptar la posibilidad de que todas las criaturas vivientes, incluyendo los seres humanos, hayan llegado a existir como el resultado de procesos naturales la ciencia puede describir, pero no son dogmáticos sobre ello. En este libro este punto de vista está representado por el capítulo «La Creación Plenamente Dotada».

¿Qué es la ciencia?

Lo que se piensa que la ciencia puede y debe hacer dependerá en gran medida de qué se piense que es la ciencia. E infortunadamente, la definición de ciencia a menudo se trata como si estuviera «a disposición» de cualquier interesado en ofrecer una definición personal. Se le da la misma importancia a «lo que dicen los científicos o filósofos» que a lo que de hecho compete al «quehacer científico».

Una definición que pretende ser fiel a la práctica y los propósitos de la auténtica ciencia es esta: «La ciencia auténtica es un modo de conocimiento basado en *descripciones comprobables* del mundo obtenidas por medio de la *interpretación humana* de *categorías naturales* de *datos sensoriales* observables y reproducibles, obtenidos mediante la interacción con el mundo natural».[1]

La función de esta definición es limitar de forma adecuada el área de competencia y las implicaciones de la ciencia, de manera que los resultados de la ciencia puedan aceptarse como indicaciones válidas de lo que *parece ser* el mundo natural. La definición enfatiza que la ciencia no provee la única vía del conocimiento, ofrece descripciones de lo que el mundo parece ser, y no solo explicaciones de lo que el mundo *es*, es el resultado de la actividad humana, está limitada por elección propia y no a causa de una cosmovisión atea, a categorías naturales para definir el área de aplicabilidad, y comporta la comprobación de las hipótesis humanas por medio de una comparación de los fenómenos en el mundo natural. Decir que algo es científico no es decir que algo es absolutamente cierto, sino solo que sus descripciones se ajustan a este criterio; decir que algo no es científico no es por necesidad decir que ello sea falso, sino solo que ese entendimiento y conocimiento vienen por la vía de rutas distintas a la científica.[2] Decir que una posición no es científica es una cuestión de definición consistente y no necesita ser una afirmación peyorativa.

Aunque se reconoce que ninguna actividad humana, tal como la que se describe arriba en la definición de la ciencia, puede ser una actividad en verdad objetiva y libre de toda intromisión de los sistemas de fe personal o directivas filosóficas, su meta es llevar adelante en todo lo posible la ciencia de una manera objetiva, buscar comprender cómo funciona el mundo físico «como este se nos presenta a nosotros», antes que la pretensión de basar nuestra actividad científica en una variedad de influencias subjetivas. En especial se reconoce que la «auténtica

[1]Richard H. Bube, *Putting It All Together* (University Press of America, Lanham, Md., 1995).

[2]Para una abarcadora colección de trabajos sobre varios aspectos de este tema, vea Jitse M. van der Meer, ed., *Facets of Faith and Science* 4 vols. (University Press of America, Lanham, Md., 1996). Vea también la reseña a esta colección por Richard H. Bube en *Perspectives on Science and Christian Faith* 50, no.1 (Marzo 1998).

ciencia» no se puede llevar adelante con el propósito de procurar exponer la validez de conclusiones filosóficas, metafísicas o religiosas asumidas de antemano. Los ejemplos históricos en que los científicos han empleado perspectivas filosóficas para guiar sus decisiones científicas son por lo regular casos en los que se han utilizado conceptos no científicos para desarrollar un modelo, el cual se puede entonces someter a prueba a fin de determinar su validez científica. Es algo esencial comprender que esto no significa que esas influencias (p. ej.: compromisos morales, creencias teológicas, etc.) no deben desempeñar un papel general en (1) orientar qué problemas abordar desde el enfoque científico (p. ej.: temas de responsabilidad ambiental); (2) decidir en algunos casos cómo abordarlos (p. ej.: no se puede probar el efecto del dolor en seres humanos inflingiendo de manera intencional el dolor); o aun (3) sugerir posibles hipótesis teóricas que después se puedan someter a una prueba experimental. El énfasis esencial es que los mecanismos escogidos para las descripciones científicas tienen que ser susceptibles a esas pruebas científicas.

Insisto, esta limitación se impone a fin de contribuir a la confiabilidad general y la aceptabilidad de nuestras descripciones científicas, porque están limitadas por nuestra preferencia por una descripción parcial de una parte de la realidad. Si, en el curso de esa investigación científica, llegamos a un punto en que no podemos encontrar una descripción científicamente aceptable de un fenómeno que se observa en el mundo, nos restan dos posibilidades: (1) podemos concluir que tal descripción no es posible, y que hemos encontrado un caso genuino de la acción directa de Dios; o (2) podemos concluir que el tema debe permanecer abierto, pues la posibilidad siempre existe de que investigaciones ulteriores nos conduzcan después de todo a una descripción científica de la actividad de Dios.

Ya sea que de manera tentativa se nos conduzca a adoptar una u otra de estas dos posibilidades, en ambos casos se nos ofrecen pruebas de la actividad de Dios cuando estas se ven a través de los ojos de la fe cristiana. No es como si la aceptación de (1) fuera más consistente con una cosmovisión cristiana que la aceptación de (2).

Por supuesto, es necesario reconocer diferencias entre las diversas ramas de lo que se denomina por lo común «ciencia», Esas diferencias son bien evidentes cuando se comparan las ciencias físicas (p. ej.: la física, la química, la geología, y la biología) con las ciencias sociales (p. ej.: la psicología, la medicina, la ciencia política, y la sociología). En la práctica las ciencias físicas pueden acomodar la anterior definición de ciencia con más facilidad, en tanto que las ciencias sociales, por su propia naturaleza, con frecuencia comportan mayores influencias que involucran opiniones y creencias humanas como los verdaderos ingredientes de la investigación. Ilustra esas diferencias el hecho de que las ciencias sociales a menudo se dividen en dos partes: una aproximación tan «objetiva como sea posible» al estilo de las ciencias físicas, y una aproximación diferente que comporta relaciones personales y otras influencias (p.ej., la investigación psicológica versos la psicología clínica; la investigación médica versus la práctica de la medicina). Ignorar estas diferencias entre las ciencias físicas y las ciencias sociales contribuye de manera desafortunada a una mayor confusión sobre el significado de «ciencia».

Un tema similar surge al tratar la teorías de las «ciencias naturales» (astronomía, cosmología) en las cuales, por la propia naturaleza de la situación, es difícil llevar a cabo experimentos a fin de probar una variedad de teorías; estas teorías tienen que considerarse con frecuencia como meta-científicas por naturaleza hasta que y a menos que algún tipo de prueba sea posible. Si de hecho no es posible ninguna prueba, no hay nada consistente en el reclamo de que Dios ha actuado de manera excepcional en un caso dado para producir un resultado dado, pero es inconsistente aseverar que ese reclamo forma parte de la ciencia.

A lo largo del tiempo, y particularmente en los últimos años, una mayor fuente de confusión en el debate creación-evolución se ha centrado en la definición y el propósito de la ciencia. Es desafortunado que una falsa definición de la ciencia como la «explicación de todas las cosas» haya sido prohijada por aquellos que en un extremo sostienen una cosmovisión atea, y en el otro extremo por aquellos que sostienen una cosmovisión bíblica literal. La persona comprometida con una cosmovisión atea argumenta que, como Dios no está incluido en las explicaciones científicas, los éxitos de la ciencia muestran que no hay Dios. Por otro lado, la persona comprometida con una cosmovisión bíblica literal argumenta que la ausencia de actividad divina específica en las actuales explicaciones científicas es la causa para la falta de evidencias de la existencia de Dios, y que por lo tanto la existencia de Dios tiene que reconocerse con un cambio del propio proceso científico en una «ciencia teísta» de manera que se admita dentro de éste la actividad de Dios como una explicación científica.

El problema se centra en la falsa definición de la ciencia como la «explicación de todas las cosas», esto es, en el supuesto que la ciencia tiene la capacidad de decirnos que *son* las cosas. Los dos grupos anteriores están confundidos al adoptar esta posición como un punto de partida, y debido a esta falsa definición sacan la conclusión de que todo lo que necesitamos es ciencia, o que hay que cambiar como se practica la ciencia, para justificar ante los cristianos esta falsa definición. *Uno de los mayores esfuerzos en el debate ciencia-teología en el futuro debe estar dirigido a remover esta falsa antítesis con sus mal encaminadas soluciones, reconociendo desde el principio la característica deliberada y lo limitado de las descripciones científicas.*

A fin de llegar a una descripción confiable de todos los rasgos de la realidad, tanto aquellos que la ciencia puede describir como aquellos (tales como la ética y las relaciones personales) que requieren para su descripción de disciplinas tales como la teología, los datos de una auténtica ciencia y los de una auténtica teología tienen que verse como datos que interactúan, como descripciones complementarias, cada una de las cuales trae entendimientos parciales válidos y vitales de sus propios dominios. No se les puede considerar como independientes o que no interactúan, sino que hay que permitirles encauzar perspectivas globales como un resultado de integrarlos de una manera que preserve las cualidades de una auténtica descripción relevante para cada una.

Uno que ha estado involucrado en *hacer* ciencia, antes que en hacer formulaciones ni especular sobre filosofías generadas por los científicos, comprende que la ciencia no nos da la «explicación de todas las cosas», ni nos dice «lo que es la realidad», sino más bien que la ciencia nos da «una descripción de lo que *parece ser* parte de la realidad», y por lo tanto en el mejor de los casos es capaz de darnos solo una descripción de *parte* de la realidad. No hay nada intrínsecamente equivocado en el método científico como se le entiende a través de la Historia, pero hay algo equivocado en las perspectivas filosóficas que reclaman la autoridad de la ciencia.

Si se quiere resolver el aparente conflicto entre ciencia y teología, el camino para proceder sería desafiar la afirmación de que las conclusiones no filosóficas tienen la autoridad de la auténtica ciencia, y no intentar reconstruir el método científico con la insistencia en que se debe insertar la actividad de Dios dentro de ese procedimiento como una hipótesis o mecanismo científico.

LA IMPORTANCIA DE LAS DEFINICIONES

En un tema tan complejo como la interacción entre la ciencia y la teología cristiana [especialmente en el caso específico de la creación y la evolución] resulta crítico prestar atención a la adopción de definiciones. A una gran parte de los malos entendidos, desacuerdos y aparentes conflictos entre distintos puntos de vista de la creación y la evolución se pueden atribuir a diferencias básicas en las definiciones que se adoptan de términos y conceptos esenciales.[3] Introducir esta importancia de las definiciones no es buscar reducir la discusión a engañifas o argucias, como se le atribuye a veces, sino más bien intentar darle autenticidad y credibilidad a la discusión. Para ilustrar esto, consideremos unas cuantas de las definiciones más críticas. La aplicación de estas definiciones se expone de forma más consistente en este libro en el punto de vista descrito por Van Till.

Términos limitados versus cosmovisiones

Una de las distinciones más fundamentales descansa en el reconocimiento de la diferencia entre ciertos vocablos limitados (ciencia, natural, determinista, azar, creación, evolución) y las cosmovisiones filosóficas generales extrapoladas a partir de ellos sobre la fe al hacerlos absolutos (cientificismo, naturalismo, determinismo, azar, creación, creacionismo, evolucionismo). La adición de «ismos» a muchas palabras es una clara señal de que se las hemos movido de lo específico a una escogida cosmovisión de la fe. También usamos la capitalización como indicativa de una cosmovisión, por ejemplo: «Creación» como una cosmovisión bíblica y «creación» como un proceso específico.

La ciencia está limitada a la actividad humana como se define arriba. El Cientificismo es una cosmovisión escogida sobre la base de la creencia de que la materia es todo lo que existe y que la ciencia ofrece el único conocimiento posible de la verdad; este presupone una cosmovisión atea. Los cristianos aceptan la ciencia y rechazan el cientificismo.

«Natural es un adjetivo que describe los tipos de fenómenos materiales observables en el mundo físico y que se describen, al menos en principio, por la ciencia; esta se puede ver como una descripción de la normal actividad de Dios en el mundo físico. «Naturalismo» es una cosmovisión escogida por fe de que no hay realidad más allá del mundo material que la ciencia investiga; este presupone una cosmovisión atea. Los cristianos aceptan lo natural como una actividad de Dios y rechazan el naturalismo. Alegar que los procesos y materiales naturales son responsables de algunos

[3]Richard H. Bube, «Penetrating the World Maze», *Perspectives on Science and Christian Faith* 40 (1988): 104, 170, 236; 41 (1989): 37, 109, 160, 236; 42 (1990): 45, 119, 185, 254; M. Poole, *God and the Big Bang* (CPO Worthing, N.p., England: , 1996).

fenómenos que se observan de ninguna manera es alegar que Dios no está involucrado en la creación, preservación y funcionamiento de esos fenómenos. Sin la continua y progresiva actividad fundacional de Dios, esos fenómenos naturales simplemente no existirían.

No hay confusión que cause más daño que aquella que surge de asumir que llamar a algo «natural» significa que Dios no está involucrado, y que la participación de Dios solo puede darse por segura al tratar los fenómenos específicos como exclusivamente «sobrenaturales»

Una «descripción científica determinista» es aquella en la que las propiedades futuras de un sistema se pueden predecir exactamente a partir de un conocimiento de las propiedades presentes. Una cosmovisión del «determinismo» sostiene que todos los eventos que tienen lugar en el mundo están determinados para que ocurran, como en el concepto de «destino», y que conceptos tales como «opción individual» o «responsabilidad personal» son en el mejor de los casos ilusiones o epifenómenos. La descripción científica de una «casualidad» es aquella en la cual se pueden predecir probabilidades que conciernen a las probabilidades futuras de un sistema a partir del conocimiento de las propiedades presentes. Una cosmovisión de la «casualidad» sostiene que todos los eventos que tienen lugar en el mundo suceden espontáneamente de manera que conceptos tales como la significación o la providencia de Dios son irrelevantes. Debido a que frecuentemente se describe la evolución como un proceso «casual», esto representa una objeción para aquellos cristianos que sostienen que una descripción científica de la casualidad automáticamente respalda una cosmovisión absurda de la casualidad. Sin embargo, se da la situación curiosamente paradójica que ni las descripciones científicas naturalistas ni las descripciones científicas de la casualidad son en sí mismas adecuadas para describir la capacidad de elección y la responsabilidad personales. Los cristianos reconocen la limitada utilidad de las descripciones deterministas y casuales, y son capaces de ver tales descripciones como aplicables a la actividad de Dios en el mundo, mientras rechazan las posiciones absolutas de las cosmovisiones del determinismo y la casualidad.

Lo que es esencial para nuestra presente discusión es comprender que en última instancia la ciencia no sostiene ni el «determinismo», ni la «casualidad» como cosmovisiones exclusivas.

«Crear es un verbo que implica traer a la existencia algo nuevo que no existía de esa forma y con esas propiedades antes; en sentido general, es una descripción del origen de lo novedoso en el mundo a través de la continua actividad creadora de Dios. En principio esta puede ocurrir como un proceso continuo susceptible de descripción científica, o como un acto instantáneo de Dios que la ciencia no puede describir. La «Creación» se refiere a la cosmovisión fundamental bíblica que se basa en la fe en Dios, el Hacedor del cielo y de la tierra, como se describe más completamente en la sección resumen al final de este capítulo. El «Creacionismo»[4] es una cosmovisión en la cual los mecanismos específicos de esta actividad tienen que identificarse con los actos instantáneos de Dios, que la ciencia no puede describir, de una manera histórica y literal con ciertos pasajes bíblicos; se asume que el propósito de estos pasajes bíblicos es darnos una información literal sobre los mecanismos físicos. Los cristianos por lo general aceptan la cosmovisión bíblica de la creación y de la creación por medio de Dios a través de una variedad de mecanismos posibles; los cristianos comprometidos con una interpretación bíblica literal aceptan el creacionismo.

La «Evolución» es una descripción de un mecanismo posible que podemos utilizar para describir el proceso del arribo a la existencia de algo nuevo, que no existía de esa forma antes, a través de ciertos procesos que la ciencia puede describir; esta es la forma de una teoría cuya idoneidad para la descripción de los eventos reales que ocurren en el mundo físico es impresionante pero incompleta, está abierta a discusión y sometida constantemente a prueba. El «Evolucionismo» es una cosmovisión en la cual se asume por fe que todo lo que era, es, o alguna vez será es el producto de eventos casuales sin sentido que resultan en transformaciones; es la forma de un compromiso de fe que evalúa todas las observaciones y datos en términos de una perspectiva atea. En tanto que muchos cristianos aceptan la posibilidad y utilidad de la evolución como una descripción de la actividad de Dios en la creación, rechazan el evolucionismo.

El naturalismo metodológico

«El naturalismo metodológico» se ha convertido en tema de muchos debates de ciencia versus fe.[5] En lo fundamental ello se debe a que esta utilización de las palabras implica que la metodología adoptada de forma voluntaria por la ciencia (p.ej., la limitación de las descripciones científicas a las categorías naturales) resulta o lleva a una aceptación del «naturalismo», una cosmovisión atea y un rechazo voluntario de cualquier actividad de Dios en

[4]Ronald L. Numbers, *The Creationists* (Knopf, Nueva York, 1992).

[5]See van der Meer, *Facets of Faith and Sciene*; Richard H. Bube, *Essay Review in Perspectives on Science and Christian Faith*; Alvin Plantinga, *Perspectives on Science and Christian Faith* 49 (1997): 143; R. C. O'Connor, *Perspectives on Science and Christian Faith* 49 (1997): 15.

el mundo natural. *La adopción de una metodología para la ciencia que esté limitada a descripciones en categorías naturales no implica necesariamente de ninguna manera una cosmovisión atea del naturalismo.*

Para el científico cristiano practicante, la limitación de las descripciones científicas a las categorías naturales no es del todo el resultado necesario de una cosmovisión atea sino solo una opción para hacer posible que la ciencia sea una actividad bien definida y confiable, aunque limitada. Ni tampoco la adopción de esa metodología implica que no se permita ninguna influencia sobrenatural o metafísica en la formulación de posibles teorías. En lo que sí insiste la adopción de esa metodología, sin embargo, es que para que una aproximación particular se considere ciencia, debe estar sujeta a prueba experimental y mostrar que es un indicio, dentro de ciertos límites, de lo que parece ser la realidad, consistente con la definición de ciencia dada arriba.

Considere las diferentes interpretaciones posibles que se le podría dar a la afirmación de que «la ciencia está hoy basada en el naturalismo metodológico».

1. Los ateos consideran el «naturalismo metodológico» como una perogrullada. Debido a que su cosmovisión (escogida por fe) afirma el naturalismo, solo tiene sentido llevar a cabo una investigación científica que involucre nada más que categorías naturales. «Ciencia» y «cientificismo» son idénticos.
2. Los cristianos involucrados en la apologética cristiana a veces interpretan al revés la posición de los ateos y llegan a la siguiente descripción. La aplicación del naturalismo a la práctica de la ciencia requiere la adopción de un naturalismo metodológico que garantizaría que cualquier actividad de Dios esté excluida por definición, no solo a partir de las técnicas seleccionadas de la ciencia sino de los fundamentos operativos de la propia ciencia. Por lo tanto, la decisión de los científicos practicantes de limitarse a sí mismos a descripciones en categorías naturales se ve como una decisión deliberada que garantiza obviar cualquier influencia sobrenatural, y en consecuencia como un respaldo del naturalismo. La única manera de desafiar la dominación del naturalismo sobre la ciencia es abandonar la metodología que limita la ciencia a descripciones en términos de las categorías naturales, y abrirse a una nueva ciencia en la cual se acepten como científicas junto con las categorías naturales las categorías sobrenaturales.

3. Los cristianos dedicados a la ciencia pueden concordar en que la ciencia está basada sobre el naturalismo metodológico, aludiendo a que la ciencia es una disciplina que involucra la interpretación humana de los fenómenos en categorías naturales nada más. Esta es una opción hecha para definir las capacidades y limitaciones de la ciencia.

En este contexto, el naturalismo metodológico no tiene significado teológico ni filosófico, pues los científicos cristianos creen en general que todas las descripciones queson de veras científicas corresponden a descripciones de lo que parece ser la actividad de Dios en el mundo. Estas no suponen la aceptación de la cosmovisión del naturalismo.

Permanece abierta la posibilidad de que algunos fenómenos en el mundo no se puedan describir en categorías naturales, esto es, que pueden ocurrir fenómenos que la ciencia no puede describir. Pero el científico cristiano también busca mantener una situación donde el término científico encierre algún significado específico y una certeza de credibilidad, y por ello insiste en que los fenómenos que no se pueden describir por la ciencia no deben llamarse «ciencia». Arribar a esta conclusión lleva a menudo a abiertos desacuerdos tanto con los filósofos ateos como con los cristianos, quienes a veces asumen que el término «ciencia» describe de manera apropiada un amplio campo del pensamiento y la experiencia humana más allá del descrito en nuestra definición inicial.

El Diseño Inteligente

Un tema principal en la historia de la apología cristiana ha sido el «argumento del diseño y el propósito», también conocido como «argumento teleológico». Cuando se observan las propiedades únicas de la materia y la existencia de la vida humana, las maravillas de la fisiología humana y animal, y los muchos ejemplos en el mundo de los animales y las plantas en los que la existencia de una especie depende totalmente de la existencia interactiva con otra, es algo contundente el monto de evidencia que se puede interpretar como indicativo de que todo esto lo ha diseñado un Gran Diseñador. Muchos de estos argumentos se han enunciado en años recientes bajo el título de «el Principio Antrópico»,[6] que resume muchos de los fenómenos nucleares, atómicos y

[6]J. D. Barrow y F. J. Tipler, *The Anthropic Cosmological Principle* (Clarendon Press, Oxford, 1986).

gravitacionales que aparecen «muy bien sintonizados» para permitir el desarrollo y la existencia de vida inteligente basada en el carbón.

Todas esas evidencias de los fenómenos en el mundo natural a favor de la existencia de un Gran Diseñador son en extremo consistentes para la persona que tiene una relación personal con Dios, el Creador y Sostenedor. El científico cristiano se maravilla repetidas veces ante las evidencias que ve debido a los resultados del diseño de Dios en las propiedades y el desarrollo del universo.

No obstante, que se los acepte como evidencia de la actividad del Dios de la Biblia, depende fundamentalmente del compromiso de fe de la persona que los considera. Es algo lógicamente posible que se los deseche como una gran «sacudida de los dados» que ocurre una vez en mil billones de tiros para llevar a un universo que sostenga la vida humana; si no hubiera ocurrido, no estaríamos aquí para pensar sobre ello. O puede que se los considere una misteriosa evidencia de la existencia de algún tipo de «fuerza vital» con una pequeña o ninguna relación con el Dios de la Biblia.

Vinculado con esto está el énfasis más reciente en el concepto del diseño inteligente que se debe considerar como un «mecanismo científico» apropiado en nuestros esfuerzos por describir y comprender el accionar del universo.[7] Por las razones descritas arriba, algunos apologistas cristianos han concluido que una ciencia basada en el naturalismo metodológico está vinculada de forma inextricable con una cosmovisión del naturalismo, y que por lo tanto debemos librarnos de esta situación introduciendo el concepto del diseño inteligente como un mecanismo en las descripciones científicas.

No hay objeción al uso del concepto del diseño inteligente como una guía para ayudar a sugerir cómo construir modelos adecuados de la realidad física, con tal que estos modelos sean capaces de estar sujetos a prueba y una descripción en categorías naturales antes que sean aceptados como científicos. *El diseño inteligente para los cristianos es un concepto general subyacente a todas las descripciones, científicas y no científicas, que afirman la actividad creadora y sostenedora de Dios.*

Pero si el concepto del diseño inteligente se propone como un sustituto de las categorías o descripciones naturales, al limitar las oportunidades especificas que se consideran como actos de la «intervención» de

[7]Michael Behe, *Darwin's Black Box* (Free Press, Nueva York, 1996); William A. Dembski, «Intelligent Design as a Theory of Information», [Perspectives on Science and Christian Faith 49, no. 3 (1997): 180.

Dios en las «brechas» de nuestro entendimiento, y considerar el diseño inteligente en sí mismo como una descripción científica válida, le hace un daño crucial a nuestros conceptos de la relación entre las descripciones científicas y la continua actividad de Dios al crear y sostener.

Existe la tentación frecuente de considerar que podemos decidir lo que Dios ha hecho y hace, directo sobre la base de nuestra comprensión de lo que Dios es y lo que Dios podría hacer. La historia de la ciencia y el cristianismo proporciona muchos ejemplos, tanto de la construcción de modelos del mundo físico como de la interpretación bíblica, en los que la decisión de lo que Dios ha hecho se ha llevado a cabo de manera incorrecta sobre la base de lo que nuestro presunto conocimiento de Dios nos llevaría a creer que Él tiene la capacidad de hacer. Si, en el caso de la evolución, por ejemplo, deseamos responder la pregunta: «¿Cómo logró Dios sus diseños en el desarrollo biológico?» tenemos que regresar a investigar qué ha hecho Dios en realidad, y qué forma ha asumido su actividad en el funcionamiento real de su voluntad creadora. De otra manera estamos sujetos a errores clásicos tales como disputar que la forma de la órbita de los planetas tiene que ser circular porque el círculo es la forma perfecta de Dios, o argumentar que el pecado tiene que ser una ilusión porque Dios nos ha hecho y Dios es bueno.

En segundo lugar, existe toda un área de interacción entre conceptos tales como «ley natural» e «intervención de Dios» en el mundo. Muchos autores hablan de «ley natural» como si las «leyes» fueran elementos autónomos que Dios hizo que existieran para regir el mundo físico. *Dentro del área de la ciencia, las «leyes naturales» son descripciones humanas de la actividad creadora y sostenedora regular de Dios. Las leyes no hacen que nada suceda; describen, no prescriben.*

Para que Dios actúe de una manera diferente en esta actividad creadora y sostenedora regular [como, por ejemplo, al hacer un «milagro»], no tiene que «violar sus leyes», «dejarlas de lado», o «intervenir en sus leyes» a fin de realizar su propósito. Así como podemos entender las «leyes» ordinarias de la naturaleza como nuestras descripciones de la actividad regular de Dios, de igual manera podemos entender un «milagro» como nuestra descripción de la actividad especial de Dios.

En tercer lugar, existe el concepto de «alma» y sus implicaciones para las reflexiones sobre la creación y la evolución.[8] Hay una comprensión creciente de la diferencia entre el básico concepto bíblico de

[8]M. A. Jeeves, *Human Nature at the Millennium* (Baker, Grand Rapids, 1997).

alma como una «individualidad viviente», un concepto que apoya cada vez más el creciente conocimiento del ser humano, al describir un conjunto de propiedades de la totalidad del ser humano, y el «alma inmortal», un concepto de clásicos modelos dualistas de la naturaleza humana, que a menudo se han utilizado como un argumento contra la teoría «natural» de la evolución. Parece ser mucho más apropiado, tanto desde el punto de vista científico como teológico, pensar que el alma describe lo que una persona «es», y no lo que una persona «tiene».

RESUMEN[9]

Sería impensable que un cristiano no confesara: «Creo en la creación».

La cosmovisión resumida en la doctrina bíblica de la creación es el conjunto más fundamental de doctrinas que Dios nos ha revelado. Ella nos revela que el Dios que nos ama es también el Dios que nos creó a nosotros y a todas las cosas, y establece la identidad entre el Dios de la fe religiosa y el Dios de la realidad física. Nuestra creencia en la creación sirve de base a nuestra confianza en la realidad de una estructura física y moral del universo, el cual podemos explorar como científicos y experimentar como personas. Nuestra creencia en la creación provee el fundamento para nuestra fe de que no somos productos finales de procesos sin sentido en un universo impersonal, sino hombres y mujeres hechos a la imagen de un Dios personal. Nuestra creencia en la «creación desde la nada» afirma que Dios creó el universo libre y separadamente, y rechaza las alternativas de dualismo o panteísmo. Adorar a Dios como Creador es enfatizar tanto su trascendencia sobre el orden natural como su inmanencia en el orden natural. Es reconocer que su modo de existencia como Creador es distinto por completo de nuestro modo de existencia como seres creados. Apreciar a Dios como Creador es reconocer que la creación es buena en sí, y que el pecado y el mal no surgen en última instancia de propiedades de esa creación tales como la finitud y la temporalidad. El fundamento de la investigación científica, la certidumbre de un significado personal supremo en la vida, y la naturaleza del mal como una aberración sobre una creación buena son intrínsecos a una apreciación como esa.

[9]Este resumen está basado en una declaración sucinta publicada con anterioridad de diversos temas envueltos en la discusión creación-evolución. Vea Richard H. Bube, «We Believe in Creation», *Journal of the American Scientific Affiliarion* 23 (1971): 121.

La doctrina bíblica de la creación desempeña un papel tan fundamental en toda la revelación bíblica que resulta infortunado cuando la palabra «creación» se usa en sentido estrecho y restrictivo para referirse, no al hecho de la creación, sino a un posible mecanismo en la actividad creadora. Una vez más tenemos el patrón mencionado arriba, en el que la creación se refiere a los mecanismos activos en el proceso de la creación, y la creación se refiere a la cosmovisión bíblica basada sobre el significado fundamental de la actividad creadora de Dios.

Cuando se implica que creación y evolución se excluyen la una a la otra por necesidad, o cuando la palabra «creación» se usa como si fuera ante todo un mecanismo científico de los orígenes, se involucra una profunda confusión de categorías.

Está dada la implicación, de forma deliberada o no, de que si la evolución debe ser el mecanismo adecuado para el crecimiento y el desarrollo de las formas vivas, entonces habría que rechazar la creación. Postular una opción como esa es entregarse directo en manos de esos filósofos naturales que alegan que su comprensión de la evolución elimina el significado teológico de la creación. Si un filósofo como ese está equivocado al creer que una descripción biológica elimina la necesidad de una descripción teológica, el cristiano contrario a la evolución está equivocado al creer que esta descripción teológica tiene que hacer imposible cualquier descripción biológica.

La clave para mucho de la controversia evolutiva descansa en el reconocimiento de lo necesario y apropiado de descripciones del mismo fenómeno sobre diferentes niveles de la realidad.

Incluso una completa descripción biológica no elimina la necesidad de una descripción teológica, más que una completa descripción teológica elimina la posibilidad de una descripción biológica. La evolución biológica se *puede* considerar sin negar la creación; la creación se puede aceptar sin excluir la evolución biológica. La evolución biológica es una cuestión científica sobre el nivel biológico; por cierto sería infortunado si se le permitiera a una cuestión científica equivocadamente concebida convertirse en un punto crucial de la fe cristiana.

Por supuesto, es importante comprender que la filosofía evolutiva; deberíamos más bien decir la «religión evolutiva», bien podría ser algo bien diferente, que lleve a una cosmovisión del evolucionismo. En su forma anti-cristiana, un evolucionismo filosófico como ese puede implicar una exaltación del hombre, una negación de la realidad de la culpa moral en un sentido teológico, y por consiguiente una interpretación de la vida y la muerte de Jesús como nada más que un buen ejemplo. De acuerdo con este punto de vista, el desarrollo y el mejoramiento continuo están asegurados de forma inevitable mientras el hombre, que ahora se ha vuelto consciente de la evolución, completa por sí mismo el proceso de las edades. Un evolucionismo como ese es un sistema de fe que compite por la lealtad religiosa de los hombres, y contra el cual la fe cristiana está llamada a levantarse. Pero, si es cierto que el evolucionista tiene que comprender que tiene poco apoyo científico para extrapolar la evolución biológica hacia un principio general de vida, el cristiano contrario a la evolución tiene que comprender que tiene poca justificación religiosa para atacar una teoría científica que trata de mecanismos biológicos.

Cuán trágico es cuando a menudo los cristianos, buscando evitar los errores del evolucionismo filosófico, promulgan la falsedad de que la eficacia de la fe en la expiación de Cristo depende en efecto de la aceptación dogmática del creacionismo y del rechazo dogmático de procesos evolutivos cualesquiera como descripciones de la actividad de Dios al establecer la creación.[10]

[10]Aprecio mucho las contribuciones de varios amigos y colegas que ayudaron a refinar este ensayo y clarificar sus intenciones.

REFLEXIÓN 2

Phillip E. Johnson

Richard Lewontin, profesor de genética en la Universidad de Harvard, es uno de los biólogos evolucionistas más influyentes en el mundo. Lewontin expresó sus puntos de vista sobre la relación de la teoría evolutiva con el ateísmo en un notable ensayo en la *New York Review of Books* en enero de 1997. Comenzaré con dos de sus argumentos principales, los que nos clarifican lo que está en juego en la controversia creación-evolución. Entonces procederé con otros tres argumentos míos para mostrar el tipo de pensamiento que tenemos que elaborar para progresar hacia algunas soluciones.

LEWONTIN SOBRE EL MATERIALISMO FILOSÓFICO COMO LA BASE DEL CONOCIMIENTO CIENTÍFICO

Lewontin es escéptico de mucho de lo que pasa como ciencia evolutiva. En particular, es francamente desdeñoso de las historias que cuentan Richard Dawkins y otros sobre cómo la selección natural se supone que creó estructuras biológicas complejas como el ojo, el ala, y el cerebro. Como muchos otros científicos, Lewontin llama estos relatos «historietas a la medida» (esto es, fábulas imaginarias como esas escritas por Rudyard Kipling para los niños), y descarta el grueso del trabajo de Dawkins como basado en «afirmaciones no sustanciadas o alegatos contrarios a los hechos». Hasta aquí Lewontin podría parecer un creacionista, pero de hecho él se considera a sí mismo como un darwinista y concuerda con Dawkins en que alguna combinación de eventos casuales (mutaciones) y la ley natural (selección natural) tiene que haber producido las maravillas del mundo viviente. ¿Por qué?

La razón reside en que Lewontin identifica la ciencia con una doctrina filosófica llamada materialismo (la materia es todo lo que existe), y considera el materialismo filosófico como casi la misma cosa que la racionalidad. Él explica,

> Tomamos el partido de la ciencia pese al patente absurdo de algunas de sus construcciones, ...[y] pese a la tolerancia de la comunidad científica hacia las historietas a la medida, porque tenemos un compromiso a priori, un compromiso con el materialismo... Además, que el materialismo es absoluto, pues no podemos permitir un Pie Divino en la puerta.

En otras palabras, el materialismo viene primero y la investigación científica después. La prioridad del materialismo implica que la tarea más importante de los que educan en ciencias no es enseñar los hechos, o las técnicas experimentales, sino más bien convencer a sus estudiantes que solo la ciencia puede decirnos cómo funciona el mundo, y las explicaciones materialistas son las únicas aceptables para la ciencia. En las propias palabras de Lewinton:

> El problema primordial no es ofrecerle al público con el conocimiento de cómo o cuán lejos está la estrella más cercana y de qué están hechos los genes... Antes bien, el problema es llevarlos a rechazar las explicaciones irracionales y sobrenaturales del mundo, los demonios que existen solo en sus fantasías, y aceptar un aparato social e intelectual, la Ciencia, como el único progenitor de la verdad.[1]

Esa es una declaración concisa de una posición filosófica llamada «materialismo científico» (o «naturalismo científico»),[2] y estoy confiado en que cada uno de nuestros autores, incluido Howard Van Till, estaría de acuerdo en que esto equivale a ateísmo y que por lo tanto es inaceptable. Si la ciencia es el único progenitor de la verdad, y la ciencia asume que la naturaleza (la materia) es todo lo que existe, entonces Dios está por completo fuera del cuadro. Hasta aquí todo el mundo está de acuerdo.

[1]Richard Lewontin, «Billions and Billions of Demons», *New York Review of Books* 9 de enero de 1997, 28-32. Todas las citas de Lewontin son de este artículo.

[2]Para el propósito presente, «naturalismo» y «materialismo» significan la misma cosa. Ambos afirman que la naturaleza es un sistema cerrado de causas y efectos materiales, que nunca puede influenciar algo sobrenatural (como Dios).

Ahora llego a la diferencia principal. Los creacionistas (tanto del tipo de la Tierra joven como de la Tierra vieja) argumentan que la teoría evolutiva se basa sobre todo en sobre la filosofía naturalista, y concluye que en consecuencia los cristianos deben tomar sus conclusiones con sospecha. Respetamos el profesionalismo de los biólogos cuando nos dicen lo que han observado en el estudio de la biología, pero no les permitimos darnos preceptos en materias de religión o filosofía. Los creacionistas dirían que los «hechos» más importantes que la ciencia evolutiva nos urge aceptar no son hechos en modo alguno, sino inferencias sacadas de presupuestos filosóficos que excluyen a Dios de la realidad. En particular, el mecanismo darwiniano (mutaciones y selección natural) no tiene poder creativo del tipo requerido para hacer órganos complejos, o para suministrar la inmensa cantidad de información genética que se requiere para una célula biológica. Si los biólogos creen en el poder creador de la selección natural, es debido a su filosofía y no a sus observaciones.

Los evolucionistas teístas nos hacen compañía aquí. Ellos están de acuerdo en que muchos darwinistas influyentes identifican su ciencia con una cosmovisión naturalista, pero arguyen que esta identificación es ficticia. Los más importantes descubrimientos de la evolución, dicen los teístas evolucionistas, están validadas por pruebas rigurosas científicas, libres de cualquier prejuicio religioso. Podemos confiar que esto es así, argumentan ellos, porque los descubrimientos tienen el respaldo de muchos científicos que son cristianos. Los evolucionistas teístas admiten que la teoría evolutiva se utiliza con frecuencia para promover el ateísmo, pero dicen que esto es culpa de ateos individuales y no desacredita a otros científicos evolucionistas ni sus descubrimientos. En consecuencia los cristianos deben aceptar la teoría científica de la evolución, incluyendo el poder creativo del método darviniano, e impugnar solo el mal uso de esa teoría por ateos como Richard Dawkins.

LEWONTIN SOBRE «LA VERDAD QUE NOS HACE LIBRES»

El segundo argumento principal de Lewontin comienza con una de las más famosas afirmaciones de Jesús. Esta puede parecer extraña para algún ateo auto-proclamado, pero Jesús tiene una manera de identificar el tema aun para aquellos que rechazan sus enseñanzas. Lewontin comienza señalando lo que él llama «un profundo problema en el auto-gobierno democrático». ¿Qué pasa si los votantes rechazan las enseñanzas de la ciencia, y en su lugar confían en alguna otra fuente de conocimiento, tal como la revelación sobrenatural? La democracia puede llevar a una nación al desastre si la gente es irracional y cree en falsos profetas que solo quieren atraerlos engañados a la esclavitud. Lewontin explica por qué la educación sola no puede garantizar que la gente siga la verdad y no enseñanzas falsas:

> Concienzudos y del todo admirables popularizadores de la ciencia como Carl Sagan utilizan tanto la retórica como la experiencia para formar la mente de las masas porque ellas creen, como Juan el Evangelista, que la verdad las hará libres. Pero están equivocados. No es la verdad lo que las hace libres. Es su posesión de la capacidad para descubrir la verdad. Nuestro dilema es que no sabemos cómo proveer esa capacidad.[3]

En este sentido la «verdad» no es un conjunto de hechos o respuestas específicas, sino un punto de partida para el razonamiento que nos capacita para encontrar las respuestas mientras surgen los problemas particulares. (Por supuesto, esto es también lo que Jesús quiso decir, pero el punto de partida es Él mismo). Aplicado a los temas debatidos en este libro, esto significa que lo que más necesitamos saber no son las respuestas a cuestiones específicas (p. ej.: ¿Cuán antigua es la tierra?), sino más bien cómo pensar en estas materias de manera que tengamos una oportunidad para encontrar la verdad y reconocerla como verdad cuando la veamos.

El concepto de que las verdades importantes son aquellas que nos capacitan para encontrar nuevas verdades ayuda a explicar por qué los principales científicos evolucionistas no piensan mucho en la idea de que Dios es nuestro Creador. La razón no es que piensen que la evolución biológica pruebe que Dios no existe. Más bien la razón es que la ciencia evolutiva comienza asumiendo el naturalismo, y por consiguiente excluye cualquier rol para Dios, y entonces esta edifica sobre ese fundamento. Sea o no cierto el naturalismo en última instancia, es el punto de partida que capacita a los científicos para descubrir la verdad, si — y ese es un sí condicional bien grande— la teoría ortodoxa de la evolución es en realidad la verdad. Quizás es imposible interpretar la evolución por medio de la selección natural como la vía de creación escogida por Dios si usted tiene una motivación lo suficiente poderosa para hacer eso, pero de faltar esa motivación, ¿por qué no adherirse a la filosofía que lo haría capaz de descubrir la teoría?

[3]Lewontin, «Billions and Billions of Demons».

Desde la perspectiva del naturalismo científico, los teístas están en perenne retroceso. Nuevas verdades se descubren por medio del empleo de supuestos naturalistas, y entonces los teístas responden modificando su sistema para hacerlo infalsificable. Cuando los científicos que son teístas hacen de veras una contribución a la teoría evolutiva, es porque fueron capaces de poner a un lado su teísmo y pensar como naturalistas. Si todo lo que los teístas pueden hacer es defender su posición, y si partir de supuestos teístas nunca lleva a descubrir un nuevo conocimiento, entonces el teísmo no tiene mucho valor intelectual. Por eso es que se designa el teísmo como una «creencia religiosa» y se le confina a los márgenes del mundo académico, y por eso los profesores son a menudo tan condescendientes y hasta desdeñosos hacia los estudiantes cristianos que tratan de introducir en el aula pensamientos basados en la Biblia. A veces los profesores que hacen esto son ellos mismos cristianos, pero para fines académicos han adoptado la visión prevaleciente de que el pensamiento racional tiene que basarse en supuestos naturalistas.

NATURALISMO METODOLÓGICO

Los evolucionistas teístas aceptan el naturalismo como una metodología de la ciencia, pero no como una cosmovisión o verdad absoluta (el «robusto principio de la economía del desarrollo» de Howard Van Till es otro término para el naturalismo metodológico.) Los naturalistas metodológicos no dicen siempre que Dios no existe, ni tampoco dicen siempre (como hace Lewontin) que la ciencia es la única progenitora de la verdad. Lo que sí dicen es que no se puede invocar a Dios como un factor en una explicación científica. La ciencia se limita a sí misma a explicaciones naturales, y la confiabilidad de esta estrategia de investigación está supuestamente confirmada por los éxitos de la ciencia demostrados en la provisión de tecnología (aviones, medicinas, la Internet) en los cuales confían hasta los fundamentalistas religiosos. La religión procede por medio de otros métodos, y cualquier forma racional de la religión acepta los hechos y teorías descubiertos por la ciencia. De acuerdo con los evolucionistas teístas, la ciencia y la religión no están en conflicto porque abordan temas diferentes y diferentes formas de conocimiento. El conflicto aparece solo cuando ya sea la ciencia o la religión violan el territorio de la otra, como cuando Richard Dawkins alega que Darwin hizo posible ser un ateo realizado desde el punto de vista intelectual, o cuando Phillip E. Johnson reclama que la selección natural no tiene poder creador. La doctrina de que el naturalismo metodológico en ciencia es del todo compatible con el teísmo en religión se enuncia con frecuencia en la forma de un lema, tal como «La Biblia no es un texto de ciencia» o «La religión nos dice cómo ir al cielo y la ciencia nos dice cómo van los cielos».

El punto débil en la lógica del naturalismo metodológico teísta es que la distinción entre «naturalismo como una metodología» y «naturalismo como una cosmovisión» colapsa cuando la ciencia insiste en explicar la historia entera del cosmos y, con ese fin, presume de manera conclusiva que las soluciones naturalistas son aprovechables para cada problema. Una determinación de buscar procesos naturalistas puede ser una mera metodología, pero una certidumbre apriorística que ellos siempre existen tiene que descansar sobre sólidas conjeturas sobre la realidad. Por ejemplo, los científicos evolucionistas no se limitan a decir que tratan de descubrir si la vida puede evolucionar de manera espontánea a partir de químicos inanimados. Insisten mucho en que saben con toda seguridad que la evolución química puede producir vida, aunque puede que todavía no se conozca la senda evolutiva precisa y que los resultados experimentales puedan parecen poco prometedores. Si alguien sugiere que Dios puede haber participado directo en la creación de la vida, los naturalistas metodológicos desechan con desdén la idea como un intento de insertar un «Dios de las brechas», el cual quedará inevitablemente desacreditado cuando la ciencia descubra una verdadera teoría de la evolución química. Este razonamiento saca toda la cuestión de la posible participación de Dios fuera de la investigación científica y hace el naturalismo infalsificable como una cuestión de fe.

Resumo las implicaciones lógicas de la sólida versión del naturalismo metodológico en mi libro *Reason and Balance* (*Razón y equilibrio*):

> Si emplear el naturalismo metodológico es la única manera de alcanzar conclusiones verídicas sobre la historia del universo, y si el intento de proveer una historia naturalista del universo ha avanzado de forma constante de éxito en éxito, y si aun los teístas conceden que tratar de hacer ciencia sobre premisas teístas nunca conduce a parte alguna o a un error (el embarazoso «dios de las brechas»), entonces la probable explicación de este estado de cosas es que el naturalismo es cierto y el teísmo falso.[4]

Los intelectuales cristianos se han acomodado de forma necia al hecho de que el naturalismo metodológico no prueba que Dios no exista, de manera que hay cierto margen de maniobra para permitir

[4]Phillip E. Jonson, *Reason in the Balance* (InterVarsity Press, Downers Grove, Ill., 1996), 211.

que Dios regrese al cuadro como el soberano indetectable del ámbito natural. Lo que el método hace de veras es implicar que el teísmo cristiano no es interesante desde el punto de vista intelectual y que no está respaldado por la evidencia. Esta implicación ha bastado con creces para hacer del naturalismo la filosofía que rige en las universidades.

EL DISEÑO INTELIGENTE Y POR QUÉ SE LE OPONEN LOS EVOLUCIONISTAS TEÍSTAS

Una gran parte de la actual discusión del diseño inteligente se centra en el libro del biólogo molecular Michael Behe, *Darwin's Black Box* (*La caja negra de Darwin*).[5] Behe muestra que el invisible mundo de los sistemas moleculares está repleto de ejemplos de complejidad irreducible, lo que quiere decir sistemas compuestos por muchas partes complejas, todas las cuales tienen que estar presentes a la vez para que alguna parte desempeñe una función útil. Esos sistemas no se pueden construir parte por parte a través del los procesos darvinianos inconscientes, los cuales (asumiendo en primer lugar que sean capaces de producir siquiera una parte) no pueden preservar una parte en la actualidad inútil con la esperanza que esta se volverá útil en algún momento futuro. Aunque Behe insiste en que los organismos están diseñados, no insiste en que se los creó de repente. Los diseñadores pueden trabajar paso por paso, y pueden cambiar gradualmente un tipo de cosa en otro. Lo crucial sobre un diseñador es que puede mirar hacia adelante, y de esa manera puede poner las partes en su lugar una por una aun cuando las partes no sean en el presente útiles. Por lo tanto, yo puedo armar una bicicleta de un conjunto de piezas, aunque la armazón y los pedales sean inútiles hasta que se les conecte a las ruedas. Reconocer el diseño inteligente en una maquinaria y órgano complejo de ninguna manera es apartarse de la ciencia. Por ejemplo, las computadoras son diseñadas por una inteligencia, pero operan mediante procesos sometidos a leyes que están sujetas a un estudio que es en su mayor parte científico. Ser un científico de la computación de ninguna manera requiere creer en que procesos materiales no inteligentes pueden construir una computadora sin un diseñador.

En un punto Behe dice que él no es un creacionista, al menos si ese término alude a alguien que está preocupado por apoyar el relato de la

[5]Michael Behe, *Darwin's Black Box: The Biochemical Challenge to Evolution* (Free Press, Nueva York, 1996).

creación en la Biblia. Tampoco desafía la evolución, si ese término significa «ascendencia común». ¿Entonces por qué Behe no se clasifica como un evolucionista teísta? Él lo sería si ese término aludiera a un teórico que no confía en la Biblia u otra autoridad religiosa, y aceptara en desarrollo gradual de los organismos durante prolongados períodos de tiempos, pero que ve la necesidad de algún tipo de inteligencia (o sea, diseño) que guíe. No obstante, la definición característica de la evolución teísta es que esta acepta el naturalismo metodológico y confina el elemento teísta al área subjetiva de la «creencia religiosa». Resulta (apenas) aceptable en la ciencia decir: «Como cristiano creo por fe que Dios es responsable de la evolución». No es aceptable decir enfáticamente: «Como científico, veo pruebas de que una existencia preexistente diseñó los organismos, y por lo tanto otros observadores objetivos deben también inferir la existencia de un diseñador». La anterior afirmación está dentro de los límites del naturalismo metodológico, y la mayoría de los científicos naturalistas la interpretarían como que significa nada más que; «Ello me conforta a creer en Dios, y eso haré». La última afirmación trae al diseñador dentro del territorio de la realidad objetiva, y eso es lo que el naturalismo metodológico prohíbe.

Creo que la tesis de Behe es correcta, pero aquí quiero enfatizar un punto diferente. Para los teístas cristianos, la hipótesis del diseño inteligente en biología debe ser en extremo interesante, aun si refrenan de manera prudente el juicio mientras consideran todas las objeciones posibles. Vivimos en una cultura en la cual la mayoría de las instituciones de educación superior se han despojado poco a poco de sus raíces cristianas y han adoptado el naturalismo. El cristianismo sigue siendo fuerte como un movimiento popular, pero su influencia intelectual ha mermado de manera constante desde el triunfo del darwinismo a fines del siglo XIX. No hay duda que la aceptación del naturalismo evolutivo en la ciencia ha sido una fuerza mayor en la conducción del cristianismo a los márgenes de la vida intelectual. Aun si Howard Van Till no piensa que Darwin hizo posible ser un ateo realizado, él sabe muy bien que gran número de otras personas piensan así.

¿Qué pasa si Behe tiene razón? En ese caso se ha confundido a los materialistas confiados, y estos han construido una muy orgullosa torre de teorías sobre un fundamento de arena. Por cierto, un motivo principal por el que los científicos naturalistas son tan renuentes a creer en el diseño de los organismos reside en lo abarcadora que son las potenciales consecuencias. Una gran parte del conocimiento científico se ha construido alrededor del supuesto que los procesos materiales pueden hacer todo el trabajo de la creación biológica. Si la ciencia evolutiva está equivocada sobre un punto tan fundamental, debe estarlo sobre muchos otros. Puede que estemos dentro de una revolución de la cosmovisión tan espectacular como la causada por Galileo, o Darwin. Personas que han promovido con energía el naturalismo científico como cosmovisión parecerían tan estúpidas como esos marxistas que nos aseguraron que el triunfo mundial de su cosmovisión era inevitable. Los intelectuales cristianos pueden preocuparse razonablemente de que esa posibilidad parece demasiado buena como para ser cierta, ¿pero no esperaría usted que al menos piensen que era una buena posibilidad?

El interés debe ser muy grande porque las credenciales científicas de Behe son impecables, y porque él no es el único científico que describe una desgarradura que se dilata en el supuesto tejido sin costuras del naturalismo evolutivo. El profesor James Shapiro de la Universidad de Chicago, quien es casi tan crítico por igual de los creacionistas y los darwinistas, traza un cuadro científico que es casi idéntico al de Behe. Solo para proporcionar el sabor del artículo de Shapiro, aquí hay una serie de extractos de 1997 tomados de un artículo del *Boston Review*:

> La revolución molecular ha revelado una esfera no anticipada de complejidad e interacción más consistente con la tecnología de la computación que con el punto de vista mecánico que dominaba cuando se formuló la Moderna Síntesis Neo-darwiniana… Ha sido una sorpresa saber de qué forma tan meticulosa se protegen a sí mismas las células contra los tipos de cambios genéticos accidentales que, de acuerdo con la teoría convencional, son la fuente de la variabilidad evolutiva… El asunto de esta discusión es que nuestro actual conocimiento del cambio genético se aparta en lo fundamental de los postulados sostenidos por los neo-darwinistas… ¿Existe alguna inteligencia conductora en función en el origen de las especies que despliegue las exquisitas adaptaciones que ordenan desde la represión del profago lambda y el ciclo de Krebs a través del aparato mitótico y desde el ojo hasta el sistema inmunológico, el mimetismo, y la organización social?»[6]

[6]James Shapiro, «A Third Way», *Boston Review*, Febrero - marzo 1997.

No culpo a los evolucionistas teístas de estar escépticos al principio ante las sugerencias de que la biología está repleta de evidencias de que esa «inteligencia conductora funciona». Cuidar de no creer en algo solo porque queremos creer en ello es la verdadera esencia del método científico. Lo que sorprende es que a algunos evolucionistas teístas parezca disgustarle tanto la idea del diseño en biología que no se molestan en disimular su esperanza de que todo el concepto se desacredite tan pronto como sea posible, de preferencia sin un juicio justo. ¿Por qué?

Un motivo es que los evolucionistas teístas han invertido mucho en la afirmación de que la ciencia y el teísmo cristiano son compatibles, y el reconocimiento de evidencia que favorece el diseño inteligente levanta el prospecto de un renovado conflicto que ellos quieren evitar. Otro motivo es que algunos evolucionistas teístas han incorporado tan exitosamente la evolución y el naturalismo metodológico a su teología que la crítica de estas doctrinas les parecen casi heréticas. Howard Van Till apenas menciona evidencia científica, pero dice que el diseño inteligente en biología es inaceptable porque este implica que el Creador tuvo que añadir algo a la creación después del grandioso comienzo. Escribe: «Encuentro extraño en el aspecto teológico imaginar a Dios que decide retener en el principio ciertos dones de la creación, e introduce en consecuencia brechas en la historia del desarrollo de la creación». Este argumento tiene una similitud interesante con la posición de los creacionistas de la Tierra joven, que también creen, sobre bases bíblicas, que Dios llevó a cabo toda la creación al principio.[7] Por supuesto, cualquier cristiano tiene que creer que Dios intervino a lo largo de la Historia en el pacto con los judíos, en la Encarnación, y en la continua obra del Espíritu Santo. Pero, ¿intervino Él para terminar la obra de la creación? Sólo los creacionistas de la Tierra vieja tienen que responder sí a esa pregunta.

¿ENTONCES, QUÉ DEBEMOS HACER?

Confieso que no estoy satisfecho con todas las respuestas que tengo en estos momentos. La teoría evolutiva materialista estándar llamada

[7]El creacionismo bíblico asume que los organismos creados fueron tipos generales que pudieron tener una considerable capacidad de variación en respuesta a los cambios ambientales. Por lo tanto éste no excluye una evolución del tipo que los científicos de hecho observan, tal como las variaciones que ocurren en criaturas como los pinzones, la mosca de las frutas, y las mariposas moteadas. La evolución dentro de los géneros originalmente creados es consistente por entero con todas las posiciones creacionistas.

neo-darwinismo es la peor respuesta, porque está basada en la filosofía materialista y no en la evidencia científica y lleva a la absurda conclusión de que hasta nuestros pensamientos son los productos de procesos materiales irracionales. En ese caso, ¿por qué creer del todo en algo, incluyendo en la teoría de la evolución? La evolución teísta al menos reconoce a Dios como Creador, pero cede demasiado al aceptar la adopción de normas naturalistas de razonamiento. Si Dios es real, y no imaginario, no tiene sentido asumir que la única manera de descubrir cómo tuvo lugar la creación es dar por hecho que Dios no tuvo nada que ver con ella. Los evolucionistas teístas, como los evolucionistas ateos, aceptan con ingenuidad que la selección natural tiene grandes poderes creativos aun cuando la evidencia no apoye de ninguna manera esa conclusión, pues están aturdidos por la filosofía.

Los creacionistas de la Tierra joven honran las Escrituras y le dan un contenido específico a la doctrina bíblica de que la muerte y el sufrimiento entraron al mundo a través del pecado humano. Si ello resultara cierto, se harían más sencillos algunos arduos problemas teológicos. Pero, como nos muestra Robert Newman, el escenario de la Tierra joven parece enfrentar insondables problemas científicos. Paul Nelson y John Mark Reynolds pueden responder que el campo de la Tierra joven incluye unos cuantos distinguidos científicos que trabajan en esos problemas. Eso es verdad, pero nada de lo que he leído hasta ahora me lleva a ser optimista. Yo expreso estas opiniones personales con alguna modestia, en gran medida porque no estoy familiarizado de cerca con la evidencia geológica crucial y las técnicas el fechado radiométrico como lo estoy con los principales temas de la evolución biológica. Debido a estas opiniones, la mayoría de las personas piensan que soy un creacionista de la Tierra vieja; no obstante, concuerdo con los críticos de esa posición en que hay algo embarazoso en la idea de que Dios se metió en varios momentos indeterminados de una historia de miles de millones de años de la tierra para crear algo más o inyectar nueva información genética dentro de la biosfera. Muéstreme una mejor posición científica que el creacionismo de la Tierra vieja y estoy abierto a la persuasión.

¿Es desalentador tener que admitir al final que: «En realidad no lo sé»? No lo encuentro desalentador en última instancia, porque miro hacia delante, hacia la emocionante obra que tenemos que hacer para llegar a una posición donde esperamos recibir las respuestas. Hasta que podamos separar la filosofía de la ciencia y obtener una valoración de qué evidencia aparece y cual no, es prematuro tratar de llegar a alguna conclusión firme. Cuando tengamos de veras un cuadro científico no prejuiciado, el neo-Darwinismo colapsará y estaremos en medio de una revolución científica tan profunda que todo se verá diferente.

Allí es donde usted entra. Lo que el mundo necesita ahora no son más personas que puedan polemizar a favor de alguna de las posiciones existentes, sino personas que puedan adelantar la pelota. ¡Tómela desde aquí y corra con ella!

BIBIOGRAFÍA SELECCIONADA

La siguiente es una bibliografía seleccionada de importantes libros relativos al diálogo creación-evolución. Bajo «creacionismo progresivo» y creacionismo de la Tierra joven» relacionamos obras que en gran medida defienden todas las versiones de la creación especial y fijan respuestas generales a la evolución naturalista que son consistentes tanto con la creación especial como la creación progresiva bajo el encabezado de «diseño inteligente».

CREACIONISMO DE LA TIERRA JOVEN

Aardsma, Gerarld. *A New Approach to the Chronology of Biblical History from Abraham to Samuel.* The Biblical Chronologist, Loda, Ill., 1997.

Brand, Leonard. *Faith, Reason, and Earth History* Andrews University Press, Berrien Springs, Mich., 1997.

Lubenow, Martin. *Bones of Contention.* Baker, Grand Rapids, 1992.

Morris, Henry. *History of Modern Creationism.* Institute for Creation Research, Santee, Calif.,, 1993.

The Proceedings of the International Conference on Creationism. Creation Science Fellowship, Pittsburg, 1986, 1990, 1994, 1998.

Remine, Walter. *The Biotic Message.* Saint Paul Science, Saint Paul, 1993

Woodmorappe, John. *Noah's Ark.* Institute for Creation Research, Santee, Calif.,, 1996.

CREACIONISMO PROGRESIVO

Boice, James Montgomery. *Genesis.* 3 vols. Zondervan, Grand Rapids, 1982, 1985.

Geisler, Norman. *Knowing the Truth About Creation.* Servant Books, Ann Arbor, 1989.

Newman, Robert C. y Herman J. Eckelmann, Jr. *Genesis One and the Origen of the Earth.* InterVarsity Press, Downers Grove, Ill., 1977.

Pun, Pattle P. T. *Evolution* Zondervan, Grand Rapids, 1982.

Ross, Hugh. *Creation and Time.* NavPress, Colorado Springs, 1994.

_________. *The Fingerprint of God* 2ª ed. Promise Publishing Co., Orange, Calif., 1991.

Weister, John L. *The Genesis Connection.* Interdisciplinary Biblical Research Institute, Hatfield, Pa., 1992.

Wonderly, Daniel E. *Neglect of Geologic Data.* Interdisciplinary Biblical Research Institute, Hatfield, Pa., 1987.

EVOLUCIÓN TEÍSTA

Barbour, Ian. *Religion in an Age of Science.* Harper & Row, San Francisco, 1990.

Bube, Richard H. *Putting It All Together.* University Press of America, Lanham, Md., 1995.

Peacocke, Arthur. *Theology for a Scientific Age.* Fortress, Minneapolis, 1993.

Van Till, Howard, J., Davis A. Young, y Clarence Menninga. *Science Held Hostage.* InterVarsity Press, Downers Grove, Ill., 1998.

DISEÑO INTELIGENTE

Behe, Michael. *Darwin's Black Box.* Free Press, New York, 1996.

Dembski, William, ed. *Mere Creation.* InterVarsity Press, Downers Grove, Ill., 1998.

Denton, Michael. *Evolution: A Theory in Crisis.* Burnett Books, London, 1985.

Johnson, Phillip E. *Darwin On Trial.* 2ª ed. InterVarsity Press, Downers Grove, Ill., 1993.

_________. *Defeating Darwinism.* InterVarsity Press, Downers Grove, Ill., 1997.

Moreland, J. P., ed. *The Christian Hypothesis.* InterVarsity Press, Downers Grove, Ill., 1994.

Overman, Dean. *A Case Against Accident and Self-Organization.* Rowman and Littlefield, Lanham, Md.,, 1997.

Thaxton, Charles, y Walter L. Bradley. *The Mystery of Life's Origin.* Philosophical Library, Nueva York, 1984.

TRATAMIENTOS GENERALES DE LA FILOSOFÍA/HISTORIA DE LA CIENCIA Y LA TEOLOGIA Y LA CIENCIA

Barman, Michael, ed. *Man and Creation.* Hillsdale College Press, Hillsdale, Mich., 1993.

Corey, M. A. *God and the New Cosmology.* Rowman & Littlefield, Boston, 1993.

Hasker, William, ed. *Creation/Evolution and Faith. Christian Scholar Review* (especial issue) 21 (September 1991).

Jaki, Stanley. *The Road of Science and the Ways to God.* University of Chicago Press, Chicago, 1978.

Montgomery, John Warwick. «The Theologian's Craft». En *Suicide of Christian Theology* Bethany House, Minneapolis, 1970.

Moreland, J. P. *Christianity and the Nature of Science.* Baker, Grand Rapids, 1989.

Pearcey, Nancy. And Charles Thaxton. *The Soul of Science* Crossway, Wheaton, Ill., 1994.

Ratzsch, Del. *The Battle of Beginnings.* InterVarsity Press, Downers Grove, Ill., 1996.

Dos importantes asociaciones y sus revistas son

Creation Research Society, 10946 Woodside Ave. North, Santee, CA 92071 (revista: *Creation Research Society Quarterly; suscripciones: Glen W. Wolfrom, Creation Research Society Quarterly, P.O. Box 8163, St. Joseph, MO 64508-8263)*

American Scientific Affiliation, P.O. Box 668, Ipswich, MA 01938 (journal: *Perspectives on Science and Christian Faith*; suscripciones: 55 Market St., Ipswitch, MA 01938-0668)

Otra publicación importantes es *Science and Christian Belief, c/o Paternoster Periodicals, P.O. Box 300, Carlisle, Cumbria CA3 0QS, UK.*

Una publicación de primera clase que todos los interesados en estos temas deben leer es *Origins and Design*, Access Research Nerwork, P.O. Box 38069, Colorado Springs, CO 80937-9904. Para suscribirse contacte http://www.mrccos.com/ arn/ orders/ ordinfo. htm, llame al (888) 259-7102, o escriba a la dirección que se acaba de relacionar. En nuestra opinión, *Origins and Design* es la publicación más importante relacionada con los tópicos del diseño inteligente, la creación, y la evolución que se imprime actualmente. Debe estar en los hogares y las bibliotecas de todos los cristianos que quieran mantenerse al día en los temas de este campo.

LOS COLABORADORES

Walter L. Bradley recibió su Licenciatura (B.S.) en Ciencias de la Ingeniería y su doctorado (Ph.D.) en Ciencias de Materiales, ambos en la Universidad de Tejas, en Austin. Enseñó durante ocho años en la Colorado School of Mines y Metallurgical Engineering antes de asumir en 1976 su actual posición como Profesor de Ingeniería Mecánica en Texas A&M University. Sirvió como Jefe del Departamento de Ingeniería Mecánica con 65 de personal docente de 1989 a 1993. Es director del Polymer Technology Center en la Universidad A&M de Texas. Ha recibido más de $4 millones en donaciones para experimentos y contratos que resultaron en la publicación de más de 120 artículos reseñados de revistas profesionales, cursos de conferencias y capítulos de libros. Ha servido como consultor de muchas compañías *Fortune 500*, incluyendo Dupont, Dow Chemical, 3M, Exxon, Shell, Texaco, Boeing, Fina, y Phillips Petroleum. Se le ha elegido Asociado de la American Society for Materials y seleccionado para ser un Investigador Principal en la Texas Engineering Experiment Station. En el área de los orígenes, ha sido coautor de un libro, tres capítulos de libros, y dos artículos de revista. Ha ofrecido disertaciones sobre «La Evidencia Científica a favor de un Diseño Inteligente» en más de sesenta campos universitarios en los Estados Unidos y Europa.

Richard H. Bube es Profesor Emérito de Ciencias de Materiales e Ingeniería Eléctrica en la Universidad de Stanford, donde ha sido miembro de la facultad desde 1962, y servido como Jefe del Departamento de Ciencias de Materiales e Ingeniería de 1975 a 1986. Recibió su doctorado (Ph.D.) en Física de la Universidad de Princeton en 1950. Fue un miembro de mayor categoría («senior») en el equipo de RCA David Sarnoff Research Laboratorios, Princeton, Nueva Jersey, de 1948 a 1962. El Dr. Bube ha estado personalmente involucrado en cuarenta y ocho años de investigación sobre semiconductores fotoelectrónicos y fotovoltaicos, y es autor de siete libros científicos y más de 300 publicaciones de investigación. Es Asociado de la American

Physical Society; la American Association for the Advancement of Science; y la American Scientific Affiliation, en la que sirvió de Presidente de 1968 a 1983. Ha sido un Promotor Docente en la InterVarsity Christian Fellowship en Stanford desde 1962, y es autor de cuatro libros, más de 130 trabajos, y doscientas reseñas de libros sobre la interacción de la ciencia y la teología cristiana. En Stanford ha dirigido un seminario pre-graduado sobre «Temas de la Ciencia y el Cristianismo» durante más de veinticinco años, y ha sido frecuente conferencista sobre ciencia y Cristianismo en los campos de más de sesenta colegios y universidades.

John Jefferson Davis es Profesor de Teología Sistemática y Ética Cristiana en el Gordon-Conwell Theological Seminary de Hamilton, Massachussets, donde ha enseñado desde 1975. Es autor o editor de ocho libros, incluidos *Foundations of Evangelical Theology* y *Evangelical Ethics*. Su curso, «Las fronteras de la Ciencia y la Fe», ganó el premio de ciencia y religión de la Templeton Foundation. Sus artículos sobre la relación entre la fe cristiana y las ciencias naturales se han publicado en las revistas *Perspectives on Science and Christian Faith* y {*Science and Christian Belief.

Phillip E. Johnson está graduado de la Universidad de Harvard y la Universidad de Chicago. Fue pasante legal de Earl Warren, Presidente de la Corte Suprema de los Estados Unidos, y ha enseñado leyes durante treinta años en la Universidad de California en Berkeley. El Profesor Johnson ha dado conferencias extensamente en Estados Unidos y Europa sobre tópicos relacionados con el naturalismo y el teísmo, la ley y la moralidad, el diseño inteligente, y el diálogo creación-evolución. Es autor de numerosos artículos, frecuente colaborador de publicaciones tales como *First Things, Books and Culture*, y Christianity Today. Entre sus libros están Darwin on Trial, Reason in the Balance y Defeating Darwinism by Opening Minds.*

J. P. Moreland es Profesor de Filosofía en la Escuela de Teología Talbot, Biola University en La Miranda, California. Ha obtenido cuatro títulos: una licenciatura (B.S) en Química de la Universidad de Missouri, un Máster en Teología del Seminario de Dallas, un Master en filosofía de la Universidad de California-Riverside, y un doctorado (Ph.D.) en Filosofía de la University of Southern California. El Dr.

Moreland ha sido autor, coautor o editor de doce libros, incluyendo *Scaling the Secular City, Does God Exist?* (con Kai Nielsen), *The Creation Hypothesis*, y *Love Your God with All Your Mind.* También ha publicado más de treinta artículos en revistas que incluyen *Philosophy and Phenomenological Research, American Philosoplical Quaterly, Australian Journal of Philosophy, Metaphilosophy, The Southern Journal of Philosophy, Perspectives on Science and Christian Faith* y *Faith and Philosophy.*

Paul Nelson es el Asociado Robert Boyle en Biología Teórica en el Center for the Renewal of Science and Culture (Seatle), y editor de la revista *Origins and Design*. Recibió una licenciatura (B.A) en Filosofía de la Universidad de Pittsburg, y un doctorado (Ph.D.) en Filosofía de la Universidad de Chicago, donde su disertación abordó los fundamentos de la teoría de un ancestro común. Sus publicaciones incluyen artículos en *Biology and Philosophy, Origins Research*, y el volumen *Mere Creation* (Inter-Varsity Press, 1998).

Robert C. Newman es Profesor de Nuevo Testamento en el Biblical Theological Seminary, Hatfield, Pennsulvania, y Director del Interdisciplinary Biblical Research Institute allí. Su doctorado es en Astrofísica Teórica de la Universidad Cornell, y tiene un S.T.M. en Antiguo Testamento del Seminario Bíblico Teológico. Ha hecho trabajo adicional de graduado en dinámicas del gas cósmico en la Universidad de Wisconsin, en pensamiento religioso en la Universidad de Pensilvania, y hermenéutica e interpretación bíblica en el Seminario Teológico Westminster, y en geografía bíblica en al Instituto para Estudios de la Tierra Santa, Jerusalén. Es coautor de *Genesis One and the Origin of the Earth* (InterVarsity Press, 1977), editor de *The Evidence of Prophecy* (IBRI, 1988), y coloborador de Youngblood, *The Genesis Debate* (Nelson, 1986); Kantzer y Henry, *Evangelical Affirmations* (Zondervan, 1990); Montgomery, *Evidence for Faith* (Probe/Word, 1991); Bauman, Hall, y Newman, *Evangelical Apologetics* (Christians Publications, 1996); Habermas y Gaivett, *In Defense of Miracles* (InterVarsity Press, 1997); Van Gemeren, *New International Dictionary of Old Testament Theology and Exegesis* (Zondervan, 1997); Dembski, *Mere Creation: Faith, Science and Intelligent Design* InterVarsity Press, 1998); y Evans y Porter, *Dictionary of New Testament Background* (InterVarsity Press, 1998).

Vern Sheridan Poythress es Profesor de Interpretación del Nuevo Testamento en el Seminario Teológico Westminster de Filadelfia, Pensilvania. Tiene una licenciatura (B.S.) del California Institute of Technology, un doctorado (Ph.D.) en Matemáticas de la Universidad de Harvard, un máster en Divinidades del Seminario Teológico de Westminster, un máster en Teología en Apologética del Seminario Teológico de Westminster, un M.Litt. en Nuevo Testamento de la Universidad de Cambridge, y un doctorado en Teología en Nuevo Testamento de la Universidad de Stellenbosch, Africa del Sur. Ha escrito numerosos libros y artículos, incluyendo materiales sobre la relación entre la Biblia, la teología y la ciencia.

John Mark Reynolds es fundador y director del Torrey Honors Institute en la Universidad Biola. Torrey es un programa muy competitivo de grandes libros que entrena a los estudiantes en la tradición clásica. Reynolds obtuvo un doctorado (Ph.D.) en Filosofía en la Universidad de Rochester. Ha escrito y hablado extensamente sobre el tema religión y ciencia. Es el editor de la sección de filosofía de la Conferencia Internacional sobre Creacionismo.

Howard J. Van Till es profesor emérito de Física en el Calvin Collage, localizado en Grand Rapids, Michigan, donde enseñó tanto física como astronomía durante más de treinta años. Graduado de Calvin Collage, recibió su doctorado (Ph.D.) en Física de la Universidad Estatal de Michigan. Sus experiencias profesionales de investigación incluyen tanto la física del estado sólido como la astronomía en ondas milimétricas, y es miembro de la American Astronomical Society. Su profundo deseo de animar a la comunidad cristiana a informarse mejor respecto al carácter de la creación y la historia de su desarrollo lo han llevado a escribir varios libros y ensayos en el campo de la fe-ciencia. Es autor de *The Fourth Day* (Eerdmans, 1986) y editor/coautor de *Science Held Hostage* (InterVarsity Press, 1988) y *Portraits of Creation* (Eerdmans, 1990). En febrero de 1999 ha sido honrado con el Premio Faith and Learning dado por la Calvin Alumni Association.

ÍNDICE DE PERSONAS

ÍNDICE TEMÁTICO

DISFRUTE DE OTRAS PUBLICACIONES DE EDITORIAL VIDA

Desde 1946, Editorial Vida es fiel amiga del pueblo hispano a través de la mejor literatura evangélica. Editorial Vida publica libros prácticos y de sólidas doctrinas que enriquecen el caudal de conocimiento de sus lectores.

Nuestras Biblias de Estudio poseen características que ayudan al lector a crecer en el conocimiento de las Sagradas Escrituras y a comprenderlas mejor. Vida Nueva es el más completo y actualizado plan de estudio de Escuela Dominical y el mejor recurso educativo en español. Además, nuestra serie de grabaciones de alabanzas y adoración, Vida Music renueva su espíritu y llena su alma de gratitud a Dios.

En las siguientes páginas se describen otras excelentes publicaciones producidas especialmente para usted. Adquiera productos de Editorial Vida en su librería cristiana más cercana.

DEDICADOS A LA EXCELENCIA

UNA VIDA CON PROPÓSITO

RickWarren, reconocido autor de *Una Iglesia con Propósito*, plantea ahora un nuevo reto al creyente que quiere alcanzar una vida victoriosa. La obra enfoca la edificación del individuo como parte integral del proceso formador del cuerpo de Cristo. Cada ser humano tiene algo que le inspira, motiva o impulsa a actuar a través de su existencia. Y eso es lo que usted podrá descubrir cuando lea las páginas de *Una vida con propósito.*

0-8297-3786-3

NVI Audio Completa

0-8297-4638-2

La Biblia NVI en audio le ayudará a adentrarse en la Palabra de Dios. Será una nueva experiencia que le ayudará a entender mucho más las Escrituras de una forma práctica y cautivadora.

La Biblia en 90 días

Kit 90

0-8297-4956-X

Biblia
0-8297-4952-7
Guía del participante
0-8297-4955-1
DVD
0-8297-4953-5

La Biblia en 90 días es a la vez una Biblia y un currículo que permite a los lectores cumplir lo que para muchos cristianos es la meta de su vida: leer toda la Biblia, de «tapa a tapa», en un período de tiempo que les resulte manejable. El plan consiste básicamente en la lectura diaria de doce páginas de esta Biblia de letra grande, preparada para ayudar al lector a lograr su objetivo.

Nos agradaría recibir noticias suyas.
Por favor, envíe sus comentarios sobre este libro
a la dirección que aparece a continuación.
Muchas gracias.

Vida@zondervan.com
www.editorialvida.com